In unseren Veröffentlichungen bemühen wir uns, die Inhalte so zu formulieren, dass sie Frauen und Männern gerecht werden, dass sich beide Geschlechter angesprochen fühlen, wo beide gemeint sind, oder dass ein Geschlecht spezifisch genannt wird. Nicht immer gelingt dies auf eine Weise, dass der Text gut lesbar und leicht verständlich bleibt. In diesen Fällen geben wir der Lesbarkeit und Verständlichkeit des Textes den Vorrang. Dies ist ausdrücklich keine Benachteiligung von Frauen oder Männern.

Impressum

ejw Evangelisches Jugendwerk in Württemberg

© 5. unveränderte Auflage 2025
Praxisverlag buch+musik bm gGmbH
Haeberlinstraße 1–3, 70563 Stuttgart, kontakt@praxisverlag-bm.de
Erstauflage 2016 bei buch+musik ejw-service gmbh, Stuttgart

ISBN Buch 978-3-86687-160-1
ISBN E-Book 978-3-86687-161-8

Lektorat: Punkt.Landung, Mirja Wagner, Marburg
Umschlaggestaltung: Beate Schmid Grafik Design, Heimsheim
Gestaltung und Satz: Beate Schmid Grafik Design, Heimsheim
Bildrechte Umschlag und Inhalt: © hibrida13, Fotolia
Bildrechte Autorenfoto: Alexander Weidt
Druck und Gesamtherstellung:
KRÜGER Druck+Verlag GmbH & Co. KG, Merzig

MIX
Papier | Fördert gute Waldnutzung
FSC www.fsc.org FSC® C007428

www.praxisverlag-bm.de

Birgit Götz

AB GEHT DIE POST!

NT

500 Spiele zu 55 biblischen Geschichten als fix und fertige Gruppenstunden mit Kindern von 8 bis 12 Jahren

buch+musik

Da geht die Post ab!

„Na, welche biblische Geschichte wurde euch heute in der Jungschar erzählt?" „Äh ... weiß ich nicht mehr!" „Und was habt ihr sonst noch gemacht?" „Ich durfte mich in einen großen Pappkarton setzen. Dann wurde der Deckel zugemacht und ich habe die Hand durch ein Loch nach draußen gesteckt. So musste ich verschiedene Gegenstände ertasten. Ah, jetzt fällt mir auch die Geschichte wieder ein: Da war ein blinder Mann, der gebettelt hat. Als Jesus vorbeigekommen ist, hat Jesus ihn wieder sehend gemacht!"

Wer biblische Geschichten einfach nur hört, vergisst sie schnell. Wer sie hört und sieht, kann sie sich etwas besser merken. Wer sie aber hört, sieht und dazu etwas spielt, der kann etwas von dem nachempfinden, was die Menschen damals in der Bibel erlebt haben. So bleibt die biblische Geschichte nicht mehr eine Geschichte von damals, sondern wird eine Geschichte von heute, von uns selbst. Eingebettet in ein passendes Spieleprogramm wird die Bibelgeschichte Mittelpunkt der Gruppenstunde und ist kein pures „Anhängsel". Spiele und Geschichte sollen zusammenpassen. Weil Spiele eine emotionale Beteiligung der Kinder fordern, bleiben sie in Erinnerung. Das gilt dann auch für die biblische Geschichte, die im direkten Zusammenhang mit dem Spieleprogramm steht. Eine Auswertung und Reflexion am Ende der Gruppenstunde kann helfen, das Erzählte und Erlebte zusammenzubringen und die biblische Geschichte nicht so schnell wieder zu vergessen.

Aufbau der Kapitel

Die Kapitel dieses Praxisbuches sind alle identisch aufgebaut, um die Benutzung möglichst einfach zu halten. So ist auf den ersten Blick erkennbar, an welcher Stelle im jeweiligen Kapitel welche Elemente (Fragen, Spiele, Vorlesegeschichte) zu finden sind. Diese können natürlich – je nach Bedarf – auch individuell angepasst oder in der Reihenfolge getauscht werden. Diese fix und fertigen Gruppenstundenentwürfe sind besonders für Mitarbeitende geeignet, die bislang nur wenig Erfahrung haben oder die sich (aus Zeitgründen) für die Vorbereitungen nicht alles selbst ausdenken können oder wollen.

Durch ein **Einstiegsspiel** sollen die Kinder mit in das Erleben der biblischen Personen hineingenommen werden.
Zwei **Einstiegsfragen** bieten die Möglichkeit, sich auch gedanklich auf die Geschichte und das Thema einzustimmen. Hier kann auch das Einstiegsspiel noch einmal aufgegriffen und darüber gesprochen werden.
Die **Vorlesegeschichte** als freie Nacherzählung des biblischen Textes soll den Inhalt kindgerecht und spannend vermitteln.
Zwei **Vertiefungsfragen** helfen, noch offene Fragen zu klären und eine Übertragung in das Leben der Kinder zu schaffen. Hier kann der Mitarbeiter / die Mitarbeiterin auch eigene Impulse setzen und den Kindern erzählen, was ihm/ihr selbst an der Geschichte wichtig ist.
Weitere **Spiele** greifen das Thema der Geschichte oder einen Gegenstand dazu auf und helfen, dass die Inhalte länger in Erinnerung bleiben. Gerade bezüglich der Spiele ist es manchmal sinnvoll, die Reihenfolge zu tauschen und zuerst die Spiele zu spielen und dann im Anschluss die Geschichte zu erzählen. Wenn z. B. Zachäus sein Leben ändert

und viel Geld abgibt, ist es nicht sinnvoll, hinterher Spiele zu spielen, bei denen es darum geht, viel Geld zu horten. Sonst verfestigt sich die falsche Aussage. Hier kann die Geschichte den Abschluss bilden.

Vorlesegeschichte

Die Vorlesegeschichte als freie Nacherzählung der biblischen Geschichte ist für all diejenigen gut geeignet, die nicht gern und gut selbst und frei erzählen möchten oder können. Es lohnt sich aber, die Geschichte im Vorfeld zu lesen und auch das Vorlesen ein wenig zu üben.
Alle Geschichten sind am Bibeltext orientiert, beschreiben aber auch den „weißen Rand" um die Bibeltexte herum und stellen eine Möglichkeit dar, wie es damals gewesen sein könnte. Sie sind an historischen und biblischen Kenntnissen orientiert. Viele Dialoge, die nicht in der Bibel stehen, sind aber frei erfunden, auch die Personen, wenn sie nicht in der Bibel stehen. Dies soll den Kindern dabei helfen, sich das Geschehen von damals besser vorzustellen und die eigene Fantasie zu unterstützen.

Spiele

Die Spiele stehen im Zusammenhang mit der biblischen Geschichte und greifen daraus ein Thema, einen Gegenstand oder eine Situation auf. Ziel des Buches ist es, „die Post" als Gute Nachricht Gottes nicht als Anhängsel zum restlichen Stundenprogramm zu behandeln, sondern sie mit dem Spieleprogramm zu unterstützen. Die Gruppenstunde kann daher sowohl von der biblischen Geschichte als auch vom Spieleprogramm ausgehend gestaltet werden.
Die Kinder werden oftmals in Gruppen eingeteilt, auch wenn jedes Kind für sich das Spiel meistern könnte. Dies soll dazu dienen, dass sich Einzelne nicht blamieren, sondern Ältere und Jüngere sich ergänzen und kein Kind im Regen stehen gelassen wird. Je nach Gruppe kann dies natürlich auch anders gehandhabt werden.
Die meisten Spiele kommen mit gewöhnlichen Materialien aus, die man entweder zu Hause findet oder für kleines Geld kaufen kann. Die Vorbereitungen zu Hause sind gering, sodass mit diesem Buch und ein wenig Material die Gruppenstunde so gestaltet werden kann, dass die „Post abgeht".

Spielefinder

Natürlich können auch viele andere biblische Geschichten nach diesem Aufbau erzählt und „bespielt" werden. Im Spielefinder (siehe Seite 230) sind die Spiele von A bis Z verschiedenen Kategorien und zum Teil auch Themen zugeordnet. Und wer sich für Geschichten aus dem Alten Testament interessiert, dem sei „Ab geht die Post! AT" empfohlen.

In der Hoffnung, dass durch dieses Buch die Gute Nachricht-Post von Jesus Christus verbreitet wird

Birgit Götz

Birgit Götz

Inhaltsverzeichnis

Jesus als Kind und seine Taufe

Jesus und seine Jünger

Heilungen und Wunder

Bilder und Gleichnisse

Jesus und die Menschen

Passion und Ostern

Pfingsten und die ersten Christen

Spielefinder

1. Die Ankündigung und Geburt des Johannes

Bibeltext: Lukas 1,5-25.57-66
Zielgedanke: Gott beginnt seine Geschichte mit einem Wunder. Ihm ist nichts unmöglich!

Einstiegsspiel

Montagsmaler

Die Kinder werden in zwei Gruppen (oder mehr) eingeteilt. Jede Gruppe erhält einen Gegenstand, der Lärm macht (z. B. Glocke, Hupe, Triangel, Topfdeckel, Blockflöte usw.). Jede Gruppe bestimmt eine Person als Lärmmacher.
Ein Kind aus einer Gruppe kommt nach vorn und muss einen vorgegebenen Begriff malen, der von allen Gruppen gleichzeitig erraten werden soll. Wenn eine Gruppe meint, ihn erraten zu haben, macht der Lärmmacher Lärm. So kann der Schiedsrichter / die Schiedsrichterin besser unterscheiden, wer die Zeichnung zuerst erraten hat. Die Gruppe nennt den Begriff. Ist es der gesuchte Begriff, bekommt sie 1 Punkt. Nun malt ein Kind einer anderen Gruppe einen vorgegebenen Begriff usw.
Material: großes Plakat, Edding, Glocke, Hupe, Triangel, Topfdeckel, Blockflöte usw., Begriffe

Einstiegsfragen

- Wie ist es, wenn man etwas erklären muss, ohne dabei sprechen zu dürfen?
- Gibt es Momente in deinem Leben, in denen du sprachlos bist und nicht weißt, was du sagen sollst? Oder hast du so etwas schon mal erlebt?

Vorlesegeschichte

Etwas müde und abgekämpft kommt er in Jerusalem an. Der Weg wird mit jedem Mal beschwerlicher, so kommt es ihm vor. Er ist eben älter geworden, da läuft man die Strecke nicht mehr so leicht. Aber vielleicht hat ihn auch die schlechte Stimmung zu Hause so niedergedrückt. Zacharias freut sich zwar auf die Woche Dienst im Tempel, aber etwas bedrückt ist er schon. Seine Frau Elisabeth leidet. Nicht körperlich, nein, da ist alles in Ordnung. Aber sie kann keine Kinder bekommen. Darunter leidet sie. Die anderen Frauen im Dorf verachten sie deshalb. „Noch nicht mal ein Kind kann sie auf die Welt bringen! Das kriegen doch sogar die Tiere hin! Was kann Elisabeth überhaupt?" Wenn Elisabeth zum Brunnen geht, wird getuschelt. Wenn ein Geburtstag gefeiert wird, ist sie nicht eingeladen.
Lang haben die beiden schon für ein Kind gebetet. Aber Gott hat ihr Gebet bis heute nicht erhört. Jetzt sind sie alt – zu alt, da bringt auch beten nichts mehr. Traurig hat sich Elisabeth von Zacharias verabschiedet. Und diese Trauer hat ihn den ganzen Weg begleitet.

Hoffentlich kann ihn diese Woche Priesterdienst Gott wieder näherbringen und ihm Hoffnung geben – für sich und für Elisabeth.
Zacharias ist ausgelost worden, das Räucheropfer für Gott anzuzünden. Er allein vor Gott, stellvertretend für das Volk – welche Ehre! Das passiert einem Priester nur ein- oder zweimal im Leben. Und das Los trifft Zacharias jetzt, wo er Hoffnung gut gebrauchen kann. Als alles bereit ist, geht Zacharias ganz allein in das Allerheiligste, um für Gott den Weihrauch anzuzünden und für das Volk Israel zu beten. Viele Menschen stehen vor dem Tempel und warten darauf, dass Zacharias sie anschließend segnet.
Doch da steht plötzlich noch ein Mensch. Zacharias erschrickt! Wer ist das? Und wo kommt dieser Mensch her? „Hab keine Angst!", sagt der Mensch. „Gott hat dein Gebet erhört. Elisabeth wird einen Sohn bekommen, den sollst du Johannes nennen. Es wird ein besonderes Kind sein, denn er wird viele Menschen wieder zum Glauben an Gott führen. Und damit wird er alles für den Retter vorbereiten, den Gott auf die Welt schickt!" „Wie kann ich glauben, dass das stimmt?", fragt Zacharias. „Meine Frau ist alt, sie kann doch kein Kind mehr bekommen!" Da antwortet der Mensch: „Ich bin Gabriel, ein Engel Gottes. Weil du das nicht glauben kannst, wirst du stumm sein, bis Johannes geboren ist." Dann ist der Engel plötzlich verschwunden. Zacharias ist noch ganz verdutzt. Was ist da gerade passiert? Stimmt das alles, was der Engel gesagt hat?
Er denkt lange darüber nach. Die Menschen vor dem Tempel werden langsam unruhig. Wo bleibt Zacharias? Sie wollen seinen Segen. Da – endlich kommt er. Zacharias hebt die Hand, um sie zu segnen. Aber es kommt nichts aus seinem Mund heraus. Der Engel hat also recht. Zacharias ist stumm.
Nach seinem Tempeldienst geht Zacharias wieder nach Hause. Diesmal ist der Weg nicht anstrengend. Zacharias brennt darauf, Elisabeth zu erzählen, was er erlebt hat. Ach ja, erzählen geht ja nicht. Er wird es aufschreiben. Und tatsächlich! Nach neun Monaten wird Johannes geboren. Zacharias kann wieder sprechen und Gott dafür loben!

Vertiefungsfragen

- Warum hat Zacharias dem Engel nicht geglaubt?
- Glaubst du, dass Gott sein Versprechen (z. B. „Ich bin jeden Tag bei dir") dir gegenüber hält? Wie erlebst du das?

Spiele mit Stift und Papier

Biblische Geschichten malen und erraten

Die Kinder werden in zwei Gruppen (oder mehr) eingeteilt. Jede Gruppe erhält einen Gegenstand, der Lärm macht (z. B. Glocke, Hupe, Triangel, Topfdeckel, Blockflöte usw.). Jede Gruppe bestimmt eine Person als Lärmmacher. Ein Kind aus einer Gruppe kommt nach vorn und muss eine vorgegebene biblische Geschichte malen, die von allen Gruppen gleichzeitig erraten werden soll. Die biblische Geschichte sollte der Gruppe bekannt sein, z. B. Adam und Eva im Paradies, Abraham unter dem Sternenhimmel, Mose teilt das Meer, Daniel in der Löwengrube, Jesus wird geboren, Jesus geht auf dem Wasser, Zachäus, Jesus am Kreuz usw. Wenn eine Gruppe meint, die Geschichte erraten zu haben,

macht der Lärmmacher Lärm. So kann der Schiedsrichter / die Schiedsrichterin besser unterscheiden, wer die Geschichte zuerst erraten hat. Die Gruppe nennt die Geschichte. Ist die Antwort richtig, bekommt sie 1 Punkt. Wer am Ende die meisten Punkte hat, gewinnt das Spiel.
Material: großes Plakat, Edding, Glocke, Hupe, Triangel, Topfdeckel, Blockflöte usw., biblische Geschichten

Galgenmännchen

Die Kinder werden in Gruppen eingeteilt und müssen einen Begriff erraten, der nur durch jeweils einen Unterstrich pro Buchstabe dargestellt ist. Abwechselnd nennen sie einen Buchstaben, von dem sie vermuten, dass er in diesem Wort vorkommt. Kommt dieser Buchstabe in dem Wort vor, so wird er von der Spielleitung aufgeschrieben und die Gruppe darf einen weiteren Buchstaben nennen. Dies geht so lange, bis sie einen Buchstaben nennt, der nicht in dem Wort enthalten ist. Die Gruppe bekommt dafür einen Strich (kann auch in Form eines Galgenmännchens sein) und die nächste Gruppe darf einen Buchstaben nennen. Welche Gruppe errät zuerst das gesuchte Wort?
Material: großes Plakat, Edding, Begriffe

Klatsch und Tratsch

Jedes Kind erhält ein DIN-A5-Papier und einen Stift. Das Papier wird hochkant verwendet. Jedes Kind schreibt den Namen einer männlichen Person auf das Blatt. (Ist die Person berühmt oder allen bekannt, wird die Geschichte witziger.) Dann faltet sie das geschriebene Wort nach hinten und gibt das Blatt nach links zum nächsten Kind weiter. Als nächstes schreibt jedes Kind eine weibliche Person auf den Zettel unter den Falz, knickt dies ebenfalls nach hinten und gibt das Blatt nach links weiter. (So wird auch mit allen weiteren Zeilen verfahren.) Weitere Sätze, die geschrieben werden sollen: Wo trafen sie sich? Was sagte er zu ihr? Was sagte sie zu ihm? Was wurde daraus? Was sagt die Welt dazu? Sind alle Fragen beantwortet, wird das Blatt noch ein letztes Mal nach links weitergegeben. Dann wird es auseinandergefaltet und jedes Kind liest den Klatsch und Tratsch, der entstanden ist, vor.
Material: für jedes Kind ein DIN-A5-Papier und einen Stift

Warum und Weil

Jedes Kind erhält einen Stift und ein DIN-A5-Papier und schreibt eine Warum-Frage auf das Blatt, z. B. „Warum ist die Banane krumm?", „Warum haben Elefanten Rüssel?". Dann faltet es die Frage nach hinten und gibt das Blatt nach links zum nächsten Kind weiter. Das nächste Kind schreibt eine Antwort darauf, die mit „Weil" beginnt. Dies kann mehrmals wiederholt werden, bis das Blatt voll ist. Dann wird es auseinandergefaltet und jedes Kind liest Fragen und Antworten vor.
Material: für jedes Kind ein DIN-A5-Papier und einen Stift

Punkt um Punkt

Alle Kinder erhalten ein Blatt DIN-A4-Papier und einen Stift. Auf ihrem Blatt markieren sie ziellos eine festgelegte Anzahl an Punkten, z. B. 20. Dann wird das Blatt nach links zum nächsten Kind weitergegeben. Jetzt wird ein Oberthema vorgegeben, z. B. Tiere, Gegenstände, Obst und Gemüse, Fahrzeuge, Menschen o. Ä. Dann muss jedes Kind die 20 Punkte so mit geraden Linien verbinden, dass daraus das gewünschte Objekt entsteht. Die Punkte müssen dabei nicht unbedingt die Endpunkte sein, sie können auch mitten auf einer Linie liegen. Alle Punkte müssen in dem Bild integriert sein. Anschließend werden die Bilder vorgestellt.

Variante: Es kann auch ohne Oberthema gezeichnet werden. Dabei entstehen oft witzige und kreative Bilder.

Material: für jedes Kind ein DIN-A4-Papier und einen Stift

2. Die Geburt Jesu

Bibeltext: Lukas 2,1-20
Zielgedanke: Gott macht sich klein und kommt auf die Welt, um uns zu begegnen.

Einstiegsspiel

Volkszählung

Alle Kinder füllen einen kurzen Informationsbogen über sich aus, der nur mit Ja oder Nein beantwortet werden kann. Die Mitarbeitenden werten die Informationsbögen schnell aus. Anschließend wird eine Information vorgelesen und die Kinder müssen schätzen, auf wie viele Kinder das jeweilige Ergebnis zutrifft. Wer am besten tippt, gewinnt.
Fragen für den Informationsbogen können sein:

- Ich war schon einmal in Griechenland.
- Ich habe ein Haustier.
- Der Vorname meiner Mutter beginnt mit einem Buchstaben aus der ersten Hälfte des Alphabets (A-M).
- Meine Augenfarbe ist blau.
- Ich habe mehr als ein Geschwister.
- Ich wurde in ... (Name der nächsten Stadt) geboren.

Die letzte Frage ist dann auch die Überleitung zur Vorlesegeschichte.
Material: Informationsbogen, Papier und Stifte

Einstiegsfragen

- In welcher Stadt wurdest du geboren?
- Gibt es ein besonderes Ereignis rund um deine Geburt, das deine Eltern dir erzählt haben?

Vorlesegeschichte

„Auch das noch!" Josef seufzt. Der Kaiser will alle Menschen zählen. Er will wissen, wie mächtig er ist. Er will es schwarz auf weiß sehen, wie viele Menschen zu seinem Volk gehören. Viele Menschen müssen reisen, um sich registrieren zu lassen. Denn das geht nur in der Geburtsstadt der Vorfahren. Was für ein Aufwand! Und das, wo Maria bald das Kind bekommen soll.
Seltsam war das gewesen. Maria war schwanger geworden, obwohl sie noch nicht mit Josef zusammen war, so richtig zusammen. Zuerst wollte Josef sie klammheimlich verlassen. Aber im Traum hatte Gott ihm klargemacht, dass das Kind nicht von einem anderen Mann, sondern von Gott persönlich ist. Seltsam. So ganz kann Josef das nicht glauben. Aber was soll er sonst machen? Sich von Maria trennen? Sie allein ihrem Schicksal überlassen? Nein, dazu hat er sie zu lieb.

Gemeinsam machen sie sich auf nach Bethlehem. Die Straßen sind verstopft. Viele Menschen sind unterwegs. An manchen Orten herrscht totales Chaos. Auch in Bethlehem. Maria und Josef finden kein einziges freies Bett mehr. Obwohl Maria schon Wehen hat und das Baby gleich auf die Welt kommt, macht ihr niemand Platz. Nur bei den Tieren finden sie Unterschlupf. Dort kann Maria ihr Kind zur Welt bringen. Der Futtertrog dient als Bettchen für den Kleinen. Das ist alles andere als gemütlich. Trotzdem sind Maria und Josef glücklich.
Auch für die Hirten macht niemand Platz. In der Stadt sind sie nicht gern gesehen. Sie riechen nach Schaf. Sie haben raue Hände. Ihre Haut ist faltig durch die viele Sonne. Sie wirken etwas unheimlich. Tag und Nacht sind sie bei ihren Schafen.
Jetzt ist es Nacht. Die meisten Hirten schlafen am Feuer. Ein paar halten Nachtwache. Plötzlich wird es taghell! Ein Engel steht vor ihnen: „Fürchtet euch nicht! Ich verkündige euch heute eine Botschaft, die euch sehr freuen wird: Heute ist der lang versprochene Retter geboren, der die Menschen mit Gott versöhnen wird. Ihr werdet ihn so erkennen: Er ist in Windeln gewickelt und liegt in einer Futterkrippe." Und noch viel mehr Engel kommen dazu und singen ein Loblied für Gott. Und dann ist plötzlich alles wieder dunkel. Die Hirten sind hellwach. „War das alles echt? Oder haben wir nur geträumt?", fragen sie sich. „Wir werden es nur herausbekommen, wenn wir uns auf den Weg machen und das überprüfen." Gesagt, getan. Gemeinsam machen sie sich auf die Suche nach diesem Kind, von dem der Engel gesprochen hat. Sie müssen nicht lange suchen, hier draußen kennen sie sich ja aus. Und tatsächlich! Sie finden das Baby in der Futterkrippe. Und sie spüren: Das ist ein besonderes Kind.

Vertiefungsfragen

- Warum hat Gott nicht dafür gesorgt, dass sein Sohn in einem Palast zu Welt kommt?
- Warum haben die Menschen der schwangeren Maria keinen Platz gemacht?

Spiele auf dem Weg zur Krippe

Weg nach Bethlehem

Auf dem Boden wird ein Feld mit 4 x 4 oder 5 x 5 Feldern markiert, z. B. durch DIN-A4-Papier. Es gibt nur einen Weg, der von der einen Seite des Feldes auf die andere Seite führt. Es darf dabei nicht diagonal gegangen werden. Nur die Spielleitung hat einen Lösungsplan. Die Kinder werden in zwei Gruppen eingeteilt, die von den gegenüberliegenden Seiten starten. Ein Kind stellt sich auf ein Papier und die Spielleitung sagt, ob dieser Weg richtig oder falsch ist. Ist es richtig, darf das Kind auf ein weiteres Papier treten. Ist es falsch, geht es zurück und die gegnerische Gruppe ist an der Reihe. Im nächsten Zug geht ein anderes Kind aus der Gruppe auf ein Papier und versucht so, den Weg auf die andere Seite zu finden. Alle müssen sich den Weg gut merken. Es dürfen sich keine Notizen gemacht werden. Gewonnen hat die Gruppe, die zuerst alle Kinder der Gruppe auf die andere Seite gebracht hat.
Material: 16 oder 25 Blatt DIN-A4-Papier, Lösungsplan

Unterschriftentest

Maria und Josef müssen sich in eine Liste eintragen. Aber wer kann die Unterschriften denn lesen? Alle Kinder schreiben ihre Unterschrift groß und möglichst unleserlich auf ein DIN-A4-Blatt, auf die Rückseite schreiben sie ihren Namen leserlich. Die Blätter werden eingesammelt und allen gezeigt. Die Kinder müssen erraten, wem welche Unterschrift gehört. Wer rät am besten?
Material: DIN-A4-Papier und Stifte

Landkarten lesen

Die Kinder werden in kleine Gruppen eingeteilt und erhalten einen gezeichneten Grundriss des Gemeindehauses oder Geländes, auf dem man sich befindet. Allerdings ist kein Raum beschriftet, an dem man sich orientieren kann. Ein Ort ist mit einem roten Kreuz gekennzeichnet. Mit Hilfe der Karte müssen die Kinder diesen Ort suchen. Dort liegt für jede Gruppe eine Babywindel bereit. Wer ist zuerst dort?
Material: je Gruppe eine Landkarte und eine Babywindel

In Windeln gewickelt

Für jede Gruppe liegt eine angezogene Babypuppe bereit. Auf „Los!" muss die Puppe ganz ausgezogen werden, mit der Windel der vorherigen Station gewickelt und wieder ganz angezogen werden. Die schnellste Gruppe gewinnt.
Material: pro Gruppe eine Babypuppe mit Kleidern, Babywindel der letzten Station

Namensgebung

Das Mitarbeiterteam hat die Bedeutung der Namen der Kinder aus einem Namensbuch auf einzelne Zettel geschrieben, die nun für alle sichtbar aufgehängt werden. Die Kinder müssen erraten, welche Bedeutung zu welchem Namen gehört. Wer seine Bedeutung weiß, sollte sich dabei zurückhalten.
Variante: Ist der Besuch der Gruppenstunde unregelmäßig, können auch bekannte Vornamen ausgewählt werden, zu denen die jeweilige Bedeutung zugeordnet werden muss.
Material: Papier und Stifte, Namensbuch, Klebestreifen o. Ä. zum Aufhängen

Wache halten

Jeweils zwei Kinder spielen gegeneinander. Jedes Kind bekommt eine angezündete Kerze (Teelicht) in die Hand. Auf „Los!" muss es versuchen, die Kerze des anderen auszublasen, ohne dass seine eigene dabei erlischt. Es gewinnt, wer seine Kerze am längsten brennen lassen kann. Achtung Wachsflecken!
Variante: Es können auch gleichzeitig alle gegen alle spielen.
Material: Streichhölzer/Feuerzeug, pro Kind ein Teelicht

Frohe Botschaft

Die Kinder werden in Zweierteams aufgeteilt und erhalten auf einem Zettel eine „frohe Botschaft" (z. B. Geburt eines Kindes, Hochzeit von A und B, eine Eins in Mathe, Sonnenschein am Wochenende, usw.). Darüber müssen sie einen Frohe-Botschaft-Text schreiben,

allerdings darf in dem Text die frohe Botschaft selbst nicht erwähnt werden. Anschließend wird der Text den anderen vorgelesen. Die Gruppe muss den Inhalt der frohen Botschaft erraten. Wem gelingt dies?
Material: Themen für eine frohe Botschaft, Papier und Stifte

Himmlische Chöre

Von einer Weihnachts-CD werden die ersten Takte eines Weihnachtsliedes vorgespielt. Die Lieder können auch gesummt oder Versteile vorgelesen werden. Die Kinder müssen erraten, um welches Lied es sich dabei handelt. Wer errät die meisten Lieder?
Material: Weihnachts-CD oder Liederbuch, CD-Player

Eilende Hirten

Die Kinder werden in zwei Gruppen (oder mehr) aufgeteilt. Jedes Kind muss nun einzeln den Weg nach Bethlehem zur Krippe gehen. Dazu ist ein kleiner Parcours aufgebaut. Auf „Los!" muss das erste Kind Hut, Mantel und Stock anziehen/nehmen, den Parcours meistern, niederknien, zurückrennen und alles ausziehen. Dann ist das nächste Kind an der Reihe. Welche Gruppe ist zuerst fertig?
Material: 2 Hüte, 2 Mäntel, 2 Stöcke (bei mehr Gruppen die Anzahl jeweils erhöhen)

3. Die Sterndeuter aus dem Osten

Bibeltext: Matthäus 2,1-12
Zielgedanke: Schon von Anfang an soll für alle Völker klar sein, dass Jesus der Herr ist.

Einstiegsspiel

Licht im Dunkeln

In einem Raum, der gut verdunkelt werden kann, sind mehrere Plakate und Poster aufgehängt, verschiedene Gegenstände stehen auf einem Tisch oder im Regal. Ein Plakat/Poster von einem Sternenhimmel sollte auch dabei sein. Findet das Spiel im üblichen Gruppenraum statt, sollten es neue, den Kindern unbekannte Plakate/Poster und Gegenstände sein. Der Raum wird verdunkelt und die Kinder werden hereingeführt. Nun leuchtet der Mitarbeiter / die Mitarbeiterin maximal 5 Sekunden auf ein Plakat/Poster oder die Gegenstände. Die Kinder müssen sich das, was beleuchtet wird, gut merken. Dann stellt der Mitarbeiter / die Mitarbeiterin Fragen dazu, z. B.:

- Welche Gegenstände stehen im Regal?
- Wie viele Blumen sind auf dem Poster zu sehen?
- Wer trägt einen Hut?

Das letzte angeleuchtete Bild sollte das mit dem Sternenhimmel sein.
Material: Plakate/Poster, Bild mit einem Sternenhimmel, Reißnägel oder Klebeband, verschiedenen Gegenstände, starke Taschenlampe

Einstiegsfragen

- Wie kannst du dich im Dunkeln orientieren?
- Wer hat sich schon einmal mit Sternbildern beschäftigt und weiß etwas darüber?

Vorlesegeschichte

„Also, das ist wirklich seltsam." Caspar hält eine Hand über die Augen, um besser sehen zu können. Er blickt hoch konzentriert in den Nachthimmel. „Das beobachte ich jetzt schon zum zweiten Mal in diesem Jahr." „Was hast du denn entdeckt?", fragt Balthasar. Er hat ebenfalls die Sterne beobachtet und sich immer mal wieder Notizen gemacht. „Da, das helle Licht. Ich meine, das sind Jupiter und Saturn, die sich umkreisen." Caspar zeigt in den Nachthimmel. Balthasar blickt angestrengt nach oben. „Ja, du könntest recht haben. Lass mal schauen, wo befinden sich die beiden Planeten? Mmh ... Das müsste das Sternbild der Fische sein." Caspar nickt. Er kann seinen Blick nicht vom Nachthimmel abwenden, so sehr fasziniert ihn dieses seltene Schauspiel. „Was bedeutet das?", fragt er schließlich. „Wir gehen zu Melchior, der sitzt drinnen und studiert die Bücher. Er weiß das bestimmt", gibt Balthasar zur Antwort.

„Also", Melchior rollt einige Schriftrollen auf, nachdem er der Beschreibung von Caspar zugehört hat, „Jupiter ist der Planet des Weltenherrschers. Das Sternbild der Fische ist das Land im Westen, also Syrien und Palästina. Und der Saturn ist der Schutzstern des Volkes Israel." Er rollt die Schriftrollen wieder zusammen. „Und was bedeutet das?", fragt Caspar aufgeregt. „Ich denke", überlegt Melchior, „es könnte bedeuten, dass im Volk Israel ein neuer Weltenherrscher geboren wurde." Die drei Sterndeuter schauen sich an. Das wäre ja ein Ding! Seit ein paar Jahren erforschen sie den Himmel, um ihrem Großkönig die Zukunft vorauszusagen. Bislang haben sie aber nichts entdeckt, was so spannend ist wie dieses helle Licht am Himmel.

„Ich will dorthin und den neugeborenen Weltenherrscher suchen!" Caspar ist ganz aufgeregt. „Kommt! Das ist einmalig, so etwas werden wir nie wieder erleben!" „Ich würde ja mitkommen, aber was sagen wir unserem Großkönig?", fragt Melchior. Schweigen. Balthasar ist der Nüchternste der Drei: „Wir sagen ihm einfach die Wahrheit. Denn wenn es wirklich der Weltenherrscher ist, der da geboren wurde, dann wird er es auch so herausfinden." „Gut, das machen wir", sagt Melchior. „Außerdem sollte unser Großkönig doch ein Interesse daran haben, sich mit dem Weltenherrscher gutzustellen. Wir können ihm doch vorschlagen, dass wir dorthin gehen und dem Weltenherrscher Geschenke bringen. Dann wird er nicht gegen uns Krieg führen."

„Gut, dann lasst uns ins Bett gehen, morgen packen wir zusammen, gehen zum Großkönig und reisen dann weiter Richtung Westen! Ich kann es kaum erwarten!" Caspar ist glücklich. Er wird reisen und den Weltenherrscher persönlich kennenlernen. Ob er heute Nacht überhaupt noch einschlafen kann?

Vertiefungsfragen

- Gott hat von Anfang an auf der ganzen Welt bekannt gemacht, dass er der Weltenherrscher ist. Wie kannst du heute davon weitererzählen?
- Wenn Jesus der neue Weltenherrscher ist, was bedeutet das dann für dein Leben / unseren Alltag / die Politik?

Spiele im Dunkeln

Im Dunkeln unterwegs

Im ganzen Haus werden Leuchtsterne (oder andere Leuchtfiguren) versteckt. Dann werden alle Lichter gelöscht. Jedes Kind bekommt eine Taschenlampe. Auf „Los!" muss jedes versuchen, so viele Leuchtsterne wie möglich zu finden. Wer hat die meisten?

Material: viele Leuchtsterne oder andere Leuchtfiguren, für jedes Kind eine Taschenlampe

Im Dunkeln orientieren

Wenn sich alle Kinder kennen und mit Namen vorgestellt haben, werden sie in zwei Gruppen eingeteilt. Dann wird der Raum komplett verdunkelt. Nun bekommen sie eine Aufgabe, die sie im Dunkeln erledigen müssen, z. B. „Stellt euch der Größe nach auf!", „Stellt euch nach der Schuhgröße auf!", „Stellt euch nach der Haarlänge auf!", usw. Wenn eine

Gruppe meint, dass sie die Aufgabe richtig ausgeführt hat, ruft sie „Stopp!“ und das Licht wird angeschaltet. Die Mitarbeitenden kontrollieren das Ergebnis. Ist es richtig, bekommt die Gruppe 1 Punkt.
Material: keines

Sardinendosenverstecken

Ein Kind, das sich verstecken muss, wird ausgewählt. Anschließend wird das Haus abgedunkelt und das Kind zieht los, um sich zu verstecken. Die Gruppe zählt gemeinsam bis 30. Dann zieht jedes einzelne Kind los, um das versteckte Kind zu finden. Hat man es gefunden, versteckt man sich auch dort. Hat sich das Kind z. B. hinter einer Tür versteckt, stellt man sich ebenfalls hinter diese Tür zu dem versteckten Kind. Dies geht so lange, bis auch das letzte Kind das Versteck gefunden hat. So werden es in dem Versteck immer mehr Kinder. Dasjenige Kind, das zuerst das versteckte Kind gefunden hat, darf sich neu verstecken, während die Gruppe z. B. hinter der Tür stehen bleibt und bis 30 zählt. Die Verstecke sind möglicherweise ziemlich eng, aber das macht es besonders lustig und dann auch leichter, das versteckte Kind zu finden.
Material: keines

Knicklichtfangen

Alle Kinder bekommen zwei Knicklichter, die sie knicken und sichtbar an den Armen oder Schuhen befestigen. Vielleicht muss dazu Klebeband verwendet werden, da die Steckverbindungen in der Bewegung schnell wieder aufspringen. Dann wird der Raum abgedunkelt oder das Spiel findet draußen im Dunkeln statt. Ein Kind ist der Fänger / die Fängerin und muss versuchen, die anderen Kinder abzuschlagen. Wer abgeschlagen wurde, bleibt stehen und wedelt mit seinem Knicklicht. Ein anderes Kind, das noch nicht gefangen wurde, kann dieses Kind wieder befreien, indem es das Kind abschlägt und „Frei!“ ruft. Gelingt es dem Fänger / der Fängerin, alle anderen Kinder abzuschlagen?
Variante: Es können so auch alle anderen Fangspiele gespielt werden. Auf eine sichtbare Begrenzung des Spielfeldes, z. B. durch Knicklichter, ist zu achten.
Material: Knicklichter, Klebeband

Knicklicht-Boule

Die Kinder werden in Gruppen nach Anzahl der Knicklichtfarben eingeteilt. Jede Gruppe erhält pro Kind vier Knicklichter in ihrer Farbe. Jeweils zwei geknickte Knicklichter werden zu einem Kreis zusammengesteckt und die Steckverbindungen werden zusammengeklebt, da sie beim Werfen vielleicht auseinandergehen. Die Spielleitung hat aus einem geknickten Knicklicht ebenfalls einen Kreis (kleines Knicklicht) gesteckt. Von einer Startlinie aus wird das kleine Knicklicht geworfen. Die Gruppen müssen nun versuchen, ihre Knicklichter abwechselnd so nah wie möglich an das kleine Knicklicht zu werfen. Alle Knicklichter, die am Ende das kleine Knicklicht berühren, erhalten 1 Punkt. Welche Gruppe hat die meisten Punkte?
Material: pro Spieler 4 Knicklichter, Klebeband

Kontinente

Sechs Kontinente (Nordamerika, Südamerika, Europa, Afrika, Asien, Australien), die durch Matten, Kissen oder Reifen dargestellt werden, liegen im Kreis auf dem Boden. Ihr Name wird erklärt, aber nicht beschildert. Nun sagt die Spielleitung, zu welchem Kontinent die Kinder reisen müssen. Das Kind, das als letztes dort ankommt, scheidet aus (oder bekommt 1 Minuspunkt).

Variante: Die Kontinente werden durch die Erdplatten verschoben. Die Spielleitung gibt nun an, um wie viel die Kontinente in welche Richtung verschoben sind und nennt dann einen Zielkontinent, z. B.: „Jeder Kontinent ist um zwei im Uhrzeigersinn verschoben. Geht nach Australien!" Nun müssen die Kinder gut überlegen und dann schnell den richtigen Kontinent aufsuchen. Das Spiel wird so lange gespielt, bis nur noch ein Kind übrig bleibt oder das erste Kind 10 Minuspunkte hat.

Material: 6 Matten / Kissen / Reifen

4. Jesu Taufe

Bibeltext: Matthäus 3,13-17
Zielgedanke: Durch die Taufe wird deutlich, wer zu Gott gehören und ab jetzt mit ihm leben will.

Einstiegsspiel

Der Mond ist rund

Alle Kinder sitzen im Kreis. Ein Mitarbeiter oder eine Mitarbeiterin bittet die Kinder, ihm oder ihr gleich das nachzumachen, was er oder sie nun vormacht: „Der Mond ist rund, der Mond ist rund, hat zwei Augen, Nas‘ und Mund!“ Dabei malt der Mitarbeiter oder die Mitarbeiterin mit dem Zeigefinger zweimal einen großen Kreis in die Luft und deutet in diesem Kreis dann Augen, Nase und Mund an. Anschließend schlägt er oder sie die Beine übereinander. Nun sollen die Kinder der Reihe nach dasselbe machen. Schlagen sie danach ebenfalls die Beine übereinander, ist es richtig, tun sie es nicht, ist es falsch. Allein mit Hilfe der Bewertung, ob es richtig oder falsch war, sollen die Kinder herausbekommen, wie es richtig geht.
Material: keines

Einstiegsfragen

- Wer ist dein Vorbild? Wem machst du etwas nach, z. B. Kleidung, Sport, Redensart?
- Manchmal nimmt man sich etwas vor und macht es dann doch nicht. Woran liegt das?

Vorlesegeschichte

„Kommt ihr heute auch mit an den Jordan?“, fragt Naomi ihre Nachbarinnen. „Johannes ist wieder da. Wisst ihr, das ist der mit dem Kamelhaarmantel. Angeblich isst er nur Heuschrecken und Honig von Wildbienen.“ Naomi hat vor Aufregung ganz rote Wangen. Schon einmal hat sie beobachtet, wie Johannes predigt und dann ein paar Menschen im Jordan untergetaucht hat. Das hat sie begeistert. Aber selbst hat sie sich nicht getraut, sich untertauchen zu lassen. „Taufe“ nennt das Johannes. Doch heute, ja, heute will sie auch nach vorne gehen und sich taufen lassen. Vielleicht.
„Was ist? Kommt ihr mit? Ich weiß, er sieht etwas seltsam aus und predigt ungewöhnlich. Aber ich habe das Gefühl, dass Gott ihn geschickt hat. Er soll für den Sohn Gottes den Weg bereitmachen. Das habe ich nicht verstanden, hier gibt es doch überall Wege. Aber vielleicht erklärt Johannes das heute noch einmal.“ Naomis Nachbarinnen überlegen. Dann stimmen sie zu: „Na gut, wenn du so begeistert bist, dann muss er ja gut sein. Wir kommen mit.“ Und so macht sich die kleine Frauengruppe auf zum Jordan.
Wie gut, dass sie schon so früh aufgebrochen sind. Denn viele andere sind auch gekommen. Am Jordanufer ist es ganz schön voll. Einige haben ihr Mittagessen mitgebracht. Sie breiten ihre Decken aus und vertreiben sich die Zeit beim Picknick. Andere freuen

sich über die vielen Bekannten, die sie dort treffen. Mit ihnen können sie die aktuellsten Neuigkeiten austauschen. Naomi und ihre Nachbarinnen haben einen guten Platz auf einem kleinen Felsvorsprung ergattert. Hier können sie gut sitzen und haben den Jordan bestens im Blick.
Plötzlich geht ein Raunen durch die Menge. Oben am Hang wird es unruhig. Johannes kommt! Und mit ihm seine Anhänger. Und natürlich auch ein paar besonders fromme Juden, die ihm genau auf die Finger schauen wollen. Die Menschen machen Johannes Platz. Ganz ruhig geht er bis ans Jordanufer. Dann beginnt er, von Gott zu erzählen. Er erzählt von Gottes Liebe zu uns Menschen, von seinem starken Wunsch, mit uns befreundet zu sein. Er erzählt von Gottes Sohn, der bald kommt und uns den Frieden bringt. Manche klatschen immer mal wieder, andere glauben ihm nicht und rufen laut dazwischen. Aber Johannes scheint das alles nicht zu stören.
„Ändert euer Leben! Macht Platz für Gott! Lasst euch im Jordan taufen und abwaschen von allem, was in eurem Leben falsch läuft! Hier und jetzt!“ Da stehen schon die Ersten auf und treten zu Johannes. Ja, sie wollen sich taufen lassen. Ihnen ist es ernst mit Gott. Auch Naomi geht nach vorn. Ihr Herz klopft so laut, dass sie glaubt, alle könnten es hören. Aber Naomi weiß: Das ist die richtige Entscheidung!
Doch dann wird Naomi zur Seite gedrängt. Ein besonders frommer Jude drückt sich an ihr vorbei und stellt sich vor alle anderen, direkt nach ganz vorne. Ein paar sind verärgert, aber die meisten sind erstaunt. Was? Ein Pharisäer will sich taufen lassen? Der hält doch alle Gebote ein, wovon muss der sich reinwaschen lassen?
Auch Johannes hat den sich vordrängelnden Pharisäer bemerkt. Und er sieht noch viele andere Pharisäer, die sich auf den Weg zum Jordanufer gemacht haben. „Ihr Schlangen!“, ruft er ihnen zu. „Glaubt ihr etwa, dass eine Taufe euch in den Himmel bringt? Nein, es ist nicht das Wasser, das in eurem Herzen den Weg zu Gott freimacht. Sondern es ist euer Verhalten. Ändert euer Leben und lasst Gott in euer Herz! Die Taufe ist nur ein Zeichen dafür, dass ihr euer Leben ändern wollt. Also, wollt ihr euch immer noch taufen lassen?“
Einige schauen betreten zu Boden, anderen drängen erst recht nach vorn und rufen laut: „Ja!“ Auch Naomi ist sich sicher: Doch, sie will Gott in ihrem Herzen Platz machen! Heute ist ein besonderer Tag, den sie nie vergessen wird.

Vertiefungsfragen

- Wer von euch ist getauft? Was bedeutet dir deine Taufe?
- Was muss sich ändern, wenn Menschen mit Gott leben wollen?

Spiele für die Reise

Einkaufen

Die Kinder müssen erraten, wie das Rätsel funktioniert. Alle sitzen im Kreis. Eine Person sagt: „Ich gehe in ein Kaufhaus, zwei Stockwerke hoch und dann nach rechts und kaufe mir ...“ Nun kann alles genannt werden, was die Person zwei Plätze weiter rechts anhat. Die Anzahl der Stockwerke verrät, um wie viele Plätze weitergezählt werden muss, links und rechts gibt

an, in welche Richtung gezählt wird. Um zu verwirren, kann man auch hier die Beine übereinanderschlagen, sich am Ohrläppchen ziehen o. Ä. Dies trägt aber nicht zur Lösung bei.
Material: keines

Ich packe meinen Koffer

Die Kinder müssen erraten, wie das Rätsel funktioniert. Eine Person sagt: „Also, ich packe meinen Koffer und nehme ein Handtuch mit." Reihum müssen die Kinder ebenfalls etwas einpacken. Die Spielleitung sagt jeweils, ob das möglich ist oder nicht. Eingepackt kann nur etwas werden, wenn die Aussage mit „Also ..." beginnt. Dabei kann im Verlauf auch der Satz verändert werden, z. B. „Also, ich nehme ein Fahrrad mit." Das „Also" sollte dann immer mehr betont werden, bis alle Kinder das Rätsel gelöst haben.
Material: keines

Botschaften ausführen

Die Kinder werden in zwei oder mehr Gruppen eingeteilt. Jede Gruppe sollte von einem Mitarbeiter oder einer Mitarbeiterin beobachtet werden können. Die Gruppe wählt ein Kind als Boten aus. Der Bote läuft zur Spielleitung und erhält dort einen Zettel mit einer Aufgabe, die die Gruppe so schnell wie möglich erledigen muss, z. B.:

- Legt euch alle auf den Boden und streckt 10 Sekunden lang Arme und Beine in die Luft!
- Bildet einen Kreis, haltet euch an den Händen und singt 10 Sekunden lang ein Lied!
- Steht alle 10 Sekunden lang auf einem Bein! (Wenn ein Kind umkippt, wird von vorn gezählt.)
- Stellt euch hintereinander auf und grätscht die Beine, das hinterste Kind krabbelt durch alle Beine und stellt sich vorne wieder an, dann das nächste, so lange, bis alle Kinder einmal durchgekrabbelt sind.

Wenn die Gruppe die Aufgabe erledigt hat, bringt der Bote den Auftrag zurück und holt den nächsten ab. Welche Gruppe hat zuerst alle Aufgaben erledigt?
Material: Aufgabenzettel für jede Gruppe, Stoppuhr

Den Weg finden

Johannes hat gezeigt, wie man Gott einen Weg ins Herz bereiten kann. Die Kinder werden in zwei Gruppen aufgeteilt. Die eine Gruppe geht mit einem Mitarbeiter / einer Mitarbeiterin vor die Tür und überbrückt die Zeit z. B. mit einem Fangenspiel. Die andere Gruppe baut in der Zwischenzeit aus Tischen und Stühlen ein Labyrinth auf. Nun werden dem ersten Kind der gegnerischen Mannschaft die Augen verbunden und es wird an den Startpunkt des Labyrinths geführt. Es muss versuchen, so schnell wie möglich das Ziel zu finden. Die Zeit wird gestoppt. Danach kommt das zweite Kind an die Reihe usw. Wie lange braucht die gesamte Gruppe?
Nun werden die Rollen getauscht, die andere Gruppe baut ein Labyrinth auf. Welche Gruppe hat am längsten gebraucht?
Material: Augenbinde, Tische und Stühle

Heiß und kalt

Johannes war ein Botschafter und hat den Menschen den Weg zu Gott erklärt. Einem Kind, das sich freiwillig gemeldet hat, werden die Augen verbunden. Die Gruppe „versteckt" einen Gegenstand im Raum, den das Kind suchen muss. Es kann ein umgedrehter Topf sein, der mit einem Kochlöffel gesucht werden muss, aber auch ein beliebiger Gegenstand aus dem Raum, ein Stofftier oder eine Süßigkeit. Die Gruppe darf mit „heiß" oder „kalt" dem Kind helfen, den Gegenstand zu finden.

Material: Augenbinde, Gegenstand aus dem Raum, Stofftier, Süßigkeiten, eventuell Topf, Kochlöffel

5. Der Fischzug des Petrus

Bibeltext: Lukas 5,1-11
Zielgedanke: Gott ruft Menschen in die Nachfolge, auch solche, die scheinbar in ihrem Leben und Arbeiten versagt haben.

Einstiegsspiel

Nicht getroffen

Eine halb volle Plastikflasche wird in großer Entfernung aufgestellt. Die Kinder sollen einzeln mit einem Tennisball versuchen, die Flasche umzukegeln. Der Abstand ist gut gewählt, wenn es den Kindern nur selten gelingt.
Material: eine halb volle Plastikflasche, Tennisball

Einstiegsfragen

- Wie ist das, wenn man etwas nicht schafft?
- Wie ist das, wenn man etwas nicht schafft und alle schauen zu?

Vorlesegeschichte

„Das hätte ich mir ja auch schenken können!“, brummt Petrus vor sich hin. „Die ganze Nacht um die Ohren geschlagen und keinen einzigen Fisch gefangen – man könnte fast glauben, ich hätte das Fischen verlernt.“ Mürrisch sitzt Petrus am Ufer des Sees Genezareth und reinigt seine Netze. Obwohl ihm kein Fisch ins Netz gegangen war, muss er jetzt seine Netze auswaschen, von Pflanzen und Ästen reinigen, auf kaputte Maschen prüfen und zum Trocknen für die nächste Nachtfahrt aufhängen. Neben ihm sitzen seine Kollegen Jakobus und Johannes. Ihnen ist es nicht anders ergangen als Petrus: Ihre Netze sind leergeblieben.
„Petrus, du Flasche! Na, hast du mal wieder nichts gefangen?“, ruft Elias spottend aus seinem Boot, das immerhin halb voll mit Fischen ist. „Tja, nicht jeder kann ein Meisterfischer sein so wie ich. Wenn das nichts mit dem Fischen ist, Petrus, dann geh doch auf den Acker. Ja, genau, mach dich vom Acker, du Flasche!“ Elias lacht über seinen eigenen Witz so, dass er fast aus seinem Boot fällt. „Verzieh dich, Elias!“, ruft Petrus. Was Besseres fällt ihm nicht ein, denn es stimmt, was Elias sagt. Schon seit ein paar Nächten hat er nichts mehr gefangen. Was kann er denn eigentlich, wenn noch nicht mal das Fischen klappt, das er eigentlich blind beherrscht?
In trübsinnige Gedanken versunken merkt Petrus nicht, dass sich am Ufer des Sees etwas zusammengebraut hat: Menschen so weit das Auge reicht. Sie alle sind wegen Jesus gekommen, dem neuen Prediger, der so gut und deutlich von Gott erzählen kann wie kein Priester zuvor.
Petrus schreckt aus seinen Gedanken hoch! Wer hat ihm da auf seine Schulter getippt?

„Was?", stammelt Petrus. „Fahre mich ein Stück auf den See, damit ich die vielen Menschen besser sehen und zu ihnen sprechen kann." „Äh ... ja klar, nimm Platz, wer auch immer du bist." Verwirrt schiebt Petrus das Boot wieder ins Wasser und tut, wie ihm geheißen. Die Bitte des Mannes hat keinen Widerspruch zugelassen.
Obwohl Petrus todmüde ist, hört er zu, was dieser Mann erzählt. Jesus heißt er. Man könnte meinen, er hätte Gott persönlich gesehen. So gut kann er von ihm erzählen und die alten Schriften erklären. Als seine Rede zu Ende ist, sagt er zu Petrus: „Fahre noch einmal hinaus ins tiefe Wasser und fische." „Aber Herr, ich habe die ganze Nacht nichts gefangen, da fange ich doch erst recht nichts mitten am Tag im tiefen Wasser!" Petrus überlegt kurz. „Aber weil du es sagst, will ich es probieren!" Und dabei denkt er: „Ich habe mich heute vor Elias eh schon lächerlich gemacht, dann kommt es auf diesen irrsinnigen Versuch auch nicht mehr an."
Petrus fährt hinaus, wirft die Netze ins Wasser und es geschieht etwas Unglaubliches! Die Netze sind voller, als er es jemals in seiner besten Nacht erlebt hat! Er kann sie kaum halten, so groß ist sein Fang! „Helft mir!", ruft er Jakobus und Johannes zu, die vom Ufer aus seinen erneuten Fischversuch beobachtet haben. Und selbst als sie die Fische auf zwei Boote verteilen, können sie sie kaum transportieren.
Petrus fällt vor Jesus nieder. Die Macht, die von ihm ausgeht, ist Petrus unheimlich. „Geh weg! Du und ich, wir passen nicht zusammen!" „Nein", sagt Jesus, „wir passen gut zusammen. Du bist keine Flasche! Ich kann dich gebrauchen. Komm mit mir. Ab heute wirst du nicht mehr Fische, sondern Menschen fangen und sie zu Gott bringen."
Noch vor wenigen Stunden hat sich Petrus als Versager gefühlt, jetzt weiß er: „Jesus kann mich gebrauchen. Auch wenn ich nicht alles kann." Fröhlich sagt Petrus: „Ja, ich komme mit dir!"

Vertiefungsfragen

- Menschen wie Elias beurteilen andere nach dem, was sie können. Wenn dann mal etwas nicht klappt, wird man schnell zum Versager abgestempelt. Wie geht es dir damit, wenn andere dich auslachen, weil dir etwas nicht gelingt?
- Jesus kann die „Versager" gebrauchen. Denn er sieht mehr in uns als nur das, was in der Schule beurteilt wird. Du bist mehr als deine Schulnoten. Du bist mehr als das, was du leisten kannst. Du bist mehr, weil Gott dich in seiner Gemeinschaft haben will. Das macht dich wertvoll. Kannst du das glauben?

Spiele mit Flaschen

Flaschenkegeln

Neun Plastikflaschen werden in je drei Reihen aufgestellt. (Es ist hilfreich, wenn die Standorte der Flaschen mit Klebeband o. Ä. markiert werden. Das erleichtert den Aufbau und sorgt für ein gerechtes Spiel.) Immer drei Kinder bilden eine Gruppe, jedes Kind bekommt einen Tennisball. Von einer Startlinie aus muss nun jedes Kind einer Gruppe versuchen, so viele Flaschen wie möglich umzuwerfen. Nachdem das dritte Kind geworfen hat, werden

die umgefallenen Flaschen gezählt. Dann ist die nächste Mannschaft an der Reihe. Wer schafft die meisten Punkte?
Material: neun leere Plastikflaschen, 3 Tennisbälle, Klebeband

Hausnummern kegeln

Der Aufbau und die Gruppeneinteilung erfolgt wie bei „Flaschenkegeln". Zuerst kegelt jeweils das erste Kind pro Mannschaft, die umgefallenen Flaschen werden gezählt und wieder aufgestellt. Die Gruppe entscheidet, ob sie die „erkegelte" Zahl als Einer-, Zehner- oder Hunderterzahl verwendet. Die Zahl wird notiert. Nun sind die zweiten Kinder jeder Gruppe an der Reihe, es wird ebenso verfahren, auch mit den dritten Kindern. Wer hat nun die höchste Zahl?
Variante: Es geht darum, die niedrigste Zahl zu kegeln. Dabei muss mindestens eine Flasche umgekegelt werden, sonst ist der Wurf ungültig. Hier können zwei umgelegte Tische helfen, dass die Flaschen besser getroffen werden.
Material: neun leere Plastikflaschen, 3 Tennisbälle, Klebeband, Zettel und Stift

Flaschen leeren

Das Spiel findet im Freien auf einer ebenen Fläche (z. B. Hof, Parkplatz) statt. Jedes Kind erhält eine mit Wasser gefüllte Plastikflasche. Die Kinder stellen sich in einem großen Kreis auf und platzieren die volle Flasche vor sich. Ein Kind beginnt und versucht, die Flaschen eines anderen Kindes abzuwerfen. Der Wurf darf nicht von den Kindern abgefangen oder abgewehrt werden. Ist die Flasche umgefallen, so muss das Kind, dessen Flasche umgefallen ist, erst den Ball holen und dann die Flasche wieder aufstellen. Je schneller es ist, umso mehr Wasser kann es noch retten. Nun darf dieses Kind die Flasche eines anderen Kindes abwerfen. Es gewinnt, wer als Letztes noch Wasser in der Flasche oder nach dem Ende des Spiels das meiste Wasser in der Flasche hat.
Material: eine leere Plastikflasche pro Kind, Wasser, Tennisball oder größerer Gummiball

Flaschenöffnung-Balance

Eine Glasflasche mit möglichst großer Öffnung ohne Deckel steht auf einem Tisch. Jedes Kind bekommt fünf Streichhölzer. Reihum legt jedes Kind ein Streichholz über die Flaschenöffnung, sodass es liegen bleibt. Fallen jemandem Streichhölzer von der Flaschenöffnung, so muss er/sie sie wieder auf die Hand nehmen. Das Kind, das zuerst alle Streichhölzer losgeworden ist, gewinnt. Es ist aber darauf zu achten, dass jeweils die Runde zu Ende gespielt wird. Es kann also mehrere Gewinner/Gewinnerinnen geben.
Material: Glasflasche mit großer Öffnung, für jedes Kind 5 Streichhölzer

Flaschen-Parcours

Die Kinder werden in zwei oder mehr Gruppen eingeteilt. Aus verschiedenen Gegenständen (Tische, Stühle, Kisten, Pylonen usw.) wird ein Parcours aufgebaut. Eine Gruppe stellt sich hintereinander an der Startlinie auf. Das erste Kind erhält einen Baseballschläger/Besenstiel und muss so schnell wie möglich eine leere Plastikflasche durch den Parcours treiben/schlagen. Ist es wieder am Start angekommen, wird der Baseballschläger/

Besenstiel an das nächste Kind übergeben. Entweder wird die Zeit gestoppt oder zwei gleiche Parcours werden aufgebaut, sodass zwei Gruppen gleichzeitig starten. Welche Gruppe ist am schnellsten?
Material: 2 leere Plastikflaschen, 2 Baseballschläger/Besenstiele, Tische, Stühle, Pylonen usw., Stoppuhr

Flaschen-Volleyball

Die Kinder werden in zwei Gruppen aufgeteilt, die sich in zwei markierten Feldern gegenüberstehen. Dazwischen wird ein Seil auf Kopfhöhe der Kinder gespannt. Jedes Kind erhält eine leere Plastikflasche. Von der Seite wird ein Luftballon als Spielball in das Feld geworfen. Die Kinder müssen nun versuchen, den Luftballon bei der gegnerischen Mannschaft auf den Boden zu schießen. Der Luftballon muss dafür aber immer über die Schnur gespielt werden. Die Kinder dürfen den Luftballon nur mit der Flasche abwehren. Landet der Luftballon auf dem Boden, darf er mit der Hand aufgenommen und wieder in die Luft geworfen werden. Die gegnerische Mannschaft erhält dann 1 Punkt.
Material: für jedes Kind eine leere Plastikflasche, Seil, Luftballons

6. Die Sturmstillung

Bibeltext: Markus 4,35-41
Zielgedanke: Gott ist stärker als alles, was uns bedroht oder bedrohlich erscheint.

Einstiegsspiel

Sturm ohne Jesus

Auf den Boden werden zwei Linien mit Kreppklebeband in einer Länge von 2 Metern und einem Abstand von 10 cm geklebt. Ein Kind muss versuchen, einen Tischtennisball zwischen den beiden Linien bis zum Ende mit einem Löffel zu rollen. Zwei andere Kinder müssen mit einem Föhn versuchen, den Ball aus den Linien zu bringen. Das Spiel ist so aufgebaut, dass das Kind mit dem Ball es gar nicht schaffen kann.
Material: Kreppklebeband, Tischtennisball, 2 Föhne, Verlängerungskabel

Einstiegsfragen

- Wie kann es gelingen, den Ball bis ans Ende zu rollen?
- In welchen Situationen unseres Lebens können wir so ausgeliefert sein wie der Ball?

Vorlesegeschichte

Es ist so gegen halb eins. Andreas und Thomas steuern das Boot, die anderen schlafen. Die beiden müssen sich krampfhaft wachhalten. In einer halben Stunde sollen sie abgelöst werden. „Schau mal, Andreas, da vorne blitzt es! Das sieht nach einem Gewitter aus. Hoffentlich zieht es an uns vorbei." Kaum hat Thomas es ausgesprochen, bläst ihm ein frischer Wind ins Gesicht. Die See beginnt Wellen zu schlagen. Anfangs nur kleine, dann aber immer höhere. Der Wind pfeift ihnen immer mehr um die Ohren. Das Boot tanzt auf den Wellen auf und ab. Von diesem Geschaukel werden nach und nach auch die anderen wach. Sie helfen den beiden Steuermännern, das Boot weiterhin in die richtige Richtung zu treiben. Der Wind wird immer stärker. Es blitzt und kracht über ihren Köpfen. Die Wellen werden immer höher. Die Jünger haben alle Hände voll zu tun.
Platsch! Eine Welle schwappt über den Bootsrand und setzt die Hälfte des Bootes unter Wasser. Ein panisches Treiben bricht an Bord aus. „Wo sind die Eimer?" „Schnell, schöpf doch schneller!" „Haltet euch fest, eine Welle!" „Hilfe!" „Mann, ruder doch!" Ein wildes Durcheinander! Niemand hat mehr den Überblick. Alles schreit und rennt durcheinander. Das Boot hat ziemlich viel Wasser an Bord. Kaum haben die Freunde es leergeschöpft, platscht eine neue Welle herein. Die Jünger verzweifeln. Wie sollen sie heil aus diesem Chaos herauskommen? Sie sind dem Sturm hilflos ausgeliefert!
„Wo ist eigentlich Jesus?", fragt einer. Stimmt! Jesus haben sie in dem ganzen Chaos total vergessen. „Jesus?" Unglaublich! Er schläft noch selig auf einem Kissen! Das gibt's doch nicht! Hat er keine Angst? „Hey, Jesus, wach auf! Schau doch, der Sturm! Wir kommen

um! Ist dir das denn egal? Hast du keine Angst um dein Leben?" Jesus sagt nichts. Er steht auf. An Bord hört das geschäftige Treiben auf, aber das Meer tobt weiter. Die Jünger schauen erwartungsvoll auf Jesus, während sie sich krampfhaft an dem schaukelnden Boot festhalten. Was wird er tun?
Jesus geht zum Bootsrand und schaut auf die schäumenden Wasserwogen. „Sei still und hör auf, solche Wellen zu werfen!" schreit er auf den See hinaus. Seine Worte sind kaum zu hören. Und trotzdem haben sie ihre Wirkung nicht verfehlt. Nach und nach beruhigt sich das Wasser. Es hört auf zu blitzen und zu krachen. Der Wind lässt nach. Und bald ist es totenstill. Die Jünger halten sich noch immer krampfhaft am Boot fest. Keiner traut sich, in diese Stille hinein etwas zu sagen.
„Warum habt ihr mir nicht vertraut? Habt ihr gedacht, ich lasse euch im Stich? Vertraut mir! Und kommt das nächste Mal gleich zu mir und nicht erst dann, wenn ihr am Ende eurer Kräfte seid!" Immer noch redet keiner der Jünger. Jesus hat ja recht. Sie haben nicht wirklich geglaubt, dass er ihnen helfen kann.

Vertiefungsfragen

Sturm mit Jesus

Auf die Linien des Einstiegsspiels werden zwei Besenstiele gelegt. Nun wird das Einstiegsspiel wiederholt. Und sollte gelingen.
Material: 2 Besenstiele, Tischtennisball, 2 Föhne, Verlängerungskabel

- Jesus bewahrt die Jünger nicht vor diesem Sturm (zwei Föhne). Wer an Jesus glaubt, ist nicht immer gesund, reich, hübsch, gut in der Schule ... Wer an Jesus glaubt, hat auch mal Angst. Jesus sagt: „Vertraue mir! Ich kann dir helfen" (Besenstiele). Jesus ist da, wenn wir Angst haben: Angst vor der Schule, Angst vor Klassenkameraden, Angst vor der Dunkelheit ... Wir können ihm zurufen: Herr, hilf mir! Er lässt uns nicht im Stich. Wovor hast du am meisten Angst?
- Hast du schon mal erlebt, dass Gott dir in deiner Angst geholfen hat? Erzähle!

Spiele mit Wind

Tischtennisball weitblasen

Jedes Kind erhält einen Tischtennisball und beschriftet ihn mit seinem Namen. Eine Startlinie wird markiert. Die Tischtennisbälle werden an eine Startlinie gelegt. Gleichzeitig (oder nacheinander, wenn nicht genug Platz da ist) werden die Tischtennisbälle weggeblasen. Das Kind darf die Startlinie nicht verlassen. Der weiteste Ball gewinnt.
Material: Markierung für Startlinie (Kreide, Kreppklebeband), Edding, pro Kind ein Tischtennisball

Tischtennisball schnellblasen

Jedes Kind erhält einen Tischtennisball und beschriftet ihn mit seinem Namen. Eine Start- und eine Ziellinie werden markiert. Die Tischtennisbälle werden an eine Startlinie gelegt. Die Kinder blasen gleichzeitig ihre Tischtennisbälle weg, um die Ziellinie zu erreichen. Schafft der Ball es nicht bis zur Ziellinie, darf nachgeblasen werden. Der schnellste Ball gewinnt. Ist nicht genug Platz vorhanden, sodass alle Kinder gleichzeitig blasen können, wird die Zeit gestoppt.
Material: Markierung für Start- und Ziellinie (Kreide, Kreppklebeband), Edding, pro Kind ein Tischtennisball

Tischtennisball-Parcours

Eine Bahn wird durch dicke Seile oder Schnüre beidseitig auf glattem Boden vorgelegt. Das Kind muss dem Tischtennisball mit einer Zeitung Wind zufächeln, sodass der Ball die Parcours-Strecke so schnell wie möglich zurücklegt. Die Zeit wird gestoppt, der schnellste Ball gewinnt.
Material: mehrere dicke Seile oder Schnüre, Zeitung, Tischtennisball, Stoppuhr

Kerze ausklatschen

Eine brennende Kerze muss durch Klatschen gelöscht werden. Das Kind mit den wenigsten Klatschversuchen gewinnt.
Material: Kerze, Streichhölzer/Feuerzeug

Kerzenschnelllauf

Im Freien muss ein Parcours mit einer brennenden Kerze gelaufen werden. Geht die Kerze aus, muss man zurück an den Start, die Kerze neu entzünden und einen weiteren Versuch starten. Die Zeit wird gestoppt. Das schnellste Kind gewinnt.
Material: Kerze, Streichhölzer/Feuerzeug

Segel einholen

Ein Stoffrest wird an eine lange Schnur gebunden. Das andere Ende der Schnur wird an einem Holzstöckchen befestigt. Die Kinder müssen um die Wette ihr Segel durch Drehen des Stöckchens einholen. Das schnellste Kind gewinnt.
Material: pro Kind ein Stück Stoff, eine lange Schnur, ein Holzstöckchen

Wattebausch-Football

Die Kinder werden in zwei Gruppen eingeteilt, die sich an einem breiten Tisch gegenübersitzen. Die schmalen Seiten sind mit Holzleisten oder Sonstigem begrenzt. Auf dem Tisch werden eine Mittellinie und zwei Torlinien ca. 5 cm vor der Tischkante mit Kreppklebeband markiert. In die Mitte wird nun ein Wattebausch gelegt. Auf „Los!" versuchen die Kinder, durch Pusten den Wattebausch über die gegnerische Linie zu blasen. Die Kinder müssen dabei sitzen bleiben. Gelingt dies, erhalten sie 1 Punkt, der Wattebausch kommt wieder in die Mitte und das Spiel beginnt von neuem. Wer pustet die meisten Tore?
Material: Tisch, Holzleisten o. Ä., Kreppklebeband, Wattebausch

Wattebausch-Lauf

Die Kinder werden in zwei Gruppen eingeteilt und stellen sich an einer Startlinie jeweils hintereinander auf. Das jeweils erste Kind erhält einen Löffel, auf dem ein Wattebausch liegt. Auf „Los!“ müssen die Kinder versuchen, so schnell wie möglich den Wattebausch über eine bestimmte Strecke zu transportieren, ohne dass der Wattebausch herunterfällt. Sonst müssen sie stehen bleiben, ihn aufheben, wieder auf den Löffel legen und weiterlaufen. Dann geben sie Löffel und Wattebausch an das nächste Kind ab. Es ist nicht erlaubt, den Löffel anders als waagerecht zu halten. Welche Gruppe ist schneller und kann dem Laufwind trotzen?

Material: 2 Löffel, Wattebäusche

Blatt blasen

Eine lange Schnur wird durch ein Loch in der Mitte eines dünnen Papieres gezogen und gespannt auf Kopfhöhe der Kinder aufgehängt. Nun müssen die Kinder nacheinander versuchen, das Blatt durch Pusten von der einen Seite der Schnur zur anderen zu blasen, ohne es zu berühren. Wer schafft dies am schnellsten?

Material: lange Schnur, dünnes Papier, Stoppuhr

7. Der sinkende Petrus

Bibelstelle: Matthäus 14,22-33
Zielgedanke: Jesus kann man vertrauen, auch wenn es im Leben drunter und drüber geht.

Einstiegsspiel

Blinder Mensch

Immer zwei Kinder bilden ein Paar. Einem Kind werden die Augen verbunden. Das sehende Kind führt das blinde Kind. Das sehende Kind darf nichts sagen. Nach einiger Zeit werden die Rollen getauscht.
Material: Augenbinden

Einstiegsfragen

- Wie war das, im Dunkeln zu tappen und nicht zu wissen, wo du bist?
- Wann und wo kommt das im echten Leben vor, dass du nicht weißt, was du tun sollst oder wem du vertrauen kannst?

Vorlesegeschichte

Immer sind Leute da, immer will wer was von Jesus hören. Immer diese Kranken, die von Jesus so viel erwarten. Immer Lärm, immer laut, immer Gedränge! Keinen Moment Ruhe, reine Stille, keine Zeit für sich, keine Zeit zum Nachdenken.
Auch Jesus braucht nach diesem anstrengenden Tag mal eine Pause. Die Menschen, die ihm eben noch zugehört haben, schickt er nach Hause. Und seine Jünger schickt er schon mal mit dem Boot auf den See. Dort haben sie Ruhe und können sich entspannen. Und Jesus? Er will auch allein sein. Er geht auf einen Berg, um mit Gott zu reden.
Die Jünger genießen es, mal nur unter sich zu sein. Sie wechseln sich mit dem Rudern ab. Die anderen lassen die Füße ins Wasser baumeln oder machen ein Nickerchen. Sie werden vor Jesus am anderen Ufer sein. Dort wird sie hoffentlich keiner erkennen. Sie werden das Boot festmachen, ein frisches Brot kaufen und sich am Ufer entspannen.
Die Jünger sind schon ein Stück auf den See hinausgerudert. Langsam wird es Abend. Jesus ist immer noch auf dem Berg. „Wie kommt Jesus eigentlich ans andere Seeufer?", fragt einer. „Keine Ahnung. Aber nachdem er mit fünf Broten und zwei Fischen 5.000 Menschen sattmachen konnte, sollten wir uns darum keine Sorgen machen." Der Himmel verdunkelt sich. Schwarze Wolken sind am Himmel zu sehen. „Es scheint ein Unwetter zu geben! Wir sollten uns beeilen, damit wir vorher am Ufer sind."
Auch die, die eben noch die Füße ins Wasser baumeln ließen, packen jetzt mit an. Wer ein Ruder hat, hilft mit beim Paddeln. Die anderen sichern die wenigen Dinge, die sie mit sich im Boot transportieren, und halten Ausschau nach der richtigen Richtung. Der Wind wird immer stärker. Das Boot schaukelt von links nach rechts und von rechts nach links.

Die Jünger müssen sich gut festhalten, damit sie nicht über die Reling fallen. Jetzt fängt es auch noch an zu regnen! Wasser schwappt von der Seite und von oben ins Boot. Mit Händen und Eimern versuchen sie, das Boot trocken zu halten. Mit den Paddeln kommen sie kaum noch vorwärts. Die Ruderer versuchen zwar, das Boot auf Kurs zu halten, aber das ist nicht mehr möglich. Wie eine Nussschale tanzt ihr Boot auf den Wellen.
Blitze zucken vom Himmel und erhellen die pechschwarze Nacht für Sekunden! „Da! Ein Gespenst!“ Panik bricht bei Zweien aus, die Ausschau nach vorn gehalten haben und meinen, im Blitzlicht eine dunkle Gestalt auf dem Wasser gesehen zu haben. Wieder ein Blitz! Jetzt sehen es auch die anderen! Sie haben Angst! Angst zu ertrinken. Aber noch viel mehr Angst vor diesem Gespenst. So etwas haben sie noch nie erlebt.
Wieder ein Blitz! Die schwarze Gestalt ist jetzt schon viel näher. „Habt keine Angst, ich bin es doch!“ Die Stimme kommt ihnen bekannt vor. „Jesus? Jesus, bist du das?“, schreit Petrus zurück. „Jesus, wenn du das bist, dann befiehl mir, dass ich dir auf dem Wasser entgegenkomme!“ „Komm!“ Petrus zögert keinen Augenblick. Schon schwingt er sein erstes Bein über die Reling, dann das andere. Andreas, sein Bruder, will ihn zurückhalten, die anderen schreien vor Angst. Aber Petrus lässt sich nicht beirren. Er geht! Tatsächlich! Petrus kann auf dem Wasser stehen und gehen! Unglaublich!
Petrus wundert sich auch. Er sieht an sich herab auf seine Füße, ob sie tatsächlich auf dem Wasser stehen. Da sieht er die Wellen. Er bekommt Angst. Seine Knie schlottern, er beginnt zu sinken. Panisch wedelt er mit den Armen. Da ist eine Hand, die ihn aus dem Wasser zieht. Jesus ist da. „Warum hast du mir nicht vertraut? Glaubst du mir nicht, dass ich dich retten kann?“
Gemeinsam steigen sie ins Boot. Mit Jesus an Bord fühlt sich das Unwetter nicht mehr so stark an. Die Jünger haben alles mit offenem Mund beobachtet. Kaum zu glauben! Sie fallen vor Jesus nieder! „Du bist wirklich Gottes Sohn!“

Vertiefungsfragen

- Welche „Wellen“ bedrängen dich? Was macht dir Angst? Jesus nimmt uns an der Hand, führt uns und ist da. Auch wenn es um uns dunkel ist, weil wir traurig sind. Du kannst ihm vertrauen.
- Wie kann Jesus dich heute „aus dem Wasser ziehen“? Wie hast du schon mal erlebt, dass Gott deine Angst kleiner macht?

Spiele zum Vertrauen üben

Blindenführer

Immer zwei Kinder bilden ein Paar. Einem Kind werden die Augen verbunden. Das sehende Kind führt das blinde Kind und darf auf gefährliche Stellen aufmerksam machen (z. B. Stufe, anderes Kind kommt, wir gehen jetzt nach rechts/links ...).
Kurzes Gespräch: Wie war das jetzt im Vergleich zum ersten Spiel?
Material: Augenbinden

Blindenführer erraten

Immer zwei Kinder bilden ein Paar. Je einem Kind werden die Augen verbunden. Das blinde Kind streckt die Hände nach vorn mit den Handflächen nach unten. Das sehende Kind legt seine Handflächen von unten daran, hält aber das Kind nicht fest. So führen alle gleichzeitig ihr blindes Kind einige Zeit durch den Raum. Dann bleiben alle stehen und tauschen ohne zu sprechen die Partner. Wieder wird das blinde Kind einige Zeit im Raum umhergeführt. Dann bleiben alle stehen. Die Blindenführer gehen alle auf eine Seite. Die Blinden dürfen die Augenbinden abnehmen und müssen raten, wer sie als Zweites geführt hat. Dann werden die Rollen getauscht.
Material: Augenbinden

Wanderung durchs Schilfmeer

Die Kinder bilden eine Gasse mit dem Abstand von zwei Armlängen. Alle Kinder strecken die Arme aus, sodass sie sich knapp berühren. Ein Kind, das sich freiwillig gemeldet hat, nimmt etwas Abstand zur Gasse und läuft dann im schnellen Tempo auf die Gasse zu. Kurz bevor das Kind die ersten Arme erreicht, nehmen die Kinder die Arme nach unten (nicht nach oben; falls das Kind zu schnell ist, bekommt es die Arme an den Kopf). Wie fühlt es sich an, in eine Gasse zu rennen, die nach Widerstand aussieht?
Material: keines

Fallen lassen

Die Kinder bilden eine Gasse mit dem Abstand von einer Armlänge. Je zwei Kinder halten sich an den ausgestreckten Armen fest. Ein Kind, das sich freiwillig gemeldet hat, steigt auf einen Stuhl, der am Ende der Gasse steht, und lässt sich rückwärts in die Gasse fallen. Die Kinder fangen das Kind auf.
Material: Stuhl

Hilfe ist nötig

Die Kinder werden in kleine Gruppen eingeteilt. Jede Gruppe bekommt eine Zahl zugeordnet. Alle Kinder tanzen zur Musik durch den Raum. Sobald die Musik stoppt, ruft die Spielleitung die Zahl einer Gruppe. Die entsprechenden Kinder stoßen einen lauten Schrei aus, machen sich steif und „fallen“ in Ohnmacht, sobald andere Kinder in der Nähe sind. Die anderen Kinder müssen sich, sobald die Zahl aufgerufen wird, schnell umschauen, wer ihre Hilfe braucht, zu einem Kind rennen und es auffangen, damit es nicht den Boden berührt.
Material: Musik und Abspielgerät

Eisenbahn

Alle Kinder (maximal zehn) bilden eine lange Schlange. Jedem Kind, bis auf einem, werden die Augen verbunden. Alle Kinder halten sich mit beiden Händen an den Schultern des vorderen Kindes fest. Das sehende Kind steht ganz hinten und muss die Eisenbahn lenken, indem es einen leichten Schulterdruck auf die linke Schulter gibt, wenn die Eisenbahn nach links soll, und einen Druck auf die rechte Schulter, wenn die Eisenbahn

nach rechts soll. Dabei darf niemand reden, sondern nur der Druck muss weitergegeben werden. Das bedeutet, dass das sehende Kind recht früh den Richtungswechsel angeben muss. Um die Schwierigkeit zu erhöhen, können weiche Hindernisse wie z. B. Kissen, leere Eimer o. Ä. im Raum verteilt werden, die die Eisenbahn umfahren muss.
Material: Augenbinden, weiche Hindernisse wie Kissen, leere Eimer o. Ä.

Barfußlauf

Alle Kinder ziehen Schuhe und Socken aus, stellen sich zu einer Schlange auf und halten sich an den Händen fest. Allen Kindern, außer dem ersten, werden die Augen verbunden. Dann gehen alle dem sehenden Kind hinterher, das die Schlange über verschiedene Untergründe führt (z. B. Rasen, Schotter, Teer, Holz, Wasserpfütze ...). Alle anderen folgen und müssen dem sehenden Kind vertrauen, das dieses Vertrauen nicht missbrauchen sollte. Nach einiger Zeit wird gewechselt. Bei zu vielen Kindern können auch je drei oder vier Kinder eine Schlange bilden.
Material: Augenbinden

8. Die Fußwaschung

Bibelstelle: Johannes 13,1-17
Zielgedanke: Jesus hat uns gedient, indem er Mensch wurde. Jetzt sind wir aufgefordert, es ihm nachzumachen und anderen zu dienen.

Einstiegsspiel

Helfende Pantomime

Zwei Kindern, die sich freiwillig gemeldet haben, wird ein Zettel gegeben, auf dem eine dienende Tätigkeit notiert ist. Die Kinder versuchen, sie pantomimisch darzustellen. Wer errät, was die Kinder darstellen, darf als nächstes eine Tätigkeit vorstellen und sich einen Partner oder eine Partnerin dafür auswählen. Dienende Tätigkeiten können z. B. sein: kochen und Essen servieren, den Arm verbinden, einem Bettler etwas Geld spenden, jemanden loben, einem Kranken ein Lied vorsingen, einen Blumenstrauß pflücken und jemandem überreichen usw.
Material: Zettel mit dienenden Tätigkeiten

Einstiegsfragen

- Wem hilfst du gern und wem eher nicht so gern? Warum gibt es da Unterschiede?
- Von wem lässt du dir gern helfen, von wem nicht? Warum gibt es da Unterschiede?

Vorlesegeschichte

„Mann, bin ich k. o.! Dieser lange Fußmarsch auf den staubigen Straßen geht einem ganz schön in die Knochen!“ „Und mir geht er ganz schön in die Sandalen“, antwortet Johannes. „Schau mal, hier haben sich ein paar Riemen gelöst. Ich musste den Rest der Strecke barfuß gehen.“ Auch die anderen Jünger stöhnen und lassen sich dankbar für die Rast am Boden nieder. Diesmal müssen sie sich selbst um ihr Essen kümmern. So kurz vor den großen Feierlichkeiten hat niemand Zeit, sie einzuladen.
Macht nichts. Die Jünger sind froh, endlich mal unter sich zu sein. Seit Jesus erzählt hat, dass er sterben muss und drei Tage später wieder auferstehen wird, hat sich die Stimmung unter den Jüngern ziemlich verändert. Die einen wollen kämpfen und verhindern, dass Jesus getötet wird. Die anderen sind traurig, die frühere Begeisterung ist aus ihren Augen verschwunden.
Alle haben sich zum Abendessen niedergelassen. Brot, Trauben und ein bisschen Käse haben sie auf dem Markt gekauft und auf einem Tuch ausgebreitet. Wasser haben sie aus dem Brunnen geschöpft. Gerade wollen schon die Ersten hungrig zugreifen, da steht Jesus auf, zieht sein Ausgehgewand aus, bindet sich eine Schürze um, schüttet Wasser in eine Schüssel und beginnt damit, den Jüngern die Füße zu waschen.

Oh, wie peinlich! Das hatten sie ja ganz vergessen! Normalerweise ist das die Aufgabe des Gastgebers. Durch die staubigen Straßen sehen die Füße ja nicht sonderlich appetitlich aus. Und da man sie beim Essen nicht unter den Tisch strecken kann – der Tisch hat ja keine Beine – ist es für den Nebensitzer nicht so angenehm, wenn die Füße voller Staub und Dreck sind. Heute gibt es keinen Gastgeber. Sie machen ihr eigenes Picknick. Und da haben sie es einfach vergessen. Jetzt „spielt" Jesus den Diener. Einem nach dem anderen wäscht er die Füße. Er macht das liebevoll. Wo er Druckstellen erspürt, geht er sanft mit der Hand darüber und massiert die Fußsohlen. Es ist angenehm, wie Jesus das macht.
Die Jünger sind still geworden. Hier und da wird geflüstert, die meisten schauen aber einfach nur zu, wie Jesus sich liebevoll um jeden einzelnen kümmert. Als Jesus mit der Wasserschüssel bei Petrus ankommt, wehrt dieser sich. „Willst DU mir etwa die Füße waschen?", fragt Petrus. „Ja", antwortet Jesus. „Du verstehst es jetzt noch nicht, aber später wirst du verstehen, was dieser Dienst von mir an euch bedeutet." „Auf gar keinen Fall sollst DU mir die Füße waschen", wendet Petrus aufgebracht ein. Jesus schaut Petrus an und sagt: „Wenn du dich nicht von mir bedienen lässt, dann verpasst du meine Gemeinschaft." Petrus überlegt: „Wenn das so ist, dann wasche mir auch den Kopf und die Hände. Ich will ganz mit dir verbunden sein." Jesus schüttelt den Kopf: „Nein, das ist nicht nötig. Du gehörst doch schon zu mir und hast dein Leben geändert, weil du mit mir unterwegs bist. Aber dazu gehört auch, dass du dich von mir beschenken lässt."
Als Jesus allen die Füße gewaschen hat, setzt er sich wieder in den Kreis zu den anderen. Er erklärt: „Das, was ich eben getan habe, soll ein Zeichen dafür sein, wie ihr miteinander und mit Gott umgehen sollt. Ich bin euer Herr und trotzdem habe ich euch die Füße gewaschen, wie es normalerweise die Diener tun. Ich will euch beschenken! Und ihr sollt füreinander Diener sein. Keiner soll sich als etwas Besseres vor den anderen aufspielen, denn kein Diener ist größer als sein Herr und kein Bote ist wichtiger als der, der ihn geschickt hat. Gesegnet seid ihr, wenn ihr so miteinander umgeht." Dann bricht Jesus das Brot, spricht ein Dankgebet und das Abendessen beginnt.
Schweigend kaut Petrus sein Brot. Er hat Jesus noch nicht ganz verstanden. Nur diese eine Sache: Gott will ihm dienen. Das ist wirklich ungewöhnlich für einen Gott. Und darum liebt er ihn so sehr.

Vertiefungsfragen

- Womit will Gott uns beschenken?
- Wie sollen die Jünger miteinander umgehen? Wie kannst du das heute leben?

Spiele mit Socken und Schuhen

Sockenkampf

Alle Kinder ziehen die Schuhe aus (alle müssen Socken anhaben) und sind in einem fest begrenzten und kleinen Spielgebiet. Auf „Los!" müssen sie versuchen, sich gegenseitig die Socken auszuziehen. Wer keine Socken mehr anhat, scheidet aus und verlässt das Spielgebiet. Wer als Letzter/Letzte noch eine Socke anhat, gewinnt.
Material: keines (aber alle Kinder müssen Socken anhaben)

Sockenweitwurf

Alle Kinder erhalten eine Socke und füllen sie mit Sand. Die Socke darf nicht zugeknotet werden. Von einer Startlinie aus wird nun die Socke so weit wie möglich geschleudert. Welche Socke fliegt am weitesten?
Material: Socken, Sand, Kreide

Socken-Wassertransport

Die Kinder werden in zwei Gruppen eingeteilt, ziehen die Schuhe aus (alle müssen Socken anhaben) und stellen sich hintereinander auf. An der Startlinie ist für jede Gruppe eine große Schüssel/Mischbottich mit Wasser aufgestellt, an der Ziellinie in 10 m Entfernung ein leerer Eimer. Auf „Los!“ steigen die ersten Kinder zuerst in den Wasserbottich, um die Socken nass zu machen. Dann laufen sie zu ihrem Eimer, ziehen die Socken aus und wringen sie im Eimer aus. Zurück an der Startlinie klatschen sie das nächste Kind ab, das ebenfalls per Socken Wasser zum Eimer transportiert. Die Zeit ist auf 4 Minuten begrenzt (falls nötig, die Zeit so anpassen, dass jedes Kind auf jeden Fall einmal laufen muss). Wer am Ende das meiste Wasser im Eimer hat, gewinnt.
Material: 2 Mischbottiche, 2 Eimer, Wasser, Messbecher, Kreide, trockene Ersatzsocken für die Kinder

Sockenwerbung

Die Kinder werden in kleinere Gruppen eingeteilt und erhalten ein Paar „schrille“ Socken aus dem heimischen Fundus. Nun haben sie 5 Minuten Zeit, um sich einen passenden Werbeslogan für diese Socken zu überlegen, der anschließend vor allen präsentiert wird.
Material: mehrere „schrille“ Sockenpaare, z. B. ausgeleierte Socken, Stricksocken, ungewöhnliche Farben usw.

Socken aufhängen

Ein Wäschekorb ist mit vielen Socken gefüllt (die Socken der Kinder und noch Socken extra), daneben stehen ein Wäscheständer und ein Korb mit Wäscheklammern. Die Kinder werden in kleine Gruppen eingeteilt. Eine Gruppe beginnt und muss in 1 Minute so viele Socken wie möglich aufhängen. Die Anzahl wird notiert und die nächste Gruppe ist an der Reihe. Wer hängt die meisten Socken auf?
Variante: Die Kinder sind in gleich große Gruppen eingeteilt. Wie lange dauert es, bis alle ihre Socken ausgezogen und aufgehängt haben? Die Zeit wird gestoppt.
Material: viele Socken, Wäscheständer, Wäscheklammern, Stoppuhr, (die Kinder müssen Socken anhaben)

Blindes Schuh-Memory

Alle Kinder ziehen ihre Schuhe aus und legen sie auf einen Haufen. Die Schuhe werden gut durchmischt, sodass die Paare nicht beieinanderliegen. Dann werden die Kinder in zwei Gruppen eingeteilt. Jede Gruppe wählt ein Kind aus, dem die Augen verbunden werden. Die beiden Blinden müssen nun versuchen, so viele passende Paare wie möglich

zu finden und neben sich aufzustellen. Die Gruppe darf mit Kommandos helfen, aber nichts berühren. Wer findet die meisten passenden Paare?
Material: Augenbinden

Schuh-Dart

Auf dem Boden werden mehrere Kreise und 20 Speichen wie bei einer Dartscheibe aufgezeichnet und mit Punkten beschriftet. Der innerste Kreis ist nur eine halbe Schuhlänge groß und gibt 50 Punkte. Ein kleiner Kreis drum herum gibt 25 Punkte. Die Speichen werden mit den Zahlen 1 bis 20 nummeriert, wobei die niedrigeren Zahlen näher an der Startlinie sein sollen, von wo aus geworfen wird. Double ring (außen) und Triple ring (in der Mitte) werden farblich markiert. Dort erhält man das Doppelte oder Dreifache der Zahl, die außen an der Speiche steht. Alle Kinder stellen sich an einer Startlinie auf und werfen nacheinander einen Schuh auf die „Dartscheibe". Sobald ein Schuh ein besseres Feld berührt, wird dieses gezählt. Es wird aber immer nur ein Feld gezählt. Wer nach fünf Würfen die meisten Punkte hat, gewinnt.
Material: Kreide, Schuhe, Papier und Stift

9. Vom Herrschen und Dienen

Bibeltext: Markus 10,35-45
Zielgedanke: Bei Gott gibt es keine Unterschiede, alle sind ihm gleich wichtig. So sollten wir auch miteinander umgehen.

Einstiegsspiel

Zombieball

Jedes Kind spielt für sich gegen alle anderen. Alle Kinder sind auf einem begrenzten Spielfeld, in das drei Bälle geworfen werden. Wer sich einen Ball geschnappt hat, muss versuchen, ein anderes Kind abzuwerfen. Wenn das Kind den Ball fängt oder der Ball vorher den Boden berührt, ist es nicht getroffen. Wurde es aber getroffen, so muss es das Spielfeld verlassen. Irgendein anderes Kind darf den Ball nehmen und wiederum versuchen, ein Kind abzuwerfen. Die Kinder, die ausgeschieden sind, dürfen erst wieder auf das Spielfeld, wenn das Kind, das sie selbst abgeworfen hat, ausgeschieden ist.
Material: 3 Bälle, begrenztes Spielfeld

Einstiegsfragen

- Jeder/jede gegen jeden/jede, wo erlebst du das im Alltag?
- Manche wollen besser sein als andere. Was ist daran gut und was schlecht?

Vorlesegeschichte

Jakobus und Johannes sind Brüder. Brüder, die wirklich gut zusammenhalten. Schon immer haben sie alles gemeinsam gemacht. Früher haben sie ihrem Vater beim Fischen geholfen und später dann seine Fischerei übernommen. Als Jesus sie einlud, seine Jünger zu werden, sind sie mit ihm gegangen, natürlich gemeinsam. Seitdem sind fast zwei Jahre vergangen. Vieles, was sie mit Jesus erleben, besprechen sie abends, wenn sie auf ihren Matten liegen. Da sind so manche Geschichten und Reden Jesu, die sie einfach nicht begreifen.
Aber eines haben sie verstanden: Jesus wird bald sterben, vom Tod wieder auferstehen und dann in den Himmel zu Gott zurückkehren. Wenn sie tot sind, wollen sie neben Jesus im Himmel sitzen. Also wollen sie gleich mal einen Platz reservieren! Die Brüder warten auf eine gute Gelegenheit, um mit Jesus darüber zu reden. Natürlich sollen die anderen Jünger das nicht mitbekommen. Sonst könnte es ja sein, sie schnappen ihnen die besten Plätze im Himmel weg!
Eines Tages ist der passende Moment gekommen. Jesus sitzt abseits und scheint über etwas nachzudenken. Die anderen zehn Jünger sind mit anderen Arbeiten beschäftigt. Unauffällig gehen die Brüder zu Jesus. Jakobus platzt ohne Vorrede einfach so heraus: „Jesus, wir wollen, dass du das machst, worum wir dich bitten." „Was wollt ihr denn?",

fragt Jesus etwas überrascht. „Mach doch, dass wir im Himmel neben dir sitzen, einer rechts und einer links von dir!" Jetzt ist es heraus. Was wird Jesus sagen? Sie haben sich doch als Jünger sehr bewährt. Sie sind treu und gehören sogar zum engeren Kreis der Jünger. Sie sind auch nicht so wie die anderen. Man kann es nicht besser sagen: Sie haben sich einen Lohn im Himmel verdient. Das sieht Jesus doch auch so, oder?
Aber Jesus reagiert ganz anders als erwartet. Er erzählt irgendetwas vom Leiden, das sie nicht aushalten würden, und von einer Taufe, die er hat und sie nicht. Und außerdem sei es nicht seine Aufgabe, die Plätze im Himmel neben sich zu verteilen. Was für eine Enttäuschung! Ganz haben sie nicht begriffen, was Jesus sagen wollte. Aber sein Nein haben sie deutlich gehört. Enttäuscht gehen sie weg.
Die anderen Jünger haben mitbekommen, dass Jakobus und Johannes sich bei Jesus einschleimen wollten. Unter den Jüngern kann einfach nichts geheim bleiben. Sie regen sich furchtbar über die Brüder auf. „Was nehmt ihr euch da heraus?" „Glaubt ihr etwa, ihr seid was Besseres?" „Ich bin genauso gut und beliebt wie ihr, vielleicht sogar noch besser. Bildet euch bloß nichts ein!" So schimpfen sie auf Johannes und Jakobus. Unter ihnen ist ein Streit entbrannt, wer es am meisten verdient hat, neben Jesus zu sitzen.
Jesus hat diesen Streit mitbekommen und mischt sich ein: „Wie ihr wisst, gibt es viele Herrscher, die ihre Macht dadurch zeigen, dass sie ihre Untergebenen unterdrücken und sie zu niederen Arbeiten zwingen. Aber so soll das nicht unter euch sein. Denn ein Mensch ist dann groß, wenn er klein sein kann, wenn er nicht die anderen ausbeutet, sondern wenn er ihnen dient, ihnen hilft und darum besorgt ist, dass es den anderen gut geht."
Diese Antwort haben die Jünger nicht erwartet. Sie wollen alle der Erste sein, damit die anderen ihnen dienen, damit sie zu Ruhm und Ehre kommen. Aber falsch gedacht! Bei Jesus sind die Regeln genau andersherum. Er selbst ist nicht dazu auf die Welt gekommen, damit alle Menschen ihm den Hof machen und ihn verwöhnen. Er ist auf die Welt gekommen, um den Menschen zu helfen, damit sie leben können. Und dafür wird er selbst sein Leben geben.
Jakobus und Johannes ist es total peinlich, dass sie diese Bitte überhaupt gestellt haben. Sie haben begriffen, was Jesus von ihnen will. Ab jetzt kämpfen sie nicht mehr dafür, besser als die anderen Jünger zu sein. Sondern sie setzen sich dafür ein, dass alle Menschen Gott kennenlernen.

Vertiefungsfragen

- Was ist die Aufgabe der Jünger?
- Wie kann man anderen etwas Gutes tun?

Spiele für Gewinner

Flaschen drehen

Alle Kinder sitzen im Kreis auf dem Boden. Es wird gemeinsam eine gute Tat überlegt, die hier in der Gruppe ausgeübt werden kann, z. B. jemandem den Rücken massieren, ein Glas Wasser bringen, einen Witz erzählen, die Haare flechten, eine Süßigkeit bringen

usw. und die alle auch als gute Tat empfinden. Eine leere Flasche wird nun in der Mitte gedreht, bis die Öffnung auf ein Kind zeigt, das dann die gute Tat bei einem Kind seiner Wahl umsetzen muss.
Material: leere Flasche, falls nötig: Material für die gute Tat

Wäscheklammerspiel

Jedes Kind erhält fünf Wäscheklammern, die es an der eigenen Kleidung befestigt. Auf „Los!" müssen die Kinder versuchen, ihre Wäscheklammern loszuwerden, indem sie sie an die Kleidung eines anderen Kindes klammern. Fällt dabei die Wäscheklammer auf den Boden, müssen sie sie wieder aufheben. Nach einer kurzen Zeit (z. B. 2 Minuten) wird das Spiel gestoppt und die Wäscheklammern gezählt. Wer hat die wenigsten Klammern?
Variante: Auf „Los!" müssen die Kinder versuchen, die Wäscheklammern der anderen zu klauen und bei sich selbst anzuheften. Dabei ist wichtig, dass die Klammern nicht unter dem Arm oder am Halsausschnitt festgemacht werden, wo sie schlecht zu klauen sind, sondern nur auf der Außenseite des Ärmels. Wer hat am Ende die meisten Klammern?
Material: pro Kind 5 Wäscheklammern, Stoppuhr

Stand halten

Die Kinder werden in Zweiergruppen eingeteilt und stehen sich gegenüber. Es ist von Vorteil, wenn die Kinder möglichst ähnlich groß sind. Die Kinder legen die Handflächen an die Handflächen des jeweiligen Gegners, die Arme sind dabei nicht gestreckt, sondern leicht angewinkelt. Die Füße stehen fest auf dem Boden. Auf „Los!" versuchen sie, sich gegenseitig durch Drücken und Nachlassen aus dem Stand zu bringen. Wer zuerst seinen Fuß von der Stelle bewegt, verliert. In einem weiteren Spiel können die Gewinner / die Gewinnerinnen gegeneinander spielen, bis der Sieger / die Siegerin von allen gefunden ist.
Material: keines

Krabbenkampf

Alle Kinder begeben sich in den Vierfüßlerstand, entweder mit dem Bauch nach oben oder nach unten. Auf „Los!" versuchen sie, sich gegenseitig dazu zu bringen, den Boden mit einem anderen Körperteil als Hände und Füße (z. B. Knie oder Po) zu berühren. Wem dies passiert, der/die scheidet aus. In einem weiteren Spiel können die Gewinner/Gewinnerinnen gegeneinander spielen, bis der Sieger / die Siegerin von allen gefunden ist.
Material: keines

Aufräumen

Die Kinder werden in zwei Gruppen eingeteilt. Das Spielfeld besteht aus zwei gleich großen Feldern mit einer klaren Mittellinie. Jeder Gruppe wird ein Feld zugeordnet. Aus Zeitungsseiten stellt jede Gruppe 20 bis 40 Zeitungskugeln durch Zusammenknüllen her. Auf „Los!" müssen die Kinder versuchen, möglichst alle Zeitungskugeln in das gegnerische Feld zu werfen und das eigene Feld „sauber" zu halten. Nach einer Spielzeit von z. B. 3 Minuten wird gestoppt und die Zeitungskugeln in den Feldern gezählt. Wer hat sein Feld am besten aufgeräumt?
Material: viele Zeitungen, Stoppuhr

Oma, Wolf und Jäger

Die Kinder werden in zwei Gruppen eingeteilt. Ein Spielfeld mit einer Mittellinie und zwei Endlinien wird gekennzeichnet. Die Gruppen vereinbaren eines der drei Zeichen „Oma“ (läuft gebeugt und deutet den Gebrauch eines Stockes an), „Wolf“ (macht Uäääh und hebt die Krallen) oder „Jäger“ (schießt mit Pfeil und Bogen). Die Gruppen beraten sich heimlich, welches Zeichen sie gemeinsam machen wollen. Dann stellen sich beide Gruppen an der Mittellinie auf, sodass sich immer zwei Kinder gegenüberstehen. Es wird laut bis drei gezählt, dann machen beide Gruppen das vereinbarte Zeichen. Die Oma schlägt den Jäger mit dem Stock, der Jäger schlägt den Wolf mit Pfeil und Bogen, der Wolf frisst die Oma. Die Gruppe, die das stärkere Zeichen macht, muss die andere Mannschaft fangen. Diese versucht aber hinter ihre Endlinie zu flüchten. Wer vorher abgeschlagen wurde, muss mit in die andere Gruppe. Das Spiel endet, wenn alle Kinder in einer Gruppe sind.
Material: Markierung für die Linien (Kreide, Kreppklebeband)

10. Der Hauptmann von Kapernaum

Bibelstelle: Matthäus 8,5-13
Zielgedanke: Jesus kann auch aus der „Ferne" Wunder tun.

Einstiegsspiel

Kommando rechts und links

Die Kinder sind in Zweierteams eingeteilt. Sie überlegen sich für rechts, links, vorwärts und drehen jeweils ein Land (z. B. rechts = Amerika, links = Griechenland, vorwärts = Frankreich, drehen = Dänemark). Sind die Begriffe festgelegt, werden einem Kind des Paares die Augen verbunden. Alle Blinden stehen verteilt im Raum und sollen sich so bewegen können, dass sie die anderen Blinden nicht anstoßen. Auf „Los!" gibt jedes Kind seinem blinden Partner / seiner blinden Partnerin das entsprechende Kommando vom Spielfeldrand aus. Nach 3 Minuten werden die Rollen getauscht.
Material: Augenbinden, Stoppuhr

Einstiegsfragen

- Wie ist das, wenn man einem anderen / einer anderen Kommandos geben darf?
- Wie ist das, wenn man blind diese Kommandos befolgen muss?

Vorlesegeschichte

„Immer diese Ausländer!", schimpft Jeremias. „Es ist ja nicht nur so, dass mich die vielen Soldaten stören, die bei uns in Kapernaum unterwegs sind. Mich nervt auch, dass man auf dem Markt manchmal nur noch Menschen ausländisch reden hört." Simeon stimmt ihm zu: „Du hast recht. Seit die Römer unser Land besetzt haben, ist nichts mehr wie vorher. Man fühlt sich fremd im eigenen Land. Aber was will man machen?" Schweigend schauen beide unzufrieden vor sich hin. „Wenigstens in der Synagoge sind wir unter uns. Bei Gott, ja, da herrscht eben noch Ordnung! Wir, das Volk Israel, wir gehören zu Gott!", sagt Jeremias mit viel Nachdruck.
„Na, da bin ich mir seit neulich auch nicht mehr so sicher", antwortet Simeon. „Wieso? Was war denn neulich?", fragt Jeremias. „Habe ich da etwas verpasst?" Simeon schaut ihn überrascht an. „Hast du das wirklich nicht mitbekommen? Als Jesus in Kapernaum war und den Hauptmann von dem großen Römerlager nebenan getroffen hat?" „Nein", antwortet Jeremias. „Nichts weiß ich. Ich war doch bei meinem Bruder, um ihm bei der Schafschur zu helfen. Erzähl! Was war da? Was habe ich verpasst? Was ist mit dem Hauptmann?"
„Na, Jesus war mit seinen Freunden bei uns in Kapernaum. Ewig viele Leute waren da, natürlich auch viele Kranke. Du weißt ja, Jesus kann sie heilen. Bis dahin hatte ich das auch nur vorm Hörensagen her gewusst. Aber wenn er schon mal hier bei uns ist, dann wollte

ich auch mitten dabei sein. Ich habe zugehört, wie er etwas von Gott erzählt hat, der alle Menschen liebt. Da kam der Hauptmann. Der ist ja ganz in Ordnung. Die Menschen mögen ihn, weil er seine Soldaten ganz gut im Griff hat. Sie machen hier keine Unruhe, sondern helfen eher mal. Man erzählt sich, der Hauptmann habe sogar etwas Geld gegeben, damit wir an der Synagoge das Dach ausbessern konnten."
Jeremias unterbricht ihn: „Ob ich das glauben soll? Der ist doch gar kein Jude, der glaubt doch nicht an unseren Gott." „Ja, weiß ich auch nicht", antwortet Simeon. „Pass auf, ich erzähle erst mal fertig. Der Hauptmann kommt zu Jesus und sagt: ‚Herr, einer meiner Knechte ist ziemlich krank. Er ist gelähmt und hat ganz furchtbare Schmerzen.' ‚Alles klar', sagt Jesus, ‚ich komme mit und mache ihn gesund.'"
„Das ist ja ein starkes Stück!", unterbricht Jeremias schon wieder die Geschichte von Simeon. „Ein Jude, also Jesus, geht doch nicht in das Haus eines Nichtjuden, also in das Haus des Hauptmanns!" „Warte es ab!", sagt Simeon. „Denn der Hauptmann sagt zu Jesus: ‚Nein, das ist nicht nötig, dass du kommst. Ich bin es nicht wert, dass du dir wegen mir diese Mühe machst. Sag nur ein Wort und mein Knecht wird wieder gesund. Denn ich bin ja auch ein Chef, so wie du. Und wenn ich zu meinen Soldaten sage: ‚Macht dies!', dann tun sie es. Also glaube ich, dass du meinen Knecht auch einfach so durch ein Wort gesund machen kannst!'
Das, was der Hauptmann gesagt hat, hat Jesus gefallen. Er drehte sich zu uns um und sagte: ‚Solchen Glauben an Gott, wie ihn der Hauptmann hat, habe ich bei euch noch nicht gefunden. Aber genau darauf kommt es an: dass ihr Gott vertraut. Woher ihr kommt und wer eure Eltern sind und was sie glauben, spielt keine Rolle. Was du glaubst – jeder einzelne von euch – das ist entscheidend.' Und dann hat sich Jesus wieder zu dem Hauptmann umgedreht und gesagt: ‚Geh nach Hause. Es passiert genau so, wie du es geglaubt hast.' Und ob du es glaubst oder nicht, Jeremias", beendet Simeon seinen Bericht, „der Knecht wurde tatsächlich gesund."
„Hm ..." Mehr war von Simeon erst mal nicht zu hören. Nach einer kleinen Pause fügt er hinzu: „Gott schaut ins Herz, nicht in den Pass. Vielleicht sollte ich das auch tun."

Vertiefungsfragen

- Glaubst du, dass Gott auch heute noch unsere Bitten, die wir ihm nennen, erfüllt, so wie dem Hauptmann?
- Wer zu Gott gehören will, muss nicht evangelisch oder katholisch oder sonst was sein. Wo ziehst du Grenzen und grenzt Menschen aus? Auf welche Weise be- oder verurteilst du sie nach bestimmten Merkmalen/Kriterien?

Spiele auf Kommando

Der Hauptmann sagt

Alle Kinder stehen im Kreis. Eine Person ist der Hauptmann und gibt Befehle, was gemacht werden muss, z. B. einen Schritt nach vorn gehen, die linke Hand heben, in die Hände klatschen usw. Dabei muss jeder Befehl mit den Worten „Der Hauptmann sagt ..."

beginnen, z. B. „Der Hauptmann sagt: Geht alle einen Schritt nach links." Lässt die Person aber „Der Hauptmann sagt ..." weg, dann darf der Befehl nicht ausgeführt werden. Wer es dennoch tut, scheidet aus, bis ein Gewinner / eine Gewinnerin übrig bleibt. Um die anderen zu verwirren, darf die Person, die die Befehle gibt, sie trotzdem ausführen, auch wenn sie den Befehl nicht mit „Der Hauptmann sagt ..." beginnt. Oder sie macht eine ganz andere Bewegung und fasst sich z. B. an die Nase statt an die Ohren.
Material: keines

Diktat

Die Kinder werden in Zweiergruppen eingeteilt. Das eine Kind nimmt an einem Tisch Platz und erhält Papier und Stift. Das andere Kind stellt sich an der gegenüberliegenden Seite auf und erhält einen kurzen Text aus ein paar wenigen Sätzen (dem Alter der Kinder angepasst). Auf „Los!" müssen alle gleichzeitig ihrem Partner / ihrer Partnerin den Text zurufen, die ihn dann notieren muss. Wer ist zuerst fertig und hat alles verstanden?
Material: kurze Texte, Papier und Stifte

Schnelle Diener

Die Kinder spielen jeder/jede für sich. Die Spielleitung nennt einen Gegenstand, der besorgt werden muss, z. B. einen Stein, einen Schnürsenkel, ein Gänseblümchen, eine Bibel, ein Handtuch usw. Die Kinder müssen versuchen, diesen Gegenstand so schnell wie möglich zu besorgen. Wer ihn zuerst zur Spielleitung bringt, bekommt 1 Punkt. Wer hat am Ende die meisten Punkte und ist Erste/Erster?
Material: keines

Kommando ausführen

Die Kinder gehen mit Musik durch den Raum. Geht die Musik aus, ruft die Spielleitung etwas, das alle Kinder berühren müssen, z. B. Holz, Eisen, Papier, Wolle usw. Wer als Letztes/ Letzte das gewünschte Material berührt, scheidet aus. Welches Kind schafft es bis zum Schluss, die Kommandos am schnellsten auszuführen?
Material: Musik und Abspielgerät

Zipp-Zapp

Die Kinder sitzen im Kreis, in der Mitte steht der Spielleiter oder die Spielleiterin. Die Kinder sollten sich gut mit Namen kennen. Die Spielleitung zeigt auf ein Kind und sagt dazu Zipp oder Zapp. Bei Zipp muss der Name des linken Nachbarkindes genannt werden, bei Zapp der Name des rechten Nachbarkindes. Wer sich vertut oder zu lange braucht, muss in die Mitte und wird Spielleiter oder Spielleiterin. Ruft die Spielleitung Zipp-Zapp, tauschen alle Kinder die Plätze. Nun ist mit Zipp und Zapp ein neuer Name zu nennen, was das Spiel schwieriger und lustiger macht.
Material: keines

Dirigentenspiel

Alle Kinder sitzen im Kreis. Ein Kind, das sich freiwillig gemeldet hat, geht vor die Tür. Die Kinder im Raum bestimmen einen Dirigenten, dem alle Kinder folgen müssen. Das Kind vor der Tür wird wieder hereingerufen. Nun spielen alle Kinder pantomimisch ein Instrument, das der Dirigent vormacht. Dabei wechselt er immer mal wieder das Instrument (z. B. Geige, Trommel, Querflöte usw.). Die Kinder müssen den Wechsel schnell mitmachen. Das Kind von draußen muss herausfinden, wer der Dirigent ist.

Material: keines

Chef – Vize

Die Kinder sitzen im Kreis. Ein Chef wird bestimmt, links neben ihm sitzt der Vize, dann die Nummer 1, die Nummer 2 usw. Rechts neben dem Chef sitzt der Depp. Alle klatschen gleichzeitig einmal auf die Oberschenkel, dann klatschen sie einmal in die Hand, dann schnipsen sie neben dem rechten Ohr und zum Schluss neben dem linken Ohr. Dieser Rhythmus wiederholt sich das ganze Spiel über und sollte so lange geübt werden, bis ihn alle können. Er wird das ganze Spiel hindurch geklatscht. Dann beginnt der Chef: Beim Schnipsen neben dem rechten Ohr nennt er seinen Namen (Chef), beim Schnipsen neben dem linken Ohr nennt er die Nummer eines anderen Kindes, z. B. die Nummer 2. Nun muss Kind 2 beim nächsten Mal, wenn der Rhythmus wieder beim Schnipsen angelangt ist, seine Nummer (2) und die Nummer eines anderen Kindes sagen. Wer einen Fehler macht, muss sich auf den Platz des Deppen setzen. Alle Kinder rücken auf und erhalten dann möglicherweise eine neue Nummer. Die neue Runde beginnt wieder der Chef. Ziel ist es, den Chef zu stürzen und seine Position einzunehmen.

Material: keines

11. Die Heilung des Gelähmten

Bibeltext: Markus 2,1-12
Zielgedanke: Freunde können Menschen zu Jesus bringen und für andere glauben.

Einstiegsspiel

Balltransport

Die Kinder werden in zwei oder mehr Gruppen eingeteilt und setzen sich auf Stühle eng nebeneinander. Alle Kinder strecken die Beine nach vorne. Auf die Beine des jeweils ersten Kindes wird ein Ball gelegt. Auf „Los!" muss der Ball ohne Zuhilfenahme der Hände auf das nächste Beinpaar gelegt werden, ohne dass er herunterfällt. So wird der Ball bis zum letzten Kind weitergegeben. Fällt der Ball jedoch herunter, muss wieder ganz von vorn begonnen werden. Welche Gruppe ist am schnellsten?
Material: Stühle, Bälle

Einstiegsfragen

- Was macht einen guten Freund, eine gute Freundin aus?
- Wer ist dein bester Freund, deine beste Freundin und warum?

Vorlesegeschichte

„Es hat doch alles keinen Zweck mehr", jammert Daniel. „Was soll das denn jetzt noch bringen, mich zu diesem neuen Wunderheiler zu bringen? Ich war doch schon überall, bei jedem Arzt, bei jedem Priester, bei jedem Wunderheiler. Keiner konnte mir helfen. Meine Beine sind gelähmt geblieben. Ich mag nicht mehr! Es ist doch hoffnungslos! Gott hat mich verlassen, er will nichts mit mir zu tun haben. Sonst hätte er mich doch schon längst geheilt. Lasst mich einfach in Ruhe!"
Philippus, Benjamin, Aaron und Jojakim haben sich die Trauerrede von Daniel angehört. Wie schon so oft. Aber sie lassen sich dadurch nicht abschrecken. „Nein, das tun wir nicht. Wir lassen dich nicht in Ruhe. Und wir lassen dich auch nicht im Stich!" Benjamin holt Luft: „Wir bringen dich zu diesem Jesus. Ich habe gehört, dass er Menschen heilen kann. Ganz anders als die anderen. Wäre doch zu dumm, wenn wir diese Gelegenheit verpassen würden. Wenn es nicht klappt, kannst du ja wieder in dein Jammertal zurückkehren. Aber lass es uns doch wenigstens probieren." „Genau, Daniel", stimmt Philippus zu, „wir probieren es. Schlimmer wird es dadurch sicher nicht."
„Wenn ihr meint! Aber ich mache keinen Finger krumm. Ich habe schon ganz aufgeschürfte Hände, weil ich mich immer über den Boden ziehen muss. Wenn ihr das unbedingt für richtig haltet, dann schaut selbst, wie ihr mich zu diesem Jesus bringt." Die Freunde zwinkern sich lächelnd zu. Jetzt hat er doch zugestimmt! Sie holen ihre selbstgebastelte Trage hinter der Ecke hervor, die sie schon mitgebracht hatten in der Hoffnung,

Daniel wäre bereit, mit ihnen zu Jesus zu gehen. Vorsichtig legen sie Daniel in das Tuch, das sie rechts und links an zwei Stangen festgenäht haben. Sie haben extra so viel Stoff genommen, dass Daniel sich ganz bequem hinlegen kann.
Jesus ist im Nachbarort, sie haben es nicht weit. Und Daniel wiegt nicht besonders viel. Am liebsten würde er sterben, darum hat er in den letzten Wochen oft das Essen verweigert. Die Freunde müssen also nicht schwer tragen und sind bald da. Wo Jesus ist, lässt sich schnell herausfinden, denn er ist nie allein. Eine Traube von Menschen hat sich fast schon als sein Markenzeichen entwickelt. Auch jetzt ist er wieder mit einigen Menschen ins Gespräch vertieft. Langsam gehen sie durch die Straße.
„Gleich haben wir es geschafft!“, ermuntert Benjamin seinen Freund Daniel, der in der Trage liegt und nichts sehen kann. „Jesus haben wir schon gefunden. Jetzt müssen wir nur noch warten, bis sich eine günstige Gelegenheit ergibt, sein Gespräch zu unterbrechen, und dann werden wir sehen.“ Die Menschentraube haben sie fast eingeholt, da sehen sie, dass Jesus mit ein paar Menschen in ein Haus geht. „Ach nein!“, stöhnt Jojakim. „Jetzt waren wir so kurz davor! Was machen wir jetzt? Mit dieser Trage lässt uns niemand nach vorne und direkt ins Haus.“ „Ich weiß etwas!“, ruft Philippus. Wir gehen aufs Dach, machen da ein Loch und lassen Daniel an den Tragegriffen hinunter!“
Gesagt, getan! Daniels Widerspruch kann die vier Freunde nicht aufhalten, an der Seite auf das Dach zu steigen. Während zwei von ihnen die Trage halten, schieben die anderen die Dachplatten zur Seite. Nun lassen sie Daniel mitsamt der Trage nach unten. Da schauen die Gelehrten, die mit Jesus ins Gespräch vertieft sind, nicht schlecht. Daniel hängt jetzt genau vor ihren Nasen. Jesus sieht ihn direkt an. „Mein Sohn, deine Sünden sind dir vergeben!“ Verwirrte Gesichter auf dem Dach und im Haus. „Wie kann er so etwas sagen! Nur Gott kann Sünde vergeben“, raunt einer dem anderen zu. Jesus merkt, was sie denken, und fragt: „Was ist einfacher: dem Gelähmten sagen: ‚Deine Schuld ist dir vergeben.‘ oder ‚Du bist gesund.‘? Ihr sollt sehen und wissen: Ich habe von Gott die Vollmacht, Schuld zu vergeben.“ Dann sieht er Daniel an: „Steh auf, nimm deine Trage und geh nach Hause!“
Die vier Freunde halten die Luft an. Was wird passieren? Daniel schaut Jesus verdutzt an. Er weiß nicht so recht, wie ihm geschieht. Doch dann scheint Leben in ihn zurückzukehren. Seine Beine zucken, dann bewegen sie sich! Langsam rutscht er aus der Trage heraus und stellt sich vorsichtig auf den Boden. Er schaut zu Jesus: „Danke!“ Die Freunde ziehen die leere Trage wieder nach oben. Sie können nicht schnell genug das Dach verlassen. Daniel hat sich durch die sprachlose Menge einen Durchgang gebahnt. Vor dem Haus treffen sie aufeinander und umarmen sich. Jesus hat Daniel tatsächlich gesund gemacht! Wer hätte das geglaubt? „Wir haben das geglaubt, Daniel, für dich!“ „Ja, ich danke euch!“, sagt Daniel mit Tränen der Freude in den Augen. „Danke, dass ihr mich zu Jesus gebracht habt. Ihr seid wirklich gute Freunde!“

Vertiefungsfragen

- Wen kannst du zu Jesus bringen? Für wen kannst du beten?
- Wer hat dir schon mal von Jesus erzählt und dich „zu Jesus gebracht?“

Spiele für Transporteure

Kleiderstaffel

Die Kinder werden in zwei Gruppen eingeteilt, die sich jeweils hintereinander an einer Startlinie aufstellen. Auf „Los!“ zieht das erste Kind verschiedene Kleidungsstücke an, z. B. Mantel, Mütze, Schal, Gummistiefel, und muss einen Parcours laufen und wieder zurückkommen. Dort zieht es schnell diese Kleidungsstücke aus und gibt sie dem nächsten Kind, das sie anzieht, den Parcours absolviert usw. Welche Mannschaft ist zuerst mit allen Kindern über der Ziellinie?

Material: 2 Mäntel, 2 Mützen, 2 Schals, 2 Paar Gummistiefel, Hindernisse für den Parcours

Wickingerbaseball

Die Kinder werden in zwei Gruppen eingeteilt. Das Spielfeld (große Halle oder Wiese) wird gekennzeichnet. Eine Gruppe ist die Schlagmannschaft, die andere Gruppe ist die Fangmannschaft. Ein Kind aus der Schlagmannschaft (Werfer/Werferin) wirft etwas, z. B. einen Softball, ein Hundespielzeug, ein Frisbee o. Ä. so weit wie möglich weg. Die Schlagmannschaft bildet schnell einen ganz engen Kreis und der Werfer / die Werferin muss ihn so oft wie möglich umrunden. Die Runden werden gezählt. In der Zwischenzeit muss die Fangmannschaft das Wurfgeschoss holen, sich hintereinander aufstellen und das Wurfgeschoss zwischen den Beinen aller Kinder durchgeben. Ist dies beendet, rufen sie laut: „Stopp!“ Der Werfer / die Werferin endet mit der Umrundung, die Punkte der Schlagmannschaft werden notiert oder die Gruppe muss sie sich merken. Nun wirft die Fangmannschaft das Wurfgeschoss und ihr Werfer / ihre Werferin umrundet seine/ihre Gruppe, während die andere Gruppe das Wurfgeschoss zwischen den Beinen durchgibt. Das Spiel endet, wenn eine Gruppe 15 Punkte erreicht hat. Dabei ist darauf zu achten, dass beide Gruppen gleich oft Schlagmannschaft waren. Wenn die Fangmannschaft sofort nach ihrem Stopp-Ruf das Wurfgeschoss wegwirft, hat sie größere Chancen, mehr Punkte zu machen.

Material: etwas zum Werfen (z. B. Softball, Hundespielzeug, Frisbee o. Ä.), Markierungen für das Spielfeld

Balltransport auf halber Strecke

Die Kinder werden in zwei Gruppen eingeteilt. Jede Gruppe teilt ihre Kinder wiederum in zwei Untergruppen. Jede Gruppe hat die eine Untergruppe rechts (A), die andere Untergruppe links (B) hintereinander stehen. In der Mitte der Strecke zwischen den zwei Untergruppen steht ein Eimer. Das Kind A hat einen Ball. Auf „Los!" rennt es zum Eimer, legt den Ball hinein, rennt zu Kind B und klatscht es ab. Nun rennt Kind B zum Eimer, holt den Ball und bringt ihn zum nächsten Kind A usw., bis alle Kinder an der Reihe waren. Wer hat den Ball schneller transportiert?

Material: 2 Bälle, 2 Eimer

12. Die Tochter des Jairus

Bibeltext: Markus 5,21-24.35-43
Zielgedanke: Jesus ist so stark, dass er sogar Tote wieder zum Leben erwecken kann.

Einstiegsspiel

Tod und Detektiv

Alle Kinder stehen im Kreis, blicken mit dem Gesicht zu Boden, schließen die Augen und halten den Daumen in die Mitte. Eine Person aus dem Mitarbeiterteam steht in der Mitte, drückt einem Kind den Daumen und sagt: „Detektiv". Dann drückt sie noch einem Kind den Daumen und sagt: „Tod". Es ist auch möglich, so zu tun, als würde man allen Kindern den Daumen drücken, damit die, die blinzeln, nichts sehen können. Sind „Detektiv" und „Tod" gewählt, gehen alle durch den Raum. Wenn der „Tod" ein Kind anblinzelt, fällt es wie tot um. Das Spiel geht weiter. Meint der Detektiv, den Tod entlarvt zu haben, ruft er „Stopp!". Dann bleiben alle stehen und der Detektiv nennt seine Vermutung. Hat er den „Tod" entlarvt, hat der Detektiv gewonnen. Blinzelt der Tod den Detektiv vorher an, bevor dieser „Stopp!" rufen kann, hat der Tod gewonnen.
Material: keines

Einstiegsfragen

- Wenn du alle Macht der Welt hättest, was würdest du dann tun?
- In welchen Momenten deines Lebens wünschst du dir, mal so richtig stark zu sein?

Vorlesegeschichte

Stau am See Genezareth! Wo Jesus ist, da ist was los! Kaum ist er aus dem Boot gestiegen, da wird er auch schon von Menschen umringt, die alle etwas von ihm wollen. Die einen haben eine Frage, die anderen eine Krankheit, die nicht von allein heilt. Manche sind einfach nur neugierig und andere warten darauf, dass Jesus irgendetwas tut oder sagt, damit sie ihn ins Gefängnis bringen können. Sie mögen seine Beliebtheit nicht. Vielleicht sind sie neidisch! Oder sie sehen, dass Jesus alles, was sie bisher geglaubt haben, durcheinanderbringt.
Jesus kann kaum ans Ufer treten, so viele Menschen kommen ihm entgegen. Sie stehen schon bis zu den Knöcheln im Wasser. Aber Jesus muss nur die Hand heben, dann machen sie ihm Platz und lassen ihn durch. Hinter ihm schließt sich gleich wieder diese Lücke. Keiner will etwas verpassen.
Jairus hat es geschafft, sich ganz nah an Jesus heranzukämpfen. Er wirft sich vor Jesus auf den Boden, so gut das in der Enge möglich ist. „Jesus, meine Tochter ist todkrank und liegt im Sterben. Bitte komm mit und lege ihr die Hände auf. Dann wird sie bestimmt nicht sterben!" Ein Raunen geht durch die Menge. Die Tochter von Jairus ist krank? Jairus

ist bekannt und beliebt. Er ist ehrenamtlicher Synagogenleiter. Er achtet in der Synagoge darauf, dass alles seine Ordnung hat und der Gottesdienst richtig gefeiert wird. Jesus willigt ein und macht sich mit Jairus auf den Weg. Die vielen Menschen folgen ihnen. Unterwegs bleibt Jesus stehen und heilt eine Frau. Sie kommen nicht schnell vorwärts, bleiben immer wieder stehen. Jairus ist ungeduldig.
Da drängen sich ihnen von der anderen Seite ein paar Leute aus Jairus' Haus entgegen. „Jairus, deine Tochter ist schon gestorben. Bemühe Jesus nicht weiter. Es ist zu spät!" Jairus sackt ohnmächtig zusammen. Die Umstehenden fangen ihn auf, tätscheln im die Wangen und holen ihn in die Wirklichkeit zurück. Jesus tröstet ihn: „Hab keine Angst, glaube nur!"
Mit drei Jüngern und Jairus geht Jesus zu ihm nach Hause. Das Gedränge haben sie abgeschüttelt, die anderen neun Jünger unterhalten sich so lange mit den Menschen und geben das weiter, was sie bisher von Jesus gelernt haben. Als sie bei Jairus ankommen, ist auch dort das Haus voll. Nachbarn und Freunde sind gekommen, um den Tod des Mädchens zu beklagen und zu beweinen. Je lauter desto tröstlicher. „Warum weint und klagt ihr so laut? Das Mädchen ist doch nicht tot, es schläft nur!", sagt Jesus zu ihnen. Da lachen die Nachbarn Jesus aus. Er aber wirft sie wie ein Hausherr aus dem Haus. Jairus steht neben Jesus und nickt. Die Trauernden gehen.
Mit Jairus, seiner Frau und seinen drei Jüngern tritt Jesus an das Totenbett des Mädchens. Ganz bleich liegt sie da, abgekämpft von der Krankheit, aber irgendwie auch friedlich. 12 Jahre ist sie alt geworden, noch viel zu jung zum Sterben. Jesus nimmt ihre Hand. „Mädchen, steh auf!" Jetzt ist es die Mutter, die ohnmächtig zu Boden sinkt. Denn was Jesus dem toten Mädchen befohlen hat, tut sie tatsächlich: Sie schlägt die Augen auf, erst etwas verwirrt, dann immer klarer, setzt sich im Bett auf, schwingt die Beine über die Matratze und läuft ihrem Vater in die Arme.
Unglaublich! Jesus kann Tote zum Leben erwecken! Wie stark er ist! Sogar stärker als der Tod!

Vertiefungsfragen

- Wenn Jesus Menschen vom Tod auferwecken kann, was kann er dann noch?
- Was bedeutet das für dich und deine Bitten an Gott?

Spiele für Starke

Hasenkönig

Zwei oder drei Kinder, die sich freiwillig gemeldet haben, sind Jäger, bekommen einen weichen Ball und gehen vor die Tür. Alle anderen Kinder sind Hasen, zwei davon werden als Hasenkönige ausgewählt. Die Jäger werden wieder hereingerufen und dürfen die Kinder mit den Bällen abwerfen. Wer getroffen wurde, muss sich hinsetzen. Die Hasenkönige dürfen die Kinder wieder durch Antippen freischlagen. Dies sollte möglichst unauffällig geschehen, denn die Jäger wollen in erster Linie die Hasenkönige finden und abschießen. Haben die Jäger sowohl die Hasen als auch die Hasenkönige abgeschossen, haben sie gewonnen.

Variante: Es kann eine bestimmte Zeit ausgemacht werden, z. B. 7 Minuten. Wenn die Jäger die Hasenkönige nicht gefunden und abgeschossen haben, haben die Hasen gewonnen.
Material: 2 bis 3 weiche Bälle, eventuell eine Stoppuhr

Über die Linie

Immer zwei Kinder stellen sich an einer Linie gegenüber auf und halten sich an den Händen. Auf „Los!" müssen sie versuchen, sich gegenseitig über die Linie zu ziehen. Wer zuerst einen Schritt über die Linie macht, hat verloren. Am Ende können die jeweiligen Sieger/Siegerinnen noch einmal gegeneinander antreten.
Material: Kreide oder Kreppklebeband für die Linie

Armdrücken

Zwei Kinder sitzen sich an einem Tisch gegenüber, stellen den Ellbogen auf und halten sich an der Hand des anderen Kindes fest. Die freie Hand kommt hinter den Rücken. Auf „Los!" muss jedes Kind versuchen, die Hand des anderen auf die Tischplatte zu drücken. Wer am Ende seine Hand oben hat, gewinnt.
Material: keines

Daumendrücken

Zwei Kinder stehen sich gegenüber und geben sich die rechte Hand. Dabei haken sie die Finger ein, den Daumen strecken sie nach oben. Auf „Los!" muss jedes Kind versuchen, den Daumen des anderen Kindes mit dem eigenen Daumen nach unten zu drücken und diesen 3 Sekunden lang festzuhalten. Wer es schafft, ist Daumenkönig.
Material: keines

Boxen

Zwei Kinder halten ein Handtuch an jeweils zwei Ecken als Boxsack gespannt. Ein Kind boxt nur mit den Fäusten dagegen und versucht, es den anderen Kindern damit aus der Hand zu boxen. Wem gelingt es?
Material: Handtuch

Miteinander verbunden

An zwei Löffeln wird jeweils eine lange Schnur gut festgebunden. Die Kinder werden in zwei Gruppen eingeteilt und stellen sich der Reihe nach auf. Auf „Los!" muss sich das erste Kind den Löffel durch Hose und Pullover fädeln. Dann gibt es den Löffel an das nächste Kind weiter, das genauso verfährt. Dies geht so lange, bis alle Kinder durch die Schnur am Löffel miteinander verbunden sind. Welche Gruppe schafft es am schnellsten?
Material: 2 Löffel, 2 lange Schnüre

Über die Grenze

Von einer Mittellinie aus werden in ca. 5 m Entfernung rechts und links zwei Startlinien gezogen. Auch der Spielfeldrand ist markiert. Die Kinder werden in zwei Gruppen ein-

geteilt und stellen sich an ihrer Startlinie auf. Auf „Los!“ versuchen sie, auf die andere Seite der Linie und über die gegnerische Startlinie zu gelangen. Gleichzeitig versuchen sie zu verhindern, dass die Kinder der anderen Gruppe in ihr Feld und über ihre Startlinie gelangen. Klare Regeln müssen im Vorfeld abgesprochen werden, damit es im Gerangel nicht zu Verletzungen kommt. Das Spiel endet, wenn eine Gruppe zuerst alle Spieler/Spielerinnen hinter der gegnerischen Startlinie hat.
Variante: Es wird mit vier Gruppen gespielt, die Mittellinie fällt dann weg.
Material: Kreide oder Kreppklebeband

Starker Rücken

Die Kinder stellen sich paarweise Rücken an Rücken an einer Linie auf. Auf „Los!“ versuchen sie, jeweils auf die andere Seite der Linie zu kommen, indem sie mit dem Rücken den oder die andere wegschieben. Wer es zuerst schafft, gewinnt.
Variante: Die Kinder werden in zwei Gruppen eingeteilt und stellen sich mit dem Rücken zur Linie auf. Die Kinder einer Gruppe haken sich jeweils mit den Armen ein und versuchen als ganze Gruppe, über die Linie zu kommen.
Material: Kreide oder Kreppklebeband

Weg vom Teppich

Die Kinder werden in Paare eingeteilt, stellen sich jeweils gegenüber auf ein Handtuch und legen die Handflächen aneinander. Auf „Los!“ müssen sie versuchen, das andere Kind vom Handtuch zu drücken. Wer zuerst einen Schritt daneben macht, hat verloren.
Variante: Es kann auch Rücken an Rücken, Schulter an Schulter oder Kopf an Kopf (mit einem Kissen dazwischen) gespielt werden.
Material: Handtücher, wenn nötig: Kissen

Karotten ziehen

Alle Kinder liegen auf dem Bauch im Kreis und halten sich an den Händen/Armen fest. Ein Kind, das sich freiwillig gemeldet hat, ist der Bauer und muss versuchen, die Kinder (Karotten) an den Beinen aus dem Kreis zu ziehen, solange bis das Kind loslässt. Wer „geerntet“ wurde, hilft dem Bauern.
Material: keines

13. Die blutflüssige Frau

Bibeltext: Markus 5,25-34
Zielgedanke: Jesus versteht die Menschen, auch ohne dass sie etwas sagen.

Einstiegsspiel

Schattenraten

Die Kinder werden in zwei Gruppen eingeteilt. Jede Gruppe erhält Zettel und Stifte. Eine Gruppe geht vor die Tür. Zwischen einen Türrahmen wird ein weißes Leintuch gespannt. Auf der einen Seite des Leintuchs wird eine Lichtquelle aufgestellt (Tageslichtprojektor, Beamer, Baulampe, starke Taschenlampe o. Ä.). Die Kinder einer Gruppe geben sich jeweils eine Nummer und treten in dieser Reihenfolge einzeln vor die Lichtquelle, sodass ihr Schatten auf dem Leintuch sichtbar wird. Die Gruppe auf der anderen Seite schreibt den Namen der Person auf. Haben alle Kinder ihren Schatten gezeigt, wird die Lösung verraten und überprüft, wie viele Kinder richtig erraten wurden. Anschließend tauschen die Gruppen die Aufgaben. Gewonnen hat die Gruppe, die die meisten Kinder richtig erraten hat.
Material: weißes Leintuch, Lichtquelle (z. B. Tageslichtprojektor, Beamer, Baulampe, starke Taschenlampe o. Ä.), Zettel und Stifte

Einstiegsfragen

- Gibt es Menschen, die dich ständig übersehen? Wie findest du das? Was machst du dagegen?
- Hast du einen geheimen Wunsch? Was machst du mit diesem Wunsch?

Vorlesegeschichte

Es ist mal wieder mächtig was los. Jesus ist umringt von vielen Männern, die mit ihm diskutieren. Er hat einen Gelähmten geheilt und ihm die Sünden vergeben. Einen Zöllner hat er eingeladen, seinen Beruf aufzugeben und mit ihm zu gehen. Und jetzt will der Synagogenleiter, dass Jesus seine Tochter rettet, die im Sterben liegt! Jesus scheint ein Wundermann zu sein! Die einen lieben ihn, die anderen diskutieren mit ihm, warum er sich nicht nach den Vorschriften verhält und fastet.
Ob sie eine Chance hat, auch Jesus zu begegnen? Seit 12 Jahren schon leidet sie an Blutungen. Viele Ärzte hat sie schon besucht, aber nichts hat es gebracht. Keiner konnte ihr helfen. Schlimmer als das ist aber, dass alle sie meiden. In die Synagoge darf sie nicht mehr, denn sie gilt als unrein. Ihre Beziehung zu Gott ist unterbrochen. Sie kann nicht mehr beten oder ein Opfer darbringen. Ob Gott wohl glaubt, dass sie ihn vergessen hat? Wenn sie doch nur in die Nähe Jesu kommen könnte! Er erzählt von Gott. Nach ihm sehnt sie sich so sehr! Stück für Stück schiebt sie sich durch die Menschenmenge, die Jesus um-

ringt. Wenn sie ihm nur ganz nahe sein könnte! Oder ihn zumindest berühren! Sie, die Unreine, wurde schon lange nicht mehr von jemandem berührt.
Da, durch drei Beine hat sie die Chance, den Zipfel seines Mantels zu berühren. Sie fast eine Kordel an, die am Mantel herunterhängt. Nur ganz kurz. Aber Jesus hat es bemerkt. Er dreht sich um. Er sieht sie an. Sie erschrickt.
„Meine Tochter, dein Glaube hat dir geholfen." Verwirrt schaut sie ihn an. Wie konnte er spüren, dass sie die Kordel berührt hat? Und wie konnte er spüren, was sie in ihrem Herzen quält? Dass sie die Gemeinschaft mit Gott und die Gemeinschaft mit Menschen so sehr vermisst! Und dass sie natürlich gesund werden will!
Wie eine heiße Welle flutet es durch ihren Körper und sie spürt, dass die Blutungen sofort aufhören. Und sie spürt, wie ihr ganz warm ums Herz wird, weil Jesus sie „meine Tochter" genannt hat. Sie gehört wieder zu Gott! Sie darf in seiner Nähe sein. Sie ist nicht mehr unrein!
Jesus kennt ihre geheimsten Wünsche! Ohne dass sie große Worte macht. Ohne dass sie lang und breit alles erklären muss! Und ohne dass sie in aller Öffentlichkeit ihre Schwäche, ihre Trauer, ihre Sorgen und Wünsche ausbreiten muss. Jesus versteht sie. Ohne Worte.

Vertiefungsfragen

- Jesus sieht die Frau in der großen Menge. Macht dich das glücklich, dass er auch dich sieht, oder findest du das eher unangenehm? Warum?
- Wie können wir heute eine „Kordel von seinem Gewand berühren"?

Spiele über unsichtbare Menschen

Veränderte Schatten erraten

Wie beim Schattenraten (Einstiegsspiel) werden die Kinder in zwei Gruppen eingeteilt. Nun präsentieren sie sich nicht mehr „normal", sondern verkleiden sich, indem sie eine Perücke oder eine Schachtel aufsetzen, sich ein Kissen unter den Pullover stecken, wie ein Affe oder ein anderes Tier durch das Bild hüpfen usw. Die gegnerische Gruppe muss erraten, wer sich hinter der Maskerade versteckt.
Material: weißes Leintuch, Lichtquelle (z. B. Tageslichtprojektor, Beamer, Baulampe, starke Taschenlampe o. Ä.), Zettel und Stifte, Verkleidungsmaterial (z. B. Perücke, leere Schachtel, Kissen, Gummistiefel o. Ä.)

Der Kopf fehlt

Drei möglichst von der Statur her gleiche Kinder, die sich freiwillig gemeldet haben, gehen vor die Tür und tauschen dort nach Belieben ihre Kleidung. Anschließend bedecken sie ihren Kopf mit einem großen Tuch und betreten wieder den Raum. Die Gruppe muss erraten, wer unter welchem Tuch steckt und wer welche Kleidung von wem anhat.
Material: 3 Tücher

Menschen ertasten

Alle Kinder sitzen im Kreis. Einem Kind werden die Augen verbunden. Die anderen tauschen leise die Plätze. Das blinde Kind geht umher und sucht sich ein anderes Kind heraus. Durch Abtasten des Gesichtes/Kopfes muss es erraten, wer das ist.
Material: Augenbinde

Sortieren

Die Kinder werden in zwei Gruppen eingeteilt. Auf „Los!" müssen sich die Kinder innerhalb einer Gruppe nach bestimmten Kriterien sortieren, z. B. Geburtstag (von Januar nach Dezember), Schuhgröße (von klein nach groß), Anzahl der Geschwister usw. Welche Gruppe hat sich zuerst sortiert?
Material: keines

Hänschen, piep einmal

Alle Kinder sitzen im Kreis. Einem Kind, das sich freiwillig gemeldet hat, werden die Augen verbunden. Die anderen tauschen leise die Plätze. Das blinde Kind geht umher und setzt sich einem Kind auf den Schoß. Dann sagt es: „Hänschen, piep einmal!" Das Kind macht „piep". Dabei darf es seine Stimme verstellen. Das blinde Kind versucht, das Kind, auf dessen Schoß es sitzt, zu erraten und nennt seinen Namen. Ist es richtig, darf es die Augenbinde abnehmen und einem anderen Kind werden die Augen verbunden. Ist es falsch, muss es aufstehen, weitergehen und sich auf einen anderen Schoß setzen. Spätestens nach drei misslungenen Versuchen sollte gewechselt werden.
Material: Augenbinde

Was bin ich?

Die Kinder werden in zwei oder mehr Gruppen eingeteilt. Ein Kind, das sich freiwillig gemeldet hat, denkt sich einen Beruf aus und teilt ihm einer Person aus dem Mitarbeiterteam mit. Dann muss das Kind eine typische Handbewegung machen, die zu dem Beruf passt. Die Gruppen stellen nun abwechselnd Fragen, die nur mit Ja oder Nein von dem Kind beantwortet werden dürfen, um den Beruf zu erraten. Nach einem Ja darf weitergefragt werden, nach einem Nein kommt die andere Gruppe dran. Wer errät den Beruf? Wird 20-mal mit Nein geantwortet, hat das Kind, das sich den Beruf ausgedacht hat, gewonnen und muss sich zu erkennen geben.
Variante: Statt eines Berufes kann das Kind sich auch eine berühmte oder allen bekannte Person ausdenken, die dann erraten werden muss.
Material: keines

Wahr oder gelogen

Alle Kinder bekommen einen kleinen roten und einen kleinen grünen Zettel. Jedes Kind denkt sich nun drei Behauptungen aus, die es einmal erlebt haben könnte. Davon darf nur eine Behauptung wahr sein (z. B. 1. Ich bin schon einmal auf einem Elefanten geritten. (falsch) 2. Ich war noch nie in Spanien. (falsch) 3. Mein Opa hat eine Ziege. (richtig)). Ein Kind beginnt und stellt seine Behauptungen auf. Nachdem alle drei Behauptungen

genannt sind, wird gefragt: „Wer glaubt, dass Behauptung 1 wahr ist?“ usw. Alle Kinder heben jeweils den grünen Zettel für wahr und den roten für gelogen nach oben. Dann wird aufgelöst und gezählt, wie viele rote Zettel bei der wahren Behauptung gezeigt wurden. Dies sind die Pluspunkte für das Kind. Dann kommt das nächste Kind an die Reihe. Wer kann seine wahre Behauptung am besten verstecken?
Material: für jedes Kind einen kleinen roten und einen kleinen grünen Zettel

Wer bin ich?

Ein Kind denkt sich eine berühmte oder allen bekannte Person aus, schreibt sie auf einen Zettel und legt ihn verdeckt vor sich. Alle anderen Kinder versuchen durch Fragen, die nur mit Ja oder Nein beantwortet werden können, zu erraten, um wen es sich handelt. Eine Person aus dem Mitarbeiterteam kann im Notfall bei einer Frage helfen, die das Kind nicht beantworten kann. Dazu kann der Mitarbeiter / die Mitarbeiterin auf dem Zettel nachlesen, um wen es sich handelt.
Variante: Jedes Kind denkt sich eine berühmte oder allen bekannte Person aus und schreibt sie gut leserlich auf einen kleinen Zettel, den es dem Kind rechts neben sich auf die Stirn klebt. Alle Kinder sitzen im Kreis. Ein Kind beginnt und darf so lange Fragen über sich stellen, bis die anderen mit einem Nein antworten. Dann ist das nächste Kind an der Reihe und darf Fragen über sich stellen. Wer hat zuerst erraten, wessen Name auf seiner Stirn steht?
Material: kleine Zettel, Stifte und Klebeband

14. Die Heilung eines Taubstummen

Bibeltext: Markus 7,31-37
Zielgedanke: Jesus kann Ohren und Mund öffnen, damit wir ihn verstehen und von ihm weitererzählen können.

Einstiegsspiel

Gruppenpantomime

Ein Kind („taub“) geht vor die Tür. Die Gruppe vereinbart ein Wort oder eine Tätigkeit, das sie gemeinsam pantomimisch darstellt (z. B. Apfel essen, Schneemann bauen usw.). Das Kind wird wieder hereingeholt. Die Gruppe führt ohne Worte den Begriff so lange pantomimisch vor, bis das Kind ihn erraten hat.
Material: keines

Einstiegsfragen

- Wie ist das, wenn alle über etwas Bescheid wissen, nur du nicht?
- Wer taub ist, für den ist es schwer mitzubekommen, was andere sagen. Wie stellst du dir das vor, so ausgegrenzt zu sein?

Vorlesegeschichte

Jesus und seine Jünger sind unterwegs. Sie sind im Ausland, im Gebiet der Zehn Städte, östlich von Judäa und Galiläa. Und obwohl die Menschen nicht zum Volk Israel gehören, glauben sie doch an Gott. Zumindest ein paar. Dass Jesus mit Gott in besonderer Verbindung steht, hat sich auch hier herumgesprochen. Jesus kann Kranke heilen. Blinde können wieder sehen und Gelähmte können wieder gehen. Alle wollen das sehen. Alle wollen IHN sehen!
Es sind wieder viele Menschen bei Jesus. Unter ihnen auch ein paar, die einen taubstummen Freund mitgebracht haben. Er kann gar nichts hören. Auch wenn man ihn ganz laut anschreit, zuckt er nicht zusammen. Sprechen kann er auch nicht. Es kommen wohl ein paar Laute aus seinem Mund, aber verstehen kann das keiner. Aber vielleicht kann Jesus das ändern.
Sie bringen den Taubstummen zu Jesus. „Bitte, Jesus, lege ihm die Hand auf!“ Sie hoffen, dass Jesus auch ihn gesund macht. Jesus nimmt den Taubstummen an der Hand und führt ihn ein paar Schritte weg von den anderen. Er will mit ihm allein sein. Jesus steckt seine Finger in die kranken Ohren des Tauben. Er spuckt etwas Spucke aus und bestreicht damit die gelähmte Zunge des Stummen. Und dann sieht Jesus nach oben, seufzt und spricht zu dem Kranken: „Hefata!“ Das bedeutet: Öffne dich!
Und tatsächlich! Der eben noch Taubstumme kann auf einmal hören und reden! Jesus hat ihn geheilt. Jetzt kann er endlich verstehen, was die Menschen sagen. Er kann hören,

was Jesus sagt, und es anderen weitersagen. Aber das will Jesus gar nicht. Er will nicht, dass die Menschen an ihn als den Wunderheiler glauben, sondern ihn als Sohn Gottes kennenlernen. Darum sollen sie niemandem von der Heilung erzählen. Aber umso mehr Jesus ihnen das verbietet, umso mehr erzählen die Menschen die Geschichte weiter. Und sie kommen ins Staunen: „Jesus hat wirklich alles gut gemacht! Die Tauben können hören und die Stummen können wieder reden!“

Vertiefungsfragen

- Jesus nimmt den Kranken zur Seite und kümmert sich um ihn. Er kann den Taubstummen verstehen, auch wenn er nicht reden kann. Glaubst du, dass Gott deine Gebete hört, auch wenn du sie nur in Gedanken betest?
- Wer ist Jesus für dich? Einer, der dazu da ist, alle deine Gebete zu erfüllen, oder einer, der die ganze Welt in seiner Hand hält und auch Dinge tut, die du nicht verstehen kannst? Wie stellst du ihn dir vor?

Spiele für die Ohren

Wörter erklären

Ein Kind bekommt einen Begriff gezeigt und muss ihn der Gruppe erklären, ohne das Wort selbst zu benutzen. Wer es erraten hat, darf den nächsten Begriff erklären.
Mögliche Begriffe können sein: Brustschwimmen, Burgfräulein, Dirigent, Eintopf, Handschuh, Gitarre, Maus, Hosenträger, Klavier, Ananas, Wanderschuh. Die Begriffe können auch in verschiedene Kategorien unterteilt sein, um das Raten zu erleichtern, z. B. Berufe (Schneider, Maler, Koch, Lehrer, Busfahrer), Tiere (Affe, Elefant, Giraffe, Ziege), Gegenstände im Haushalt (Besen, Putzlappen, Sofakissen, Mülleimer, Waschmaschine).
Material: Begriffe auf kleinen Zetteln

Pantomimisch Begriffe zeigen

Ein Kind bekommt einen Begriff (eine Tätigkeit) gezeigt und muss ihn der Gruppe vorspielen, ohne dabei einen Laut von sich zu geben oder auf jemanden oder etwas im Raum zu zeigen. Wer den Begriff errät, darf den nächsten Begriff vorspielen.
Mögliche Begriffe können sein: am Computer arbeiten, den Tisch decken, Pfannkuchen backen, ein Bild malen, einen Knopf annähen, einen Brief schreiben, Karten spielen, einen Mantel anziehen, sich sonnen, ein Baby wickeln.
Variante für Ältere: Es können ganze Sätze vorgespielt werden, die dann erraten werden müssen, z. B. „Ich gehe einkaufen.“, „Ich mag Eis.“, „Meine Oma hat Geburtstag.“ usw.
Material: Begriffe auf kleinen Zetteln

Kettenpantomime

Die Kinder stellen sich in eine Reihe mit dem Rücken zum nächsten Kind. Dem ersten Kind wird ein Begriff gezeigt, den es pantomimisch darstellen soll. Hat es ihn verstanden, tippt

es dem zweiten Kind auf die Schulter. Das dreht sich um und schaut dem ersten Kind zu, welchen Begriff es vormacht. Dann tippt es dem dritten Kind auf die Schulter und macht ihm den Begriff vor usw. Das letzte Kind muss erraten, welcher Begriff vorgemacht wurde.
Variante: Die Kinder werden in zwei Mannschaften eingeteilt. Das Spiel wird genauso gespielt. Welches letzte Kind errät zuerst den Begriff?
Material: Begriffe auf kleinen Zetteln

Geräusche erraten

Die Kinder spielen einzeln oder in kleinen Gruppen, die zu Beginn eingeteilt werden. Jedes Kind oder jede Gruppe erhält einen Zettel und einen Stift. Eine Person aus dem Mitarbeiterteam baut sich aus gekippten Tischen einen Bereich, der von den Kindern nicht eingesehen werden kann. Nacheinander macht sie mit zehn bekannten Gegenständen ein Geräusch, das von den Kindern erraten werden muss. Das Geräusch kann auf Wunsch auch wiederholt werden. Die Kinder notieren sich ihren Tipp. Sind alle zehn Geräusche vorgemacht worden, wird gemeinsam aufgelöst.
Mögliche Geräusche können sein: einen Löffel fallen lassen, Zeitungspapier zusammenknüllen, Papier zerreißen, einen Luftballon aufblasen, eine Eieruhr stellen, Wasser in ein Glas gießen, würfeln, Chips essen, ein Streichholz anzünden, Sprudelflasche öffnen
Variante: Die Kinder gehen auf die Suche nach einem Material/Gegenstand, mit dem man Geräusche machen kann. Hat jedes Kind etwas gefunden, beginnt ein Kind und macht den anderen versteckt hinter den Tischen ein Geräusch vor. Wird es erraten, bekommen die Kinder, die es erraten haben, 1 Punkt. Wird es nicht erraten, erhält das Kind, das das Geräusch vorgemacht hat, 1 Punkt. Wer am Ende die meisten Punkte hat, hat die besten Ohren.
Material: Löffel, Zeitungspapier, normales Papier, Luftballon, Eieruhr, Wasser, Glas, Würfel, Chips, Streichholzschachtel, Sprudelflasche

Stille Post

Alle Kinder sitzen im Kreis. Ein Kind denkt sich einen Begriff aus und flüstert ihn dem Kind neben sich ins Ohr. Das Kind gibt den Begriff flüsternd an das nächste Kind weiter. Was kommt am Ende dabei heraus?
Variante 1: Statt Begriffe werden Sätze weitergeflüstert.
Variante 2: Die Kinder werden in zwei gleich große Gruppen eingeteilt und setzen sich nebeneinander in eine Reihe. Die jeweils ersten Kinder bekommen vom Mitarbeiter oder der Mitarbeiterin einen Begriff (ein Gegenstand aus dem Raum) ins Ohr geflüstert, den sie besorgen müssen, z. B. ein Liederbuch, einen Stift, eine Jacke usw. Haben beide Kinder den Begriff gehört, geht es auf Kommando los. Sie flüstern den Begriff dem nächsten Kind ins Ohr usw. Das Kind, das als Letztes in der Reihe sitzt, muss den Begriff holen. Es muss also deutlich, aber nicht zu laut geflüstert werden, damit die gegnerische Mannschaft nichts mitbekommt. Welche Gruppe ist schneller?
Material: keines

Begriffe auf den Rücken malen

Die Kinder stellen sich in eine Reihe mit dem Rücken zum nächsten Kind. Dem ersten Kind wird etwas auf den Rücken gemalt, z. B. ein Buchstabe oder eine einfache Zeichnung (ein Strichmännchen, ein Haus, ein Baum). Das Kind malt dieses Bild dem nächsten Kind auf den Rücken usw. Kann das letzte Kind erraten, was gemalt wurde?

Variante: Die Kinder werden in zwei Mannschaften eingeteilt. Das Spiel wird genauso gespielt. Welches letzte Kind errät zuerst den Begriff?

Material: keines

Zublinzeln

Die Kinder werden in Zweiergruppen eingeteilt, ein Kind bleibt allein. Die Kinder stellen sich paarweise im Kreis auf, wobei sich die vorderen Kinder auf einen Stuhl setzen. Die Kinder hinter dem Stuhl haben die Hände hinter dem Rücken. Das Kind ohne Partner blinzelt einem vorderen Kind zu. Dieses Kind soll nun Partner des blinzelnden Kindes werden und verlässt schnell seinen Platz, um sich hinter das blinzelnde Kind zu stellen. Das hintere Kind aber versucht durch Festhalten, das Partner-Kind daran zu hindern. Ist das Kind entkommen, blinzelt das Kind, das jetzt allein ist, einem andern Kind zu.

Material: keines

15. Die Heilung des blinden Bartimäus

Bibeltext: Markus 10,46-52
Zielgedanke: Auch wenn Gott weiß, was wir brauchen, macht er es nicht einfach so, sondern er fragt: „Was soll ich für dich tun?"

Einstiegsspiel

Tastspiel aus der Schachtel

In eine große Schachtel (z. B. Umzugskarton) wird ein rundes Loch geschnitten, durch das man gerade so eine Hand durchstecken kann. Nun geht ein Kind in die Schachtel und der Deckel wird verschlossen, sodass es in der Schachtel dunkel ist. Das Kind steckt eine Hand durch das Loch an der Seite nach außen. Ein anderes Kind gibt ihm einen Gegenstand in die Hand, den das Kind ertasten muss. Hat es richtig geraten, darf es die Schachtel wieder verlassen und ein anderes Kind darf in die Schachtel steigen.
Material: Umzugskarton oder andere große Schachtel, Gegenstände zum Ertasten

Einstiegsfragen

- Wie fühlt es sich an, allein in der Schachtel zu sitzen?
- Was wünschst du dir von ganzem Herzen? Was willst du unbedingt haben? Was tust du dafür?

Vorlesegeschichte

Schon lange sitzt er hier am Wegesrand und bettelt. Leider. Denn Bartimäus ist blind. Er kann nicht wie andere arbeiten gehen, um Geld für die Familie zu verdienen. Er ist auf die Hilfe seiner Familie angewiesen. Und um auch etwas Sinnvolles zu tun, sitzt er hier jeden Tag und bettelt. Lieber würde er etwas anderes tun. Schafe hüten zum Beispiel. Aber er könnte nicht sehen, wenn ihm eines davonläuft. Der blinde Bartimäus wäre kein guter Hirte. Auf dem Feld kann er auch nicht arbeiten, er würde die falschen Pflanzen ausreißen. Und für ein Handwerk ist er als Blinder auch zu ungeschickt. Also bleibt ihm nur, am Weg nach Jericho zu sitzen und zu betteln.
Viele Menschen kommen hier vorbei. Manche geben auch etwas Geld in seinen Becher. Viele nicht. Sie glauben, Gott hat Bartimäus mit der Blindheit bestraft, weil er etwas Böses gemacht hat. Bartimäus weiß, dass das nicht stimmt. Er glaubt an Gott und merkt sich alles, was andere ihm aus den alten Schriften erzählen. Er hört gut zu, was die Menschen reden, wenn sie an ihm vorbeilaufen. Bartimäus hat auch gehört, dass sie von Jesus erzählen. Er kann Kranke wieder gesund machen. Ob er wohl auch Blinde wieder sehend machen kann? Bartimäus hofft das. Und er hofft, Jesus irgendwo zu treffen.

Heute sind ganz besonders viele Menschen auf dem Weg unterwegs. „Was ist denn heute los?“, fragt Bartimäus einen Mann, der ihm etwas Geld gegeben hat. „Jesus war in Jericho und kommt gleich hier vorbei.“ „Was? Jesus ist hier? Oh, meine Gebete sind erhört worden!“ Bartimäus strahlt. Und dann beginnt er ganz laut zu schreien: „Jesus, du Sohn Davids, hab Erbarmen mit mir! Jesus, du Sohn Davids, hab Erbarmen mit mir!“ Immer wieder ruft er nach Jesus. Er weiß nicht, wie weit Jesus noch weg ist, aber er will ihn auf gar keinen Fall verpassen. Die Menschen, die auf dem Weg sind, sagen: „Sei still!“ Aber Bartimäus schreit noch viel lauter: „Jesus, du Sohn Davids, hab Erbarmen mit mir!“
Jesus hat ihn gehört und bleibt stehen. „Bringt den Blinden zu mir!“, sagt er zu ein paar Menschen, die nahe bei Jesus stehen. Sie gehen zu Bartimäus und sagen: „Dein Schreien hat sich gelohnt. Jesus ruft dich. Steh auf und komm mit!“ Bartimäus springt auf vor Freude. Er hatte so gehofft, Jesus einmal zu treffen! Und jetzt ist es wahr geworden. Er lässt seinen Mantel liegen und wird zu Jesus geführt. Es ist still geworden. Alle wollen sehen und hören, was jetzt passiert.
Jesus fragt Bartimäus: „Was willst du? Was soll ich für dich tun?“ Die Menschen murmeln. Ist das denn nicht klar? Das weiß doch jeder, dass der Blinde wieder sehen will. Aber Jesus fragt trotzdem. Er tut nicht einfach etwas, er fragt. Bartimäus antwortet: „Lehrer, mach mich wieder sehend!“ Alle halten jetzt den Atem an. Wird er wieder eine Spuckepaste auf seine Augen schmieren? Oder einen bösen Geist austreiben? Oder einfach nur seine Hände auf seine Augen legen? Nein, Jesus macht gar nichts. Er berührt Bartimäus nicht. Wird er ihn nicht heilen? Jesus schaut Bartimäus einfach nur an und sagt: „Du hast so einen festen Glauben an Gott, dieser Glaube hat dich gerettet!“
Da öffnet Bartimäus seine Augen. Und er kann etwas sehen! Es ist unglaublich hell. Er kneift noch einmal die Augen zusammen. Dann macht er sie wieder ein bisschen auf! Tatsächlich! Er kann sehen! Bartimäus jubelt! „Danke, danke, danke!“, ruft er laut. Sein Leben hat sich total verändert. Er ist gesund. Und er hat Jesus getroffen. Er weiß jetzt, dass Gott ihn nicht vergessen hat. Dass Gott ihn nicht bestraft hat. Sondern dass Gott ihn liebt. Ganz schnell trifft Bartimäus eine Entscheidung: Er geht jetzt mit Jesus.

Vertiefungsfragen

- Warum sagen die Menschen, dass Bartimäus nicht mehr rufen soll? Glauben sie, dass das eh nichts bringt? Oder wollen sie die Aufmerksamkeit Jesu für sich allein?
- Was willst du, dass Gott in deinem Leben tut? Sage es ihm im Gebet.

Spiele für Blinde

Blindenparcours

Die Kinder werden in Zweierteams eingeteilt. Einem Kind des Paares werden die Augen verbunden. Es muss eine festgelegte Strecke gehen, die auf den Boden mit Kreide aufgemalt ist. Das sehende Kind gibt ihm dafür Kommandos, z. B. durch Zurufen oder durch Klopfzeichen auf die Schultern. Welches Team kann den Parcours am schnellsten absolvieren?
Material: Augenbinden, Kreide, Stoppuhr

Blindenführung

Die Kinder werden in Fünfergruppen eingeteilt. Einem Kind, das sich freiwillig gemeldet hat, werden die Augen verbunden. An seiner Hose oder an einem Gürtel werden vier längere Schnüre befestigt. Jedes Kind der Gruppe hält eine Schnur am Ende fest. Die vier Kinder versuchen nun durch Ziehen an den Schnüren, das blinde Kind durch einen Parcours zu führen, der mit Kreide auf den Boden aufgemalt ist. Dabei darf nicht gesprochen werden. Welche Gruppe schafft es am schnellsten?
Material: Augenbinde, Gürtel, Schnur, Kreide, Stoppuhr

Katz und Maus für Blinde

Zwei Kindern, die sich freiwillig gemeldet haben, werden die Augen verbunden. Ein Kind ist die Katze, das andere die Maus. Die Katze muss die Maus fangen, die Maus muss versuchen, vorher das Mauseloch zu erreichen. Die Kinder stellen sich in einem großen Kreis oder Viereck um die beiden Blinden auf und begrenzen so das Spielfeld. Zwischen zwei Spielern wird das Mauseloch festgelegt. Katze und Maus haben jeweils ein Kind, das ihnen Kommandos gibt. Gelingt es der Katze, die Maus zu fangen, oder entwischt die Maus zuerst durch das Mauseloch?
Variante: Die zwei Kinder dürfen der Katze und der Maus nur durch Geräusche helfen, die vorher vereinbart wurden, z. B. einmal klatschen = rechts, zweimal klatschen = links, schnipsen = drehen, stampfen = stehen bleiben.
Material: zwei Augenbinden

Montagsmaler für blinde Maler

Einem Kind, das sich freiwillig gemeldet hat, wird ein einfacher Begriff gezeigt, den es malen soll, z. B. Haus, Auto, Blume, Baum usw. Dann werden ihm die Augen verbunden. Es malt diesen Begriff auf ein Plakat. Die anderen Kinder müssen erraten, was gemalt wurde.
Variante: Die Kinder spielen in mehreren Gruppen und müssen jeweils den Begriff des Kindes aus ihrer Gruppe erraten. Welche Gruppe errät die meisten Begriffe?
Material: Augenbinden, Plakate, Stifte, Begriffe

Montagsmaler für blinde Erzähler

Ein Kind malt einen Begriff, den ihm ein anderes Kind mit geometrischen Formen erklärt. Das Kind, das erklärt, sitzt mit dem Rücken zum Plakat, sodass es nicht sehen kann, was gemalt wird. Dem erklärenden Kind wird ein Begriff gezeigt, z. B. Fahrrad. Dem anderen Kind könnte es diesen Begriff folgendermaßen erklären: „Male zwei Kreise im Abstand von 10 cm. Verbinde die Mittelpunkte der Kreise. Male aus der Mitte des rechten Kreises einen Strich nach oben ...“ Das Kind, das malt, muss erraten, um welchen Begriff es sich handelt.
Material: Plakat, Stift, Begriffe

Autorennen

Die Kinder werden in Zweiergruppen eingeteilt. Einem Kind werden die Augen verbunden und es erhält einen Stift. Eine Autorennstrecke mit vielen Kurven ist auf einem Plakat aufgemalt (pro Zweiergruppe ein Plakat mit möglichst gleicher Autorennstrecke). Das sehende Kind muss dem blinden Kind erklären, wohin es mit dem Stift fahren muss, um die Rennstrecke zu absolvieren. Wird eine Linie überfahren, muss das Kind wieder zurück auf die Straße fahren. Die Zeit wird gestoppt. Welche Gruppe ist am schnellsten?
Material: Augenbinde, Plakate, Stifte, Stoppuhr

Münzen hören

Einem Kind, das sich freiwillig gemeldet hat, werden die Augen verbunden. Auf einem Tisch werden drei Münzen in einem Abstand von mindestens 20 cm gleichzeitig angedreht. Das blinde Kind muss erraten, in welcher Reihenfolge sich die Münzen wieder auf den Tisch gelegt haben.
Material: Augenbinde, 3 Münzen

16. Die zehn Aussätzigen

Bibeltext: Lukas 17,11-19
Zielgedanke: Gott schenkt Gutes und möchte unseren Dank dafür. Dank hilft unserem Glauben und rettet unser Herz.

Einstiegsspiel

Katz und Maus

Alle Kinder stehen im Kreis und halten sich an den Händen. Ein Kind ist die Maus, das andere die Katze. Die Maus steht im Kreis, die Katze steht außerhalb des Kreises. Die Katze muss versuchen, die Maus zu fangen. Die Katze ruft: „Mäuslein, Mäuslein, komm heraus!" Die Maus antwortet: „Nein, ich komme nicht heraus." Die Katze ruft: „Dann kratz' ich dir die Augen aus." Die Maus ruft: „Dann spring' ich schnell zum Loch hinaus!" Die Maus verlässt den Kreis durch ein Mauseloch zwischen zwei Kindern, die ihre Arme hochhalten. Die Katze versucht, die Maus zu fangen, die aber immer wieder durch die Mauselöcher in den Kreis schlüpfen kann. Die Kinder im Kreis können der Maus helfen, indem sie die Katze nur manchmal in den Kreis lassen, die Maus darf immer passieren.
Material: keines

Einstiegsfragen

- Du stehst außen und kannst nicht rein. Wie fühlt sich das an?
- Wo erlebst du oder wo erleben andere diese Ausgrenzung?

Vorlesegeschichte

Heute ist ein Tag, auf den Nathanael sich nicht besonders gefreut hat. Er ist schon seit ein paar Wochen mit Jesus und seinen Jüngern unterwegs. Er will von Jesus lernen und die Gemeinschaft genießen. Er hat so viele Fragen, darum hat er sich für ein paar Wochen dieser Gruppe um Jesus angeschlossen. Sie sind schon viel unterwegs gewesen. Nathanael hat ganz schön Muskelkater. Auch heute wollen sie wieder den Ort wechseln und eine Strecke gehen. Nathanael freut sich nicht, denn sie wandern durch Samarien! Mit den Samaritern will er nichts zu tun haben. Sie haben ihren eigenen Tempel und beten Gott nicht in Jerusalem an, wie man es als guter Jude tut! So ist es in den alten Schriften vorgeschrieben. Man erzählt sich zwar, dass die Samariter ganz nett und vor allem hilfsbereit seien. Ob das stimmt? Nathanael weiß es nicht, denn er hat noch nie einen Samariter getroffen.
„Jesus, erbarme dich unser!" Lautes Geläute und die Rufe von Menschen schrecken Nathanael aus seinen Gedanken hoch. Kaum dass sie um eine Wegbiegung gegangen sind, sehen sie diese furchterregenden Gestalten. Wie viele mögen es sein? Zehn. Ja, jetzt sind sie nähergekommen und Nathanael kann sie erkennen. Ihre Kleidung hat schon

bessere Tage gesehen. Und im Gesicht ... oh, wie ekelhaft! Alles voller Ausschlag! Nathanael bleibt hinter den anderen zurück. Diese zehn Menschen sind ihm unheimlich. Aber Jesus scheint das alles nicht zu stören. Er geht näher auf sie zu.
Sie wurden aus ihrem Dorf ausgeschlossen. Ihre Familien haben Angst, sich anzustecken. Diese Kranken dürfen nicht mehr in den Tempel. Sie gelten als unrein, keiner will etwas mit ihnen zu tun haben. Nur Jesus. Er geht auf sie zu und redet mit ihnen. Was genau, kann Nathanael nicht verstehen. Auch die anderen Freunde Jesu haben etwas Abstand gehalten. Doch die Neugier drängt sie alle nach vorn. Werden sie wieder ein Wunder erleben?
Die zehn Kranken zeigen einer nach dem anderen ihre Wunden. Jesus sagt zu ihnen: „Geht zu den Priestern und lasst euch untersuchen!“ Nathanael stutzt. Zu den Priestern gehen? Klar, wenn man krank war, dann muss man zum Priester. Der bescheinigt, dass man gesund ist. Dann darf man wieder in den Tempel, arbeiten, sich mit Freunden treffen ... Aber diese zehn Menschen hier sind doch offensichtlich krank! Ihre Haut ist voller Ausschlag, das sieht doch jeder! Was ist das jetzt wieder für eine Aktion von Jesus? Doch irgendetwas muss an Jesu Befehl dran gewesen sein. Die Kranken scheinen ihm zu glauben. Tatsächlich gehen sie. Jesus und seine Jünger können ihre Wanderung weiter fortsetzen.
Einige Stunden später, die Freunde haben sich gerade nach der Mittagsrast wieder auf den Weg gemacht, hört Nathanael jemanden rufen: „Jesus! Jesus! Warte mal!“ Ein Mann in zerlumpten Kleidern rennt ihnen hinterher. Ganz außer Atem fällt er vor Jesus auf den Boden. „Gelobt sei Gott! Ich bin wieder gesund geworden! Danke, Jesus! Danke, Jesus! Danke! Danke!“ Das ist ja der Hammer! Der Mann, der heute Morgen noch voller Hautausschläge war, hat eine reine Haut im Gesicht und an den Händen. Unglaublich!
Doch Jesus ist nicht beeindruckt. Er schaut traurig. Kann er sich denn gar nicht freuen? „Wo sind die anderen? Ich habe doch zehn gesund gemacht. Wollten sie nicht auch mit dir umkehren und Gott dafür loben? Du aber, Samariter, du bist gerettet! Dein Glaube an Gott hat dich ganz rein gemacht, nicht nur an der Haut, sondern auch im Herzen. Geh nach Hause!“ Ein Samariter? Von Gott gerettet?!? Warum gerade der? Weil er gedankt hat. „Stimmt!“, denkt Nathanael. „Wann habe ich mich eigentlich bei Gott dafür bedankt, dass es mir so gut geht? Dass ich eine Familie habe, dass ich mich nicht darum sorgen muss, was ich morgen esse und trinke? Ich bin gesund, ich habe mehr als die meisten Menschen auf der Welt. Aber statt dankbar zu sein, habe ich immer wieder etwas auszusetzen. Auch hier bei Jesus. Ausgerechnet ein Samariter muss es mir vormachen, wie Dankbarkeit geht!“ Nathanael will das ab heute ändern und Gott für alles danken!

Vertiefungsfragen

- Wofür kannst du Gott dankbar sein?
- Was ändert sich im Leben, wenn man dankbar ist?

Spiele zum Weglaufen und Zurückkommen

Katz und Maus mit Gassen

Die Kinder stellen sich in mindestens drei Reihen auf und halten sich an den Händen. Ein Kind spielt die Maus, das andere die Katze. Die Katze muss die Maus fangen, indem die beiden durch die Gassen rennen. Die Maus kann sich retten, indem sie „Wechsel!" ruft. Dann müssen sich alle Kinder loslassen, um 90 Grad nach links drehen und die Hände der Kinder fassen, die nun neben ihnen stehen (die, die vorher vor oder hinter ihnen standen). Ruft die Maus wieder „Wechsel!", drehen die Kinder sich wieder um 90 Grad nach rechts und fassen sich an den Händen. Kann die Katze die Maus fangen?

Material: keines

Paarfangen

Die Kinder finden sich zu Paaren zusammen, haken sich jeweils unter und stellen sich verteilt im Raum auf. Zwei Kinder beginnen das Spiel. Ein Kind ist Fänger, ein Kind ist Gejagter. Der Gejagte hakt sich bei einem anderen Kind unter. Das nun übrige dritte Kind wird der neue Fänger, der Fänger von eben wird der neue Gejagte und kann sich bei einem anderen Kind einhaken, um gerettet zu sein. Wird der Gejagte vom Fänger gefangen, ist er der neue Fänger und der nun Gejagte kann sich bei einem Kind einhaken. Für dieses Spiel ist nicht sonderlich viel Platz nötig, da es mehr von dem ständigen Wechsel der Rollen lebt als von der Bewegung des Fangens.

Material: keines

Invalidenfangen

Ein Kind (oder mehrere) spielt den Fänger und muss versuchen, die anderen Kinder anzutippen. Wird ein Kind angetippt, muss es sich mit einer Hand dort festhalten, wo es „getroffen" wurde, darf aber weiterrennen. Wird es ein zweites Mal angetippt, muss es sich mit der anderen Hand auch dort festhalten und so weiterlaufen. Wird es ein drittes Mal angetippt, scheidet es aus. Die Fänger haben größere Chancen, wenn sie die Beine der Kinder antippen.

Material: keines

Komm mit, lauf weg

Die Kinder stehen im Kreis. Ein Kind läuft um den Kreis herum und tippt einem Kind auf die Schulter. Dabei sagt es entweder „Komm mit!" oder „Lauf weg!". Sagt es „Komm mit!" rennen beide in die gleiche Richtung um den Kreis herum und versuchen, zuerst die nun freie Lücke zu erreichen. Bei „Lauf weg!" läuft das Kind in die entgegengesetzte Richtung. Wer zuerst die freie Lücke erreicht, darf stehen bleiben, das andere Kind geht um den Kreis und tippt ein anderes Kind an.

Material: keines

Speichenfangen

Die Kinder werden in mehrere Gruppen, mindestens drei, eingeteilt und setzen sich hintereinander auf den Boden. Die Reihen müssen sich in der Mitte treffen, sodass es wie ein Rad mit Speichen aussieht. Ein Kind bleibt übrig und geht um das Rad außen rum. Es tippt das äußerste Kind einer Reihe an. Nun muss die ganze Reihe aufstehen und um den Kreis rennen, auch das Kind, das angetippt hat. Wenn die Kinder wieder die Lücke erreicht haben, setzen sie sich schnell hintereinander. Das letzte Kind geht nun um den Kreis und tippt ein anderes letztes Kind an und versucht so, wieder einen Platz zu bekommen.
Material: keines

Kettenfangen

Ein Kind ist Fänger und muss die anderen Kinder abschlagen. Hat es ein Kind gefangen, nehmen sich die beiden an die Hand und versuchen so, ein weiteres Kind zu fangen. Auch das dritte Kind wird an die Hand genommen. Wird ein viertes Kind gefangen, teilen sie sich in zwei Zweierteams. Welches Kind wird als Letztes gefangen?
Variante: Die Kinder teilen sich nicht, sondern bleiben in einer langen Kette, bis nur noch ein Kind übrig ist.
Material: keines

17. Der Kranke am Teich Betesda

Bibeltext: Johannes 5,2-9a
Zielgedanke: Manchmal dauert es lange, bis sich etwas ändert. Gott vergisst uns aber nicht.

Einstiegsspiel

Zeit abschätzen

Alle Kinder stehen im Kreis. Nur der Mitarbeiter, die Mitarbeiterin hat eine Stoppuhr. Auf „Los!" müssen alle Kinder in Gedanken 1 Minute abschätzen. Wer meint, dass die Minute um ist, setzt sich auf seinen Platz. Wer hat die Minute am besten geschätzt?
Material: Stoppuhr

Einstiegsfragen

- Auf was oder wen hast du schon mal ganz lang gewartet? Hast du es dann bekommen oder nicht? Ist er oder sie dann gekommen oder nicht?
- Was machst du, wenn dir langweilig ist oder wenn du auf etwas oder jemanden wartest?

Vorlesegeschichte

38 Jahre sind eine sehr lange Zeit. Denn 38 Jahre ist Timäus jetzt schon krank. 38 Jahre ist er nutzlos für seine Familie, ein Krüppel, der allen auf der Tasche liegt. 38 Jahre lässt er sich von ihnen ernähren und versorgen. Und das, obwohl Timäus der Heilung so nahe ist. Denn er liegt direkt am Teich Betesda. Dieses Wasser hat besondere Heilkräfte, sagt man. Immer mal wieder steigt ein Engel vom Himmel herunter und bewegt das Wasser. Den Engel kann man nicht sehen, aber das Wasser, das sich bewegt. Wer dann als Erster im Wasser ist, wird gesund, ganz egal, welche Krankheit er hat.
Um diesen Teich herum ist eine Halle gebaut, in der die Kranken liegen können. So sind sie geschützt vor Regen und Kälte und können hier übernachten. Timäus liegt hier auf seiner Matte. Er ist schon lange hier. Nicht ganz 38 Jahre, aber fast. Zuerst, als er noch klein war, lebte er natürlich bei seinen Eltern im Haus. Aber umso größer Timäus wurde und umso mehr Geschwister er bekam, desto mehr Platz wurde dort für die anderen gebraucht. Einen Krüppel, der nur in der Ecke liegt, konnte man nicht mehr gebrauchen. Also brachten sie ihn in diese Halle. Anfangs blieb immer ein jüngerer Bruder bei ihm, um ihm ins Wasser zu helfen, wenn es sich bewegte. Aber Timäus wurde größer und schwerer und seine kleinen Brüder waren nicht mehr stark genug, um ihn schnell in das Wasser zu bringen. Andere Kranke waren schneller, und Timäus war immer zu spät. Es war enttäuschend und zermürbend. Wenn dann der kleine Bruder so stark war, dass er ihn hätte tragen können, musste er arbeiten gehen, und der nächste kleine Bruder übernahm die Wache bei Timäus.

Einmal waren sie ganz knapp am Wasser, aber dann wurde Timäus doch noch von einem anderen überholt. Irgendwann gingen alle Brüder arbeiten und Timäus war sich selbst überlassen. Sie brachten ihm jeden Tag etwas zu essen und zu trinken. Aber Zeit hatte keiner mehr für ihn. Und Hoffnung auch nicht. Sie hatten sich alle damit abgefunden, dass Timäus hier liegen bleibt, bis er stirbt.

Jetzt sind 38 Jahre vergangen, Timäus liegt immer noch hier und ist noch nicht gestorben. Er hat es auch allein nicht geschafft, sich zum Wasser zu schleppen. Er versucht es zwar jedes Mal, aber kaum ist er von seiner Matte weggerobbt, hat schon ein anderer das Wasser erreicht. Timäus legt sich wieder auf seine Matte. „Wie schön wäre es, wenn ich endlich wieder gesund wäre!“, denkt er. „Dann könnte ich zu meiner Familie zurück, die ich so sehr vermisse. Dann könnte ich etwas arbeiten, vielleicht als Arzt. Dann könnte ich anderen helfen, die so etwas erleben wie ich hier.“

Timäus ist ganz in Gedanken, als plötzlich ein Mann vor ihm steht. „Willst du gesund werden?“, fragt er und schaut ihm dabei tief in die Augen. Wer ist dieser Mann? Ob er ihn wohl in das Becken tragen will? „Ja, natürlich will ich gesund werden. Aber ich habe niemanden, der mich ins Wasser bringt, wenn es sich bewegt. Bis ich mich dorthin geschleppt habe, ist immer schon ein anderer vor mir im Wasser.“ Der Mann schaut Timäus noch immer an. Liebe liegt in seinem Blick. Er sagt: „Steh auf, nimm deine Matte und geh!“ „Aber ich bin doch gelähmt“, will Timäus gerade antworten, da spürt er, dass Bewegung in seinen Körper kommt. Überall fängt es an zu kribbeln. Timäus spürt seine Beine wieder. Vorsichtig setzt er sich auf. Es geht! Er zieht die Knie an und richtet sich langsam auf. Er kann stehen. Er versucht einen Fuß vor den anderen zu setzen. Es klappt! Er kann laufen. Laut jubelnd macht er ein paar wacklige Schritte. Er rollt seine Matte zusammen und verlässt zum ersten Mal seit sehr vielen Jahren diese Halle.

Wo ist eigentlich der Mann, der ihn gesund gemacht hat? Er ist verschwunden. Timäus geht in den Tempel, endlich kann er dort wieder Gott anbeten. Und er hat viel, wofür er danken möchte. Im Tempel trifft er auch den Mann wieder. Es ist Jesus, der ihn geheilt hat.

Vertiefungsfragen

- Wie würde es dir gehen, wenn du so lange krank bist und sich niemand mehr um dich kümmert? Hättest du noch Hoffnung oder wärst du schon verzweifelt?
- Jesus hat den Mann gesehen, der von niemandem mehr beachtet wurde. Kannst du glauben, dass Gott dich sieht und das, was dich im Herzen beschäftigt?

Spiele mit Zeit

Zeitwörter finden

Die Kinder werden in Gruppen eingeteilt und erhalten Zettel und Stift. Sie bekommen 2 Minuten Zeit, um so viele Begriffe wie möglich zum vorgegebenen Oberbegriff aufzuschreiben. Wer hat die meisten Begriffe gefunden?

Variante: Es gibt nur dann 1 Punkt, wenn man bestimmte, vorher festgelegte Begriffe aufgeschrieben hat (hier jeweils in Klammern). Wer hat die meisten Treffer?
Mögliche Oberbegriffe:

- Teile einer Uhr (Ziffernblatt, Gehäuse, Batterie, Minutenzeiger, Stundenzeiger)
- Freizeit (lesen, Fahrrad fahren, Computer spielen, telefonieren, Musikinstrument spielen)
- Uhren (Kuckucksuhr, Standuhr, Kirchturmuhr, Parkuhr, Armbanduhr)
- Wörter mit der Silbe „Zeit" (Mahlzeit, Freizeit, Reisezeit, Schulzeit, Zeitung)

Material: Zettel und Stifte, Stoppuhr

Zeit in der Zeitung

Die Kinder werden in mehrere Gruppen eingeteilt und erhalten Zeitungen und eine Schere. Auf „Los!" müssen sie innerhalb von 4 Minuten so viele Wörter wie möglich ausschneiden, die etwas mit „Zeit" zu tun haben. Wer hat die meisten Wörter gefunden und ausgeschnitten?
Material: viele Zeitungen, für jedes Kind eine Schere, Stoppuhr

Uhren merken

Die Kinder werden in mehrere Gruppen eingeteilt und erhalten einen Zettel und einen Stift. Auf einem Tisch liegen zehn verschiedene Uhren (z. B. verschiedene Armbanduhren, Wanduhr, Sanduhr). Die Kinder haben 1 Minute Zeit, sich alle Uhren einzuprägen. Dann werden die Uhren zugedeckt und die Kinder schreiben die Uhren auf, an die sie sich noch erinnern können. Anschließend werden die Uhren wieder aufgedeckt und mit den Zetteln der Gruppen verglichen. Wer konnte sich an die meisten Uhren erinnern?
Material: Tisch, 10 verschiedene Uhren, Tuch, Zettel und Stifte

Zeitbegriffe merken

Die Kinder werden in mehrere Gruppen eingeteilt und erhalten einen Zettel und einen Stift. Langsam werden ihnen Zeitbegriffe gesagt. Anschließend müssen sie alle aufschreiben, an die sie sich noch erinnern. Welche Gruppe weiß die meisten Begriffe?
Mögliche Zeitbegriffe sind: Schulzeit, Freizeit, Urlaubszeit, Weihnachtszeit, Uhrzeit, Zeitmaschine, rechtzeitig, zeitlos, Zeitung, Zeit, Zeitrechnung, Zeitmesser, Zeitschrift, Steinzeit, Zeitalter, Hochzeit, Zeitpunkt, Zeitbombe, Halbzeit, Sommerzeit.
Material: Zettel und Stifte, Zeitbegriffe

Zeit einteilen

Die Kinder werden in Zweier- oder Dreierteams eingeteilt. Jede Gruppe bekommt ein Zeitkonto von z. B. 10 Minuten, das auf einem Plakat sichtbar für alle aufgeschrieben wird. Nun wird ihnen erklärt, welche Aufgaben in dieser Zeit zu lösen sind. Vor jeder Aufgabe müssen die Gruppen entscheiden, in welcher Zeit sie es schaffen möchten. Diese Zeit steht ihnen dann zur Verfügung, um die Aufgabe zu lösen, und wird ihnen von ihrem Zeitkonto gestrichen. Schaffen sie es in der von ihnen genannten Zeit, erhalten sie 1 Punkt. Schaffen sie es nicht, gibt es keinen Punkt. Ist noch Zeit übrig, verfällt sie. Ziel ist es, alle Aufgaben zu lösen.

Die Aufgabe lautet z. B.: Jedes Kind einer Gruppe rennt einmal ums Haus. Ist das erste Kind wieder am Start angekommen, läuft das zweite Kind der Gruppe los usw. Die Gruppe A sagt: Wir schaffen das in 70 Sekunden. Die Gruppe B sagt: Wir schaffen das in 90 Sekunden. Die angesagte Zeit wird ihnen von ihrem Zeitkonto gestrichen. Die Gruppen laufen nacheinander und die Zeit wird gestoppt. Schaffen sie es, bekommen sie 1 Punkt, schaffen sie es nicht, gibt es keinen Punkt.
Mögliche Aufgaben:

- einmal im Staffellauf um das Haus rennen
- in einer Kiste mit Sand 20 Münzen finden (40 sind versteckt)
- mit der hohlen Hand Wasser aus einem Eimer über eine gewisse Strecke zu einem leeren Glas transportieren, bis das Glas voll ist
- ein Puzzle mit 49 Teilen machen
- ein Kinder-Sudoku lösen

Material: Plakat und Edding, Stoppuhr, Sandkiste, 40 Münzen, Eimer mit Wasser, Glas, Kinderpuzzle mit 49 Teilen, Kinder-Sudoku

18. Die Auferweckung des Lazarus

Bibeltext: Johannes 11,1-44
Zielgedanke: Jesus ist stärker als der Tod, darum können wir ihm alles anvertrauen.

Einstiegsspiel

Mumie

Die Kinder werden in zwei oder mehr Gruppen eingeteilt und erhalten eine volle Rolle Klopapier. Ein Kind der Gruppe muss so schnell wie möglich komplett mit Klopapier eingewickelt werden, ohne dass das Papier reißt. Ist es doch gerissen, gibt es 1 Punkt Abzug. Welche Gruppe ist zuerst fertig und hat am wenigsten das Papier zerrissen?
Material: Klopapier

Einstiegsfragen

- Warst du schon mal bei einer Beerdigung? Wie war das für dich?
- Was glaubst du, passiert mit uns, wenn wir tot sind?

Vorlesegeschichte

„Lazarus ist krank!" Der Bote ringt nach Luft: „Maria und Marta, deine Freundinnen, schicken mich. Ich soll dir das ausrichten. Ich glaube, sie brauchen deine Hilfe." Erschöpft lässt sich der Bote ins Gras fallen. Von Bethanien aus bis zum Jordan, wo sich Jesus und seine Jünger aufhalten, ist es ein ganzes Stück Weg. Er ist schnell gelaufen, denn Maria hatte ihm dafür mehr Geld als üblich für seinen Botendienst gegeben. Trotzdem musste er einmal eine Übernachtungspause einlegen. Jetzt ist der Dienst erledigt – und der Bote auch.
Die ersten Jünger stehen auf und packen ihre Habseligkeiten zusammen. Sie wissen, wie sehr Jesus Lazarus mag. Mit ihm und seinen Schwestern ist Jesus gut befreundet. Doch Jesus sagt: „Lazarus wird nicht sterben. Seine Krankheit dient dazu, dass Gott zeigen kann, wie groß und mächtig er ist und dass ich sein Sohn bin. Wir bleiben noch zwei Tage hier." Fragend schauen sich die Jünger an. Aber dann setzen sie sich wieder. Sie haben schon einiges mit Jesus erlebt, da wundert sie nichts mehr.
Zwei Tage später brechen sie Richtung Bethanien auf. Jesus weiß, dass Lazarus inzwischen gestorben ist. Aber er will ihn wieder auferwecken. Die Jünger verstehen Jesus nicht. Wie soll das gehen? Sie sind noch ein ganzes Stück vom Dorf entfernt, da kommt ihnen Marta entgegen. „Jesus, wenn du hier gewesen wärst, hätte Lazarus nicht sterben müssen. Aber gut, dass du jetzt da bist, denn ich weiß, dass Gott dir jede Bitte erfüllt." „Marta", sagt Jesus, „dein Bruder wird vom Tod auferstehen. Denn ich bin die Auferstehung und das Leben. Wer an mich glaubt, der wird leben, auch wenn er gestorben ist. Und wer lebt und an mich glaubt, der wird bis in alle Ewigkeit nicht sterben. Glaubst du das?" „Ja, Herr",

antwortet Marta, „ich glaube, dass du der von Gott versprochene Retter bist, auf den wir schon so lange warten. Du bist der Sohn Gottes!"
Ja, wirklich, Jesus ist Gottes Sohn! Das hat Marta gerade in diesem Moment verstanden. Und das macht sie froh. Sofort kehrt sie wieder um, um Maria davon zu berichten. Und auch Maria geht Jesus entgegen. Sie fällt vor ihm auf die Knie: „Jesus, wenn du hier gewesen wärst, dann wäre Lazarus nicht gestorben." Maria kann den Satz kaum zu Ende sprechen, weil ihr die Tränen über das Gesicht laufen. Auch die Menschen, die Maria zu Jesus begleitet haben, weinen. Da wird Jesus zornig über den Tod und fängt selbst an zu weinen.
Gemeinsam gehen sie zu der Höhle, in der Lazarus begraben ist. „Rollt den Stein vor der Höhle weg!", befiehlt er. „Aber Herr", wendet Marta ein, „er ist doch schon seit vier Tagen tot. Seine Leiche wird stinken!" Jesus schaut Marta an: „Ich habe doch versprochen, dass du hier und heute Gottes Herrlichkeit sehen kannst." Ein paar starke Männer wälzen den Stein weg, der die Öffnung der Höhle verschließt. Jesus schaut zum Himmel und betet laut: „Vater, ich danke dir, dass du mein Gebet erhörst. Zeige allen Menschen, dass ich dein Sohn und der versprochene Retter bin." Jesus ruft laut: „Lazarus, komm heraus!"
Die Menschen, die mit zum Grab gegangen sind, sind still geworden. Keiner traut sich, etwas zu sagen oder laut zu weinen. Wie erstarrt schauen sie alle auf die dunkle Höhlenöffnung. Hat sich da etwas bewegt? Ja, tatsächlich, eine in weiße Tücher gewickelte Gestalt wackelt durch den Höhleneingang! „Aaaaah!" Die Menschen erschrecken. Noch immer bewegt sich keiner. „Nehmt ihm die Tücher ab und lasst ihn nach Hause gehen", sagt Jesus. Da endlich kommt Bewegung in die Menge. Marta ist als erste da und zieht dem Lumpenmann das Tuch vom Gesicht. Tatsächlich! Es ist Lazarus! Jesus hat ihn vom Tod auferweckt. Jesus ist wirklich der Sohn Gottes!

Vertiefungsfragen

- Was glaubst du, wer Jesus ist?
- Was bedeutet das, was Jesus sagt: „Ich bin die Auferstehung und das Leben. Wer an mich glaubt, der wird leben, auch wenn er gestorben ist. Und wer lebt und an mich glaubt, der wird bis in alle Ewigkeit nicht sterben."?

Spiele mit Klopapier

Klopapierbotschaft

Auf mehrere Klopapierrollen wird pro Blatt ein Buchstabe in einer Geheimschrift (z. B. Morsezeichen, Freimaurercode, Blindenschrift) notiert, wieder aufgerollt und in einiger Entfernung zur Startlinie platziert. Die Kinder werden in Gruppen eingeteilt, erhalten den Schlüssel der Geheimschrift und stellen sich an der Startlinie hintereinander auf. Auf „Los!" rennt das jeweils erste Kind zur Rolle und reißt das erste Blatt ab. Dann wird das zweite Kind abgeklatscht, das das nächste Blatt holt usw. Das erste Kind kann in der Zwischenzeit seinen Buchstaben entziffern. Es gewinnt die Gruppe, die zuerst alle Blätter geholt hat und den Lösungssatz sagen kann. Möglicher Lösungssatz: Jesus ist die Auferstehung und das Leben.

Variante 1: Die Kinder müssen erst alle Klopapierblätter holen und erhalten dann erst den Schlüssel. Sie müssen dabei darauf achten, dass sie die Blätter in der richtigen Reihenfolge behalten. Einen Stift bekommen sie dafür nicht.
Variante 2: Die Kinder erhalten einen Lösungssatz in Geheimschrift, der Schlüssel dazu befindet sich auf dem Klopapier.
Material: Klopapierrollen, Stift, Kreide für die Startlinie, für jede Gruppe einen Zettel mit dem Schlüssel der Geheimschrift

Klopapierpaarlauf

Immer zwei Kinder bilden ein Paar und stehen nebeneinander. Mit Klopapier wickeln sie das linke Bein des einen mit dem rechten Bein des anderen Kindes zusammen. Von der Startlinie aus müssen sie so schnell wie möglich eine bestimmte Strecke laufen. Das Papier sollte nicht reißen. Gewertet wird nur das Paar, das am Ziel mit noch mindestens einem Klopapierstreifen verbunden ist.
Material: Klopapier, Kreide für Start- und Ziellinie, Stoppuhr

Klorollenturm balancieren

Die Kinder werden in mehrere Gruppen eingeteilt und erhalten beliebig viele volle Klopapierrollen. Sie müssen so viele Klopapierrollen wie möglich auf einem Kind ihrer Gruppe, das frei im Raum steht, stapeln (z. B. auf den Armen, dem Kopf usw.). Diese Türme müssen mindestens 10 Sekunden halten. Meint die Gruppe, dass sie so viele Rollen wie möglich platziert hat, wird die Zeit gestoppt und anschließend die Rollen gezählt, die nicht heruntergefallen sind. Welche Gruppe schafft es, die meisten Klopapierrollen zu platzieren?
Material: viele Klopapierrollen, Stoppuhr

Klopapieraufgaben

Die Kinder werden in Gruppen eingeteilt. Pro Gruppe werden einige Blätter einer Klopapierrolle auf der Innenseite mit Aufgaben beschriftet, die die Gruppe erledigen muss. Die Klopapierrollen werden in einiger Entfernung zur Startlinie aufgehängt oder auf der Toilette stationiert (wenn gewährleistet ist, dass diese nicht von anderen Personen aufgesucht wird). Nun muss ein Kind zur Klopapierrolle laufen, das erste Blatt abreißen und zurück zur Gruppe laufen. Dort wird die Aufgabe gelöst und der Spielleitung gebracht. Erst dann darf das zweite Blatt geholt werden. Welche Gruppe hat zuerst alle Klopapieraufgaben gelöst?
Mögliche Aufgaben:

- Bringt ein Gänseblümchen!
- Schreibt ein vierzeiliges Gedicht über das Klopapier!
- Wie viele Blätter hat diese Klopapierrolle? (Lösung steht auf der Packung)
- Schreibt fünf Begriffe auf, die sich auch im Badezimmer befinden und mit „K“ beginnen!
- Lauft als komplette Gruppe einmal um das Haus!

Material: beschriftete Klopapierrollen, Material für die Aufgaben (z. B. Stifte, Papier), Kreide für die Startlinie

Klopapiertransport

Die Kinder werden in mehrere Gruppen eingeteilt und reißen sich von einer Klopapierrolle ein langes Stück (z. B. 50 Blätter) ab. Dieses Stück müssen sie ungefaltet über einen Parcours transportieren, ohne dass das Klopapier zerreißt. Ist das Klopapier zerrissen, wird gewertet, welche Gruppe das längste Stück in der kürzesten Zeit transportieren kann.
Variante: Auf dem Klopapier müssen verschiedene Dinge transportiert werden (z. B. Kronkorken, Kleeblätter, Büroklammern, Bausteine). Wer am Ziel noch die meisten Dinge auf dem Klopapier hat, gewinnt.
Material: Klopapierrollen, für die Variante: verschiedene Dinge für den Transport (z. B. Kronkorken, Kleeblätter, Büroklammern, Bausteine)

19. Vom Beten

Bibeltext: Matthäus 6,5-13
Zielgedanke: Wir können zu Gott sprechen wie zu einem guten Vater.

Einstiegsspiel

Aufeinander hören

Alle Kinder sitzen im Kreis, schließen die Augen und sind still. Ein Kind beginnt zu zählen und sagt: „Eins." Ein anderes Kind sagt: „Zwei." So wird weitergezählt. Kein Kind darf hintereinander zwei Zahlen sagen. Es dürfen auch nie zwei Kinder gleichzeitig eine Zahl sagen. Passiert dies, muss wieder bei Eins begonnen werden. Wie viele Versuche braucht die Gruppe, um z. B. bis 20 zu zählen?
Material: keines

Einstiegsfragen

- Wie fragst du deine Eltern, wenn du etwas Bestimmtes unbedingt willst (z. B. Süßigkeiten essen, Computer spielen, bei einem Freund / einer Freundin übernachten usw.)?
- Wird bei dir zu Hause gebetet? Wenn ja, wann und wie?

Vorlesegeschichte

Thomas schwitzt aus allen Poren. Die Sonne scheint unbarmherzig vom blauen Himmel. Die Mittagshitze ist kaum zu ertragen. Wie gut, dass Jesus nicht weiterwandern will. Thomas ist froh, dass sie jetzt Rast im Schatten eines großen Baumes machen. Wenn er in die Gesichter der anderen Jünger blickt, sieht er, dass auch sie froh über eine Pause sind. Das sind immer die schönsten Stunden des Tages. Auch wenn sie unerträglich heiß sind. Aber um diese Zeit sind nur wenige Menschen unterwegs, die etwas von Jesus wollen. Die Mittagszeit ist ihre Zeit mit Jesus. Die Jünger können alle möglichen und unmöglichen Fragen stellen. Und Jesus erzählt ihnen dann etwas über Gott.
„Wie ist Gott?", wollte einer wissen. Jesus erzählt eine Geschichte von einem Vater, der seinen Sohn wieder zu Hause aufnimmt, obwohl der sein ganzes Geld sinnlos verbraucht hat. So ist Gott, wie ein guter Vater.
„Jesus, jetzt hab' ich mal 'ne Frage." Thomas holt noch einmal Luft: „Wenn du dich manchmal allein zurückziehst, um zu beten, was machst du dann eigentlich? Man betet doch im Tempel oder in der Synagoge." „Das stimmt", antwortet Jesus, „dort betet man auch. Aber es gibt Menschen, die stellen sich in der Synagoge ganz vorne hin und beten laut, sodass alle sehen, wie toll sie beten können. Aber so sollt ihr es nicht machen. Wenn ihr betet, dann geht in euer Zimmer und macht die Tür zu. Dann könnt ihr zu Gott, eurem Vater, beten. Gott ist unsichtbar, darum sieht er auch das Unsichtbare und hört die Gebete, die nur in Gedanken gesprochen werden." Das ist Thomas neu. Bisher kannte er nur die Gebete, die laut gesprochen werden.

„Noch etwas ...“, fährt Jesus fort. „Wenn ihr betet, dann sollt ihr Gott nicht zutexten und alle möglichen Gebete, die ihr kennt, vor euch hinleiern. Es ist nicht so: Je mehr Worte ihr betet, desto eher erhört Gott euer Gebet. Nein, Gott ist doch euer guter Vater, der weiß, worum es euch geht, wenn ihr betet. Und das weiß er schon, bevor ihr überhaupt einen Ton gesagt oder einen Gedanken gedacht habt.“ Jetzt ist Thomas verunsichert. „Ja, aber was sollen wir dann beten? Was sollen wir sagen?“ „So sollt ihr es machen“, antwortet Jesus.
„Unser Vater im Himmel,
dein Name soll geheiligt werden.
Dein Reich soll kommen.
Dein Wille soll geschehen.
Wie er im Himmel geschieht,
so soll er auch auf der Erde Wirklichkeit werden.
Gib uns das Brot,
das wir für heute brauchen!
Und vergib uns unsere Schuld –
so wie wir denen vergeben haben,
die uns gegenüber schuldig geworden sind.
Und stelle uns nicht auf die Probe,
sondern rette uns vor dem Bösen“ (Mt 6,9-13 BasisBibel).
Thomas ist froh, dass er seine Frage gestellt hat. Jetzt weiß er: Gott versteht ihn, er weiß, um was er ihn bitten will, weil er sein Vater im Himmel ist. Er muss sich keine Sorgen machen, das Falsche gebetet zu haben. Und dieses Gebet Jesu, das will er auswendig lernen.

Vertiefungsfragen

- Wann und wo betest du?
- Welcher Satz aus dem Vaterunser gefällt dir „am besten“ und warum?

Vaterunser-Parcours

Fünf verschiedene Stationen werden aufgebaut, an denen über einzelne Sätze aus dem Vaterunser (Luther-Übersetzung) nachgedacht werden kann. Die Stationen können auch mit der ganzen Gruppe nacheinander durchgeführt werden.

Station 1: Unser Vater im Himmel!

Fragen: Wie stellst du dir Gott vor? Wo ist er deiner Meinung nach? Was bedeutet es, dass du zu Gott Vater sagen darfst?
Aufgabe: Die Kinder sollen ein Bild dazu malen, wie sie sich Gott vorstellen. Anschließend können die Bilder einander vorgestellt und erklärt werden.
Material: Papier und Stifte

Station 2: Dein Name werde geheiligt. Dein Reich komme. Dein Wille geschehe wie im Himmel so auf Erden.

Frage: Was bedeutet „Gottes Reich“ und „Gottes Wille“?
(Erklärung: Einen Vergleich mit dem Zimmer der Kinder als „mein Reich“, die Welt als „Gottes Reich“. Gott räumt auf oder um, schmeißt Dinge weg, ordnet neu, macht Sachen wieder ganz usw. Gott baut die Welt so, wie sie ihm gefällt.)
Aufgabe: Die Kinder sollen überlegen, wie sie die Welt gern hätten, und ihre Gedanken auf einzelne Zettel schreiben. Danach werden die Zettel auf eine gemalte Weltkugel oder einen Atlas geklebt. Anschließend wird gemeinsam überlegt: Würde Gott das genauso wollen? Was fehlt, was muss weg? Unpassende Zettel werden entfernt, fehlende Zettel werden drangehängt.
Material: DIN-A6-Zettel und Stifte, Weltkugel oder Atlas, Klebestreifen

Station 3: Unser tägliches Brot gib uns heute.

Fragen: Was brauchen wir zum Leben? Was brauchen wir überhaupt nicht und haben es trotzdem? Was wünschen wir uns? Was fehlt uns?
Aufgabe: Aus Zeitschriften werden zwei Collagen erstellt: ein Plakat mit Dingen, die wir brauchen, und ein Plakat mit Dingen, auf die wir verzichten könnten.
Material: zwei große Pappen, Zeitschriften, Scheren, Kleber

Station 4: Und vergib uns unsere Schuld, wie auch wir vergeben unsern Schuldigern.

Fragen: Was habe ich selbst Böses getan, wo habe ich andere verletzt, war gemein? Was haben andere mir Böses getan?
(Erklärung: Schuld ist nicht nur ein Vergehen gegen die Zehn Gebote, sondern vor allem ein Vergehen von Menschen, die andere Menschen oder Gott nicht achten.)
Aufgabe: Jedes Kind bekommt einen schwarzen Fleck (Tonkarton), auf dem es mit einem schwarzen Stift diese Fragen beantworten kann: Was habe ich getan? Was wurde mir angetan? (Erklärung: Gott vergibt uns unsere Fehler. Darum können/sollen wir auch anderen vergeben.) Gemeinsam wird diese Bitte gebetet. Die schwarzen Pappen werden anschließend symbolisch verbrannt.
Material: schwarzer Tonkarton in DIN A6, schwarze Buntstifte, feuerfestes Gefäß, Streichhölzer/Feuerzeug

Station 5: Und führe uns nicht in Versuchung, sondern erlöse uns von dem Bösen.

Frage: Warum will Gott nicht, dass wir z. B. lästern?
(Erklärung: Die Bitte ist, dem Verhalten standzuhalten, das Gott nicht will, z. B. lästern, lügen, schlagen ... alles, was etwas oder jemanden zerstört. Gott hat jeden Menschen wunderbar zu seinem Ebenbild gemacht. Kein Mensch kann z. B. etwas für seine Pickel oder die lange Nase. Darum ist das Ziel, von dem Drang „erlöst“ zu werden, dem oder der anderen zu schaden, über ihn oder sie zu lästern oder ihn oder sie auszulachen.)

Aufgabe: Auf dem Boden wird eine Linie gezogen. Die eine Seite ist der „Schatten" (das Böse, die Versuchung), die andere Seite das „Licht" (die Rettung vom Bösen, das, was Gott will). An der Linie stehen sich jeweils zwei Kinder gegenüber, halten sich an beiden Händen fest und versuchen, den anderen auf ihre Seite zu ziehen, das heißt entweder „in Versuchung zu führen" oder „vom Bösen zu erlösen".
Material: Kreide oder Kreppklebeband

Vaterunser beten

Am Ende des Gebetsparcours bilden alle einen großen Kreis und beten gemeinsam das Vaterunser mit Bewegungen (Mt 6,9-13 Luther).

Unser Vater im Himmel!
Arme langsam gestreckt mit geöffneten Händen nach oben führen, Blick mit gehobenem Kopf nach oben gerichtet

Geheiligt werde dein Name.
Oberkörper verneigt sich mit ausgestreckten Armen

Dein Reich komme.
Arme in Schulterhöhe waagrecht ausgestreckt, Hände nach oben geöffnet, Blick mit erhobenem Kopf nach oben gerichtet

Dein Wille geschehe, wie im Himmel so auf Erden.
Arme in Schulterhöhe weiter waagerecht ausgestreckt, Hände nach oben geöffnet, rechter Arm zeigt nach oben, linker nach unten

Unser tägliches Brot gib uns heute.
Arme gebeugt vor dem Körper, Hände zur Schale geformt

Und vergib uns unsere Schuld,
Arme über der Brust gekreuzt, Oberkörper nach vorn geneigt

wie auch wir vergeben unseren Schuldigern.
dem/der rechten und linken Nachbarn/Nachbarin die Hände schütteln

Und führe uns nicht in Versuchung,
Hände vor das Gesicht legen

sondern erlöse uns von dem Bösen.
Arme und Oberkörper dehnen und räkeln

Denn dein ist das Reich und die Kraft
Arme gestreckt mit nach oben geöffneten Händen langsam nach oben führen

und die Herrlichkeit
mit erhobenem Kopf Blick nach oben richten

in Ewigkeit. Amen.
mit gestreckten Armen über dem Kopf in die Hände klatschen

20. Vom Schätzesammeln und Sorgen

Bibeltext: Matthäus 6,19-34
Zielgedanke: Gott sorgt für uns.

Einstiegsspiel

Ich packe meine Schatzkiste

Die Kinder sitzen im Kreis. Reihum sagen sie: „Ich packe meine Schatzkiste und nehme mit: ..." Dann nennen sie etwas, das ihnen besonders viel bedeutet. Zuvor wiederholen sie aber die Schätze der anderen Kinder, bevor sie ihren eigenen Schatz nennen. Wer kann sich alle Schätze merken?
Material: keines

Einstiegsfragen

- Auf welchen Gegenstand in deinem Leben willst du auf gar keinen Fall verzichten?
- Was macht dir am meisten Sorgen? Was machst du mit deinen Sorgen?

Vorlesegeschichte

„Mann, schau dir den Palast an!" Staunend bleiben die Jünger Jesu vor einem Haus stehen. Sie sind mit Jesus nach Jerusalem gekommen. Ihr Weg zu einer Unterkunft für die nächsten Tage führt sie durch ein vornehmes Viertel. Da stehen Häuser, die die Jünger noch nie gesehen haben! Klar, den Palast beim Tempel kennt jeder. Aber das hier, das sind doch eigentlich nur einfache Wohnhäuser. Aber sie sehen so anders aus als all die anderen Häuser. Vor allem eines sticht ganz besonders heraus. Seine Wände sind nicht aus braunem Lehm, sondern aus weißen, behauenen Steinen gemauert. Das Haus hat große Fenster, die mit bunten Tüchern verhangen sind. Das ist wirklich erstaunlich! Sonst haben die Häuser nur kleine Löcher oben an der Wand, damit es drinnen im Sommer nicht zu heiß und im Winter nicht zu kalt wird. Aber hier kann man sich große Fenster scheinbar leisten. „Die haben bestimmt jemanden, der ihnen ständig kühle Luft zufächelt", bemerkt einer. „Ja, und im Winter? Vielleicht haben sie einen großen warmen Ofen", sagt ein anderer. „Wer weiß, was da noch so alles in dem Haus drin ist? Bestimmt eine riesige Vorratskammer mit Fleisch, Gurken, Oliven, Käse ..." „Hör auf, da läuft mir ja das Wasser im Mund zusammen!" Die Jünger malen sich in Gedanken aus, welche tollen Sachen noch in dem Haus zu finden sein könnten: dicke, bequeme Schlafmatten und bunte Kleider aus feinen Stoffen, die nicht kratzen.
„Wie schön wäre es, wenn ich das alles auch hätte!", meint einer der Jünger. „Ja, du hast recht, das wäre wirklich schön. Dann müssten wir nicht mehr auf dem harten Boden

schlafen und könnten uns vernünftig zudecken, nicht nur mit unserem Mantel." „Ich hätte gern so eine Vorratskammer", bemerkt ein anderer. „Immer nur Fladenbrot und Linsen! So ein saftiges Fleischstück und ein paar Oliven, das würde ich mir schmecken lassen!"
Jesus hat die letzten Sätze mitbekommen. „Sorgt ihr euch etwa, was wir heute zu essen bekommen? Das braucht ihr nicht. Schaut euch doch die Vögel an. Sie haben keine Vorratsspeicher und trotzdem jeden Tag genug zu essen. Oder schaut euch die Blumen an. Sie kümmern sich nicht darum, was sie anziehen. Gott hat sie mit einem bunten Blätterkleid versorgt, obwohl sie morgen schon wieder verwelkt sind. Wenn also Gott die Vögel und die Blumen so gut versorgt, wird er dann nicht erst recht gut für euch sorgen?"
Die Jünger schauen sich betreten an. Ja, natürlich, Gott wird für sie sorgen. „Wisst ihr", sagt Jesus, „alles, was man besitzt, ist zwar bequem, aber braucht Platz. Nicht nur im Haus oder in der Tasche, sondern auch im Herzen. Man kümmert sich um seine Sachen, man sorgt sich um seine Sachen, man denkt die ganze Zeit an seine Sachen. Sorgt euch lieber darum, dass alle Menschen an Gott glauben. Gott sorgt dann schon für euch."

Vertiefungsfragen

- Was meint Jesus damit, dass die Sachen Platz im Herzen brauchen? Welche Sache ist das bei dir?
- Wie kannst du dich darum sorgen, dass alle Menschen an Gott glauben? Wie ist das gemeint?

Spiele mit Münzen

Münzen schätzen

In einem Glas sind viele Münzen verschiedenen Wertes. Die Kinder müssen einzeln oder in Gruppen schätzen, wie viel das Glas wert ist. Alle schreiben ihren Schätzwert auf. Dann wird aufgelöst. Wer schätzt am besten?
Material: Glas, mehrere Euro- und Cent-Münzen, Papier und Stifte

Münzen an die Wand schnipsen

Jedes Kind erhält eine Münze, die es so nah wie möglich an eine Wand werfen muss. Welche Münze landet am nächsten?
Material: Münzen

Münzen an die Kante

Jedes Kind erhält drei Münzen. Nacheinander müssen die Kinder versuchen, die Münzen so nah wie möglich über die Längsseite an die Tischkante zu werfen, zu schieben oder zu rollen. Dabei ist es auch möglich, Münzen von anderen Kindern über die Tischkante zu schieben. Wessen Münze am Ende am nächsten an der Tischkante liegt, hat gewonnen.
Material: Tisch, pro Kind 3 Münzen

Münze fallen lassen

Auf dem Boden wird eine Linie markiert. Die Kinder stellen sich nacheinander mit den Fußspitzen an die Linie und schauen nach oben. Auf die Stirn wird eine Münze gelegt. Dann blickt das Kind nach unten. Dabei fällt die Münze nach unten und soll so nah wie möglich an der Linie liegen bleiben. Der Abstand zur Linie wird gemessen. Wer trifft die Linie am besten?

Material: Münze, Maßband/Zollstock, Kreide oder Kreppklebeband

Zahlen werfen

Auf einem relativ glatten Boden werden in einem Abstand zur Startlinie drei Felder hintereinander aufgezeichnet. Das erste Feld steht für die Einer, das zweite für die Zehner und das dritte für die Hunderter. Jedes Kind erhält fünf Münzen, die es versucht, in den Feldern zu platzieren, indem es von der Startlinie aus die Münzen rollt, schiebt oder wirft. Anschließend werden alle Münzen zusammengezählt, bleiben z. B. zwei Münzen im Einerfeld liegen, zwei im Zehnerfeld und eine Münze im Hunderterfeld, ergibt das dann 122. Wer wirft die höchste Zahl?

Material: 5 Münzen, Markierungen (z. B. Kreide oder Kreppklebeband), Papier und Stift

Wirf den Heller in den Teller

An einer glatten Wand steht ein Teller. Alle Kinder bekommen drei Münzen. Von einer Startlinie aus müssen sie versuchen, ihre Münzen in den Teller zu werfen. Die Münze muss im Teller liegen bleiben, sie darf aber vorher an der Wand abprallen. Wer wirft die meisten Münzen in den Teller?

Material: 3 Münzen, Teller

Münzen schnipsen

Jedes Kind bekommt drei Münzen, die es in einem Dreieck auf einen Tisch legt. Nun muss es immer eine Münze zwischen den beiden anderen durchschnipsen, sodass sie die gedachte Gerade zwischen den beiden Münzen überquert hat. Es wird gezählt, wie oft dies gelingt. Wenn eine Münze vom Tisch fällt, ist der Versuch beendet. Wer schafft die meisten Überquerungen?

Material: 3 Münzen

Münzen-Boccia

Jedes Kind erhält drei 50-Cent-Münzen, die mit einem farbigen Klebepunkt markiert werden. Ein Kind wirft eine 10-Cent-Münze etwas weiter weg auf den Boden. Nun müssen die Kinder versuchen, ihre drei Münzen so nah wie möglich an die 10-Cent-Münze zu werfen oder zu rollen. Wem das gelingt, darf als nächstes die 10-Cent-Münze werfen. Die 10-Cent-Münze muss nicht auf dem Boden landen, sie kann auch auf einem Tisch, einem Stuhl o. Ä. landen.

Material: 1 x 10-Cent-Münze, pro Kind 3 x 50-Cent-Münzen, Klebepunkte in verschiedenen Farben

Münzenlauf

Jedes Kind legt sich eine Münze auf den Fuß/Schuh. Die Münze darf nicht im Schuh festgeklemmt werden. Nun muss von einer Startlinie aus eine bestimmte Strecke absolviert werden. Fällt die Münze herunter, muss noch einmal von der Startlinie aus begonnen werden. Wer schafft es am schnellsten, die Strecke mit Münze zurückzulegen?
Material: 1 Münze pro Kind

Münzstapel

Jedes Kind erhält zwanzig 1-Cent-Münzen. Ein Kind beginnt und legt eine Münze in die Tischmitte. Reihum legen die Kinder jeweils eine Münze auf einen Turm. Es darf nur eine Hand verwendet werden. Wer den Stapel umwirft, muss die heruntergefallenen Münzen aufnehmen. Wer zuerst alle Münzen losgeworden ist, hat gewonnen.
Variante: Es können auch mit Münzen verschiedener Werte gespielt werden. Dann müssen die Kinder überlegen, ob sie eine große oder kleine Münze legen wollen.
Material: Tisch, 20x 1-Cent-Münzen (oder verschiedene Münzen) pro Kind

Goldsucher

Alle Kinder sitzen am Tisch und haben die Hände unter dem Tisch. Ein Kind, das sich freiwillig gemeldet hat, wird Goldsucher. Es schließt die Augen und zählt bis Zehn. Eines der Kinder am Tisch erhält ein Geldstück, das unter dem Tisch weitergegeben wird. Der Goldsucher öffnet nun wieder die Augen und versucht herauszufinden, wer die Münze besitzt. Dazu beobachtet es die Kinder, die natürlich versuchen, den Goldsucher zu verwirren, indem sie so tun, als würden sie ein Geldstück weitergeben. Der Goldsucher ruft ein Kommando, das alle Kinder, auch das mit der Münze, ausführen müssen.
Kommando „Bock“: Alle Kinder stellen schnell die Hände auf den Tisch, indem nur die Fingerspitzen die Tischplatte berühren. Das Geldstück muss dann in die Handinnenfläche eingeklemmt werden.
Kommando „flach“: Alle Kinder klatschen ihre Hände flach auf den Tisch. Wenn es alle gleichzeitig und schnell tun, ist die Münze kaum zu hören.
Nun kann der Goldsucher auf bis zu drei Hände zeigen. Diese müssen angehoben werden. Ist dort die Münze versteckt, wechselt der Goldsucher. Liegt der Goldsucher falsch, muss er wieder die Augen schließen, bis Zehn zählen und einen neuen Versuch wagen.
Material: Tisch, Stühle, Münze

21. Die Frage nach dem höchsten Gebot

Bibeltext: Markus 12,28-34
Zielgedanke: Die Liebe zu Gott, dem Nächsten und sich selbst ist für Gott am wichtigsten.

Einstiegsspiel

Richtschnur schätzen

Alle Kinder bekommen ein langes Stück Wolle (möglichst in verschiedenen Farben) und eine Schere. Sie müssen schätzen, wie lang z. B. 83 cm sind und genauso viel von der Wolle abschneiden. Sie dürfen dabei nichts mit der Wolle ausmessen, z. B. die Tisch- oder Türbreite. Anschließend wird an einem Zollstock verglichen. Wer hat am genauesten geschätzt? Hinweis: Wollfäden lassen sich in die Länge ziehen, darauf sollte beim Messen geachtet werden, dass der Wollfaden zwar stramm ist, aber nicht überzogen wird.
Material: verschieden farbige Wollreste, Scheren, Zollstock

Einstiegsfragen

- Woran oder an wem orientierst du dich? Wer ist dein „Maßstab"?
- Wer sagt dir, welche Regeln für dich gelten? Findest du das gut oder willst du sie lieber selbst bestimmen?

Vorlesegeschichte

„Welches der 613 Gebote ist eigentlich das wichtigste?" Levi schaut irritiert auf. Die 613 Gebote, die für alle Juden gelten, hat er schon als Kind auswendig gelernt. Jetzt ist er selbst Lehrer und bringt sie anderen bei. Aber diese Frage, mit der sich ein Schüler an ihn wendet, hat er sich noch nie gestellt. Ja, welches eigentlich? Levi weiß es auch nicht. Sind es die Opfergebote, die gleich zu Beginn stehen? Oder sind es die Vorschriften, wen man heiraten soll? Oder sind es die Verbote, was man nicht anbeten darf?
„Das ist wirklich eine gute Frage. Ich werde dir die Antwort bei unserer nächsten Lehrstunde geben", sagt er. So hat Levi sich gut gerettet, ohne vor seinen Schülern zugeben zu müssen, dass er es nicht weiß. Wer könnte ihm dabei helfen? Bis nächste Woche braucht er eine Antwort. Da fällt ihm etwas ein. Einer fällt ihm ein. Es ist doch so ein neuer Lehrer unterwegs, der auf den Straßen unterrichtet. Jesus heißt er. Den wird er fragen.
Levi muss nicht lange suchen. Wo der neue Lehrer ist, sind immer auch Menschen. Sie diskutieren mit ihm, wollen geheilt werden oder sind einfach nur neugierig. Levi hört einer Diskussion zu, die andere Theologen mit ihm führen. Jesus hat gut geantwortet. Er lässt sich nicht so schnell in die Enge treiben. Er ist schlau. Ihn wird er fragen.
„Ich habe da auch mal eine Frage: Welches Gebot von den 613 ist eigentlich das wichtigste?", fragt Levi. Jetzt ist er gespannt. Was wird Jesus sagen? „Das wichtigste Gebot ist

dieses: ‚Höre, Israel! Der Herr ist unser Gott, der Herr allein. Und du sollst den Herrn, deinen Gott, lieben mit deinem ganzen Herzen, mit deiner ganzen Seele, mit deinem ganzen Willen und mit deiner ganzen Kraft.' Das zweite ist: ‚Liebe deinen Mitmenschen wie dich selbst.' Kein anderes Gebot ist wichtiger als diese beiden" (Mk 12,29-31 BasisBibel).
„Richtig, Lehrer, das stimmt. Die Liebe zu Gott, dem Nächsten und mir selbst ist viel wichtiger als alle Opfervorschriften", antwortet Levi. So eine einfache Antwort hat der Lehrer ihm gegeben. Da hätte er auch selbst draufkommen können. Denn schließlich geht es im Glauben ja darum, mit Gott befreundet zu sein. Und nicht darum, 613 Gebote einzuhalten. Das wird er seinem Schüler sagen.
„Du hast viel verstanden und bist nicht weit weg von Gott!" Jesus schaut ihn freundlich an. Und Levi schaut glücklich zurück. Ja, dieser Jesus und er, sie sind sich einig. Warum sind sie noch keine Freunde?

Vertiefungsfragen

- Wie geht das – Gott, den Nächsten und sich selbst zu lieben?
- Wie kannst du das heute oder morgen leben? Nimm dir eine Sache vor.

Spiele mit Maßen und Mengen

Zeitungsschlange reißen

Alle erhalten eine Doppelseite Zeitungspapier und eine Maßangabe, wie lang die Schlange sein soll, z. B. 1,47 m. Die Maßangabe sollte nicht zu kurz sein, aber auch nicht zu lang, sodass es möglichst alle schaffen. Die Kinder haben 2 Minuten Zeit, um aus dem Papier eine Schlange in dieser Länge zu reißen. Anschließend wird gemessen, wer das „Gebot" am besten erfüllt hat.
Material: Zeitungen, Zollstock, Stoppuhr

Gewichte schätzen

Die Kinder werden in kleine Gruppen eingeteilt. Auf einem Tisch stehen verschiedene Gegenstände, z. B. eine Büroklammer, ein Apfel, eine Süßigkeit, ein Würfel, ein Stift, ein Buch, ein Geldstück usw. Den Gruppen wird nun ein Gewicht genannt, das mit diesen Gegenständen genau erreicht werden kann. Es dürfen beliebig viele Gegenstände auf die Waage gelegt werden. Die Gruppen überlegen, welche Gegenstände dieses Gewicht genau erreichen, und notieren ihre Antwort auf einen Zettel, den sie bei der Spielleitung abgeben. Haben alle Gruppen ihren Zettel abgegeben, werden ihre Antworten nacheinander ausprobiert, indem die genannten Gegenstände auf die Waage gelegt werden. Wer mit seinen Gegenständen am nächsten am geforderten Gewicht dran ist, bekommt 1 Punkt. Wenn das Spiel mehrere Runden gespielt wird, wird es immer leichter, das Gewicht der Gegenstände einzuschätzen.
Material: verschiedene Gegenstände (z. B. Büroklammer, Apfel, Süßigkeit, Würfel, Stift, Buch, Geldstück, Briefwaage mit Schüssel o. Ä.), Papier und Stifte

Mengen schätzen

Die Kinder werden in kleine Gruppen eingeteilt und erhalten fünf Schüsseln. Das Leergewicht der Schüsseln ist gewogen und notiert. Auf dem Tisch stehen mehrere trockene Zutaten, z. B. Nudeln, Zucker, Bohnen, Linsen, Erbsen, Mais, Reis, Cornflakes, Wasser, Mehl usw. Die Kinder müssen diese Zutaten in ihre Schüsseln füllen. Es muss immer das genaue Gewicht erreicht werden, z. B. 100 g. Sind alle Gruppen der Meinung, sie haben es richtig gemacht, wird gewogen. Wer hat am besten die Mengen geschätzt?
Material: trockene Zutaten (z. B. Nudeln, Zucker, Bohnen, Linsen, Erbsen, Mais, Reis, Cornflakes, Mehl), pro Gruppe 5 Schüsseln, Waage, Papier und Stift

Zeitspanne schätzen

Die Kinder werden in Gruppen eingeteilt. Auf „Los!" gehen sie durch den Raum. Wenn sie der Meinung sind, dass z. B. 2 Minuten um sind, treffen sie sich wieder an einem Punkt. Sobald eine Gruppe komplett ist, ruft sie „Stopp!". Die Spielleitung notiert sich die Zeit. Welche Gruppe schafft es am besten, die 2 Minuten abzuschätzen?
Material: Stoppuhr, Papier und Stift

Wege schätzen

Die Kinder werden in Gruppen eingeteilt und erhalten Papier und Stift. Die Spielleitung nennt eine Entfernung, z. B. vom Heimatort zur nächst größeren Stadt oder auch größere Strecken wie München – Hamburg (790 km), London – Rom (1864 km). Dabei wird nicht die Luftlinie, sondern der Weg gemessen. Die Gruppen schreiben eine geschätzte km-Zahl auf. Dann wird aufgelöst. Wer am besten geschätzt hat, erhält 1 Punkt.
Material: Papier und Stifte, Liste mit gemessenen Wegstrecken

Personen und Ereignisse schätzen

Die Kinder werden in Gruppen eingeteilt und erhalten Papier und Stift. Es werden Fragen zu Personen oder Ereignissen gestellt und die Gruppen müssen die geschätzte Zahl notieren. Anschließend wird aufgelöst. Wer am besten tippt, erhält 1 Punkt.
Fragen können sein: Wie viele Einwohner hat Bulgarien? (7,2 Millionen, Stand Dezember 2015) Wie viele Deutsche haben 2015 ein Smartphone besessen? (42,3 Millionen, Stand Juli 2015) Wie viele Goldmedaillen haben die Deutschen bei der Olympiade 2012 gewonnen? (11 Goldmedaillen)
Material: Fragen und Antworten (muss aktuell recherchiert werden), Papier und Stifte

Umfang schätzen

Es werden runde oder eckige Objekte gezeigt. Die Kinder werden in Gruppen eingeteilt und müssen schätzen, wie groß der Umfang ist. Ihren Tipp notieren sie. Danach wird gemessen und aufgelöst.
Mögliche Objekte sind z. B. ein aufgeblasener Luftballon, ein Baumstamm, die Strecke um alle vier Stuhl- oder Tischbeine usw.
Material: Wolle, Papier und Stifte, Maßband

Richtschnur geben

Die Kinder werden in kleinere Gruppen eingeteilt. Ihnen wird eine geometrische Figur, z. B. ein Dreieck, ein Kreis usw. genannt, die anderen Gruppen dürfen das nicht hören. Dann werden ihnen die Augen verbunden. Sie erhalten ein Seil oder eine dicke Schnur und müssen diese Figur legen. Anschließend müssen die anderen Gruppen erraten, was sie darstellen sollten.

Material: Augenbinden, Seil oder dicke Schnur

Wie weit, wie viel ...?

Alle Kinder erhalten Papier und Stift. Die Spielleitung erklärt den „Versuch" und die Kinder notieren ihren Tipp. Dann wird der „Versuch" ausgeführt und gemessen. Das Kind, das am dichtesten am Versuchsergebnis dran ist, erhält 1 Punkt.

Mögliche „Versuche":

- Einen Luftballon aufblasen und von einer Startlinie aus fliegen lassen: Wie weit entfernt von der Startlinie aus landet er?
- Eine leere Streichholzschachtel etwas aufschieben, an die Lippen legen und mit einem Atemstoß die Lade wegpusten: Wie weit entfernt von der Startlinie aus landet sie?
- Mit drei Würfeln würfeln: Welche Augenzahl wird gewürfelt?

Material: Papier und Stifte, Luftballon, Maßband/Zollstock, Streichholzschachtel, 3 Würfel

22. Das Gleichnis von den anvertrauten Pfunden

Bibeltext: Matthäus 25,14-30
Zielgedanke: Gott hat dich begabt. Mach' was draus!

Einstiegsspiel

Münzen fangen

Die Kinder werden in Zweiergruppen eingeteilt. Ein Kind erhält zehn Münzen, das andere einen leeren Eimer. Nun wirft das eine Kind von einer Startlinie aus die Münzen nacheinander in den Eimer. Das Kind, das den Eimer in der Hand hält, muss stehen bleiben, darf aber versuchen, mit dem Eimer die Münzen zu fangen. Welches Paar landet die meisten Treffer?
Material: 10 Münzen, Eimer

Einstiegsfragen

- Was machst du mit deinem Taschengeld? Wer spart und wofür?
- Was kannst du besonders gut?

Vorlesegeschichte

„Sebastian, ich muss auf Reisen gehen. Bitte schicken Sie nach meinen Verwaltern und machen Sie mit ihnen einen Termin für übermorgen aus." Nachdem der Hausherr seinen Diener damit beauftragt hat, zieht er sich in sein Büro zurück. Es gibt noch einiges, was er bis zu seiner Abreise klären und regeln muss. Wie gut, dass er treue und gute Verwalter hat, denen er sein Silber anvertrauen kann. Sie werden sich darum kümmern und darauf achten, dass es weder gestohlen wird, noch an Wert verliert. Nicht alle Verwalter sind gleich. Einer hat eine große Familie, dem will er nicht so viel Arbeit zumuten, ein anderer ist sehr fleißig und hat mehr Zeit, dem will er einen größeren Anteil seines Silbers anvertrauen.
Zwei Tage später. Es klopft. „Herr, die Verwalter sind angereist. Sie erwarten Sie in Ihrem Besprechungszimmer." „Danke, Sebastian." Der Hausherr setzt noch schnell seine Unterschrift unter einen soeben geschriebenen Brief und geht in sein Besprechungszimmer. Hier sitzen seine drei Verwalter, denen er während seiner langen Reise sein Silber anvertrauen will. „Meine Herren, danke, dass Sie gekommen sind. Um es kurz zu machen, ich werde für einige Zeit verreisen. Ich möchte Sie bitten, in meiner Abwesenheit mein Silber zu verwalten." Die Verwalter wechseln überraschte Blicke. Sie dürfen sein Silber verwalten, das ihm doch so viel wert ist? Welche Ehre!
„Ich weiß mein Silber bei Ihnen in guten Händen. Sie werden so damit umgehen, als wäre es Ihr eigenes Hab und Gut, da bin ich sicher. Nun, ich habe mir gedacht, dass ich

mein Silber entsprechend Ihrer Lebensumstände verteile. Ich habe es in acht Teile geteilt. Sie ...", dabei blickt er den ersten Verwalter an, „Sie haben keine Familie und darum mehr Zeit. Ich gebe Ihnen fünf Teile." Der erste Verwalter verbeugt sich höflich und schaut stolz zu den anderen beiden. „Und Ihnen", damit spricht der Hausherr den zweiten Verwalter an, „Ihnen gebe ich zwei Teile. Ich glaube, dass Sie gut damit haushalten können. Und für Sie habe ich einen Teil Silber." Damit spricht er den dritten Verwalter an. „Sie haben eine große Familie und müssen sich auch um sie sorgen, da will ich Ihnen nicht noch viel mehr Arbeit aufbürden." Alle nicken. „Meine Herren, ich danke Ihnen, dass ich mich auf Sie verlassen kann." Er verabschiedet sich von seinen Verwaltern und verlässt das Besprechungszimmer. Die Verwalter erhalten von Sebastian die entsprechende Menge Silber und machen sich auf den Heimweg.
Viele Jahre später. Der Hausherr ist zurückgekehrt und lässt seine Verwalter rufen. Er begrüßt sie: „Schön, meine Herren, dass Sie gekommen sind. Ich bin von meiner langen Reise zurück und möchte gern sehen, was Sie mit meinem Silber gemacht haben." Da tritt der erste Verwalter vor. „Herr, Sie haben mir fünf Teile Silber gegeben. Ich habe sie eingesetzt und noch einmal fünf Teile dazugewonnen!" „Sehr gut gemacht", lobt ihn der Hausherr. „Sie sind ein tüchtiger und treuer Verwalter. Ihnen werde ich noch mehr anvertrauen. Kommen Sie und feiern Sie mit mir." Nun tritt der zweite Verwalter vor. „Herr, Sie haben mir zwei Teile Silber gegeben. Auch ich habe sie eingesetzt und noch einmal zwei Teile dazugewonnen!" „Ja, das ist gut! Sie sind auch ein tüchtiger und treuer Verwalter! Ihnen werde ich noch mehr anvertrauen. Kommen Sie und feiern Sie mit mir."
Als letzter tritt der Verwalter vor den Hausherrn, der einen Teil Silber bekommen hat. „Herr, ich wusste, dass Sie nur auf Gewinn aus sind und Geld verdienen wollen, ohne selbst einen Finger krumm zu machen. Ich hatte Angst, dass ich Ihr Silber verliere, wenn ich es einsetze. Darum habe ich es vergraben. Hier haben Sie es wieder." Er schaut betreten zu Boden. Der Hausherr sieht ihn an und sagt: „Sie sind ein fauler und schlechter Verwalter. Sie hätten das Silber ja zur Bank bringen können. Dann hätte es wenigstens noch Zinsen gegeben. Gehen Sie, Sie sind entlassen."

Vertiefungsfragen

- Gott hat uns „Silber" gegeben. Was könnte das sein?
- Wie sollen wir unser „Silber" einsetzen? Was kannst du tun?

Spiele zum Vermehren von Kapital

Basisspiel: Kapital vermehren

Die Kinder werden in mehrere Gruppen eingeteilt. Jede Gruppe erhält ein Startkapital von 10 Euro (Spielgeld). Vor jedem der folgenden Spiele darf die Gruppe entscheiden, wie viel Geld sie setzen möchte. Wird die Aufgabe gelöst, erhält sie das Doppelte des Einsatzes. Schafft sie die Aufgabe nicht, ist das Geld verloren. (Die Aufgaben müssen an das Alter der Kinder angepasst werden.) Wer am Ende des Abends am meisten Geld besitzt, hat gewonnen.
Material: ausreichend Spielgeld in 1 Euro-, 5 Euro-, 10 Euro- und 20 Euro-Scheinen

Bibelquiz

Es werden zehn Fragen zu biblischen Geschichten gestellt. Mindestens fünf müssen richtig beantwortet werden. Jede Gruppe schreibt ihre Antwort auf, danach wird aufgelöst.
Mögliche Fragen:

- Wie heißen laut Bibel die ersten Menschen? (Adam und Eva)
- Wer führte das Volk Israel aus Ägypten durch das Schilfmeer? (Mose)
- Wie heißt das längste Buch der Bibel? (Psalmen)
- Was diente als Bettchen für den neugeborenen Jesus? (Futterkrippe)

Material: 10 Quizfragen, pro Gruppe Papier und Stift

Münzwurf

Von einer Startlinie aus müssen zehn Münzen in einen Eimer geworfen werden. Mindestens sechs müssen im Eimer landen.
Material: Eimer, 10 Münzen, Kreide/Kreppklebeband für die Startlinie

Musikquiz

Es werden zehn verschiedene, bekannte Titel abgespielt. Mindestens fünf müssen erraten werden. Die Gruppen schreiben entweder Titel oder Interpret auf. Anschließend wird aufgelöst.
Material: 10 Lieder, Musikabspielgerät, für die Gruppen Papier und Stift

Würfeln

Jede Gruppe darf sechsmal würfeln. Die Augen werden zusammengezählt und müssen mindestens 20 ergeben.
Material: Würfel

Gummibärchen schmecken

Einem Kind der Gruppe werden die Augen verbunden. In einer beliebigen Reihenfolge werden ihm fünf verschieden farbige Gummibärchen zum Schmecken gegeben. Mindestens eine Farbe muss richtig geschmeckt werden.
Material: 1 Tüte Gummibärchen, Augenbinde

Münztransport

Ein Parcours wird aufgebaut (z. B. Tische und Stühle, die über- oder unterquert werden müssen). Die Gruppe stellt sich in einer Reihe hintereinander auf. Auf einem Löffel muss eine Münze transportiert und am Ende des Parcours in eine Schüssel gegeben werden. Fällt die Münze unterwegs herunter, muss das Kind stehen bleiben und die Münze wieder auf den Löffel legen. Erst dann darf es weiterlaufen. Ist die Münze in der Schüssel gelandet, rennt das Kind zurück und gibt den Löffel an das nächste Kind weiter. In 5 Minuten müssen mindestens zehn Münzen transportiert werden (die Zeit der Strecke anpassen).
Material: Tische, Stühle o. Ä., Löffel, 10 Münzen, Schüssel, Stoppuhr

Jenga-Turm

Aus einem Jenga-Turm müssen Steine unten entnommen werden, um damit oben neue Stockwerke zu bauen. Der Gruppe muss es gelingen, in 7 Minuten vier neue Etagen entstehen zu lassen.
Material: Jenga-Steine, Stoppuhr

Ü-Ei-Figur

Eine Figur aus einem Überraschungsei muss innerhalb einer Minute zusammengebaut werden.
Material: pro Gruppe ein Überraschungsei, Stoppuhr

Memory

Ein Memory-Spiel wird aufgebaut. Die Gruppe hat 3 Minuten Zeit und muss mindestens sechs Pärchen finden (Zeit und Pärchenanzahl entsprechend der Größe des Memory-Spiels anpassen). Dabei werden immer zwei Karten umgedreht. Wenn sie nicht zusammenpassen, werden sie wieder verdeckt. Karten und Reihen dürfen nicht mit den Fingern markiert werden.
Material: Memory-Spiel, Stoppuhr

Kartenhaus bauen

Jede Gruppe bekommt ein Kartenspiel bzw. ausreichend Bierdeckel. Sie haben 5 Minuten Zeit und müssen mindestens zehn Häuser bauen.
Material: Kartenspiel/Bierdeckel, Stoppuhr

Münze einklemmen

Ein Kind aus der Gruppe bekommt eine Wäscheklammer und eine Münze. Die Münze wird am hinteren Ende der Wäscheklammer eingeklemmt, die Wäscheklammer muss also die ganze Zeit geöffnet gehalten werden. Der Arm muss dazu ausgestreckt sein. Dies muss das Kind mindestens 1 Minute durchhalten.
Material: für jede Gruppe 1 Wäscheklammer und 1 Münze, Stoppuhr

Geldwörter

Die Gruppe erhält ein Blatt Papier und einen Stift. In 1 Minute muss sie so viele Begriffe wie möglich aufschreiben, die etwas mit Geld zu tun haben. Es müssen mindestens 15 sein.
Material: Papier und Stifte, Stoppuhr

23. Das Gleichnis vom vierfachen Ackerfeld

Bibeltext: Matthäus 13,3b-9.18-23
Zielgedanke: Gottes Wort fällt in unsere Herzen wie Samen auf den Boden. Es wichtig, sich um „den Boden im Leben" zu kümmern, damit das Wort Gottes aufgehen und Frucht bringen kann.

Einstiegsspiel

Samen säen

Ein Quadrat (1 m x 1 m) wird auf den Boden mit Kreppklebeband aufgeklebt, mit Kreide gezeichnet oder mit Schnüren gelegt. Jedes Kind bekommt zehn Körner (trockene Bohnen, Erbsen, Weizen oder Reis) und muss von einer Linie aus 3 m Entfernung so viele Körner wie möglich in das Quadrat werfen. Wer die meisten Körner richtig platziert hat, gewinnt.
Material: Kreppklebeband, Kreide oder Schnüre, trockene Bohnen, Erbsen, Weizen oder Reis

Einstiegsfragen

- Was brauchen Samenkörner, damit sie aufgehen und wachsen?
- Was macht Pflanzen kaputt?

Vorlesegeschichte

Kühl ist es geworden. Näher rücken sie an das Feuer heran, das Andreas und Philemon angezündet haben. Das sind eigentlich die schönsten Stunden des Tages, findet Johannes. Jesus hat heute wieder viel gepredigt. Dauernd waren Menschen um sie herum, man konnte nie mal für sich sein, ein Nickerchen machen oder Jesus etwas fragen. Aber jetzt am Lagerfeuer, das ist ihre Stunde. Jetzt sind sie mit Jesus allein. Nur sie, die Zwölf, die er ausgewählt hat.
„Jesus, das wollte ich dich schon immer mal fragen", sagt Jakobus in die Gedankenstille hinein. „Warum glauben nicht alle Menschen an Gott? Du erklärst das immer so gut, und man könnte meinen, du hättest Gott schon mal persönlich gesehen. Wie kommt es, dass manche das nicht glauben wollen, was du sagst?" „Ich erzähle euch dazu mal eine Beispielgeschichte", antwortet Jesus. „Dann ist das vielleicht verständlicher. Also:
Ein Bauer geht auf sein Feld, um Samen zu säen. Er streut die Samen großzügig auf jeden Fleck seines Ackers. Ein Teil der Samen fällt auf den Weg. Da kommen Vögel und picken die Samen auf. Ein Teil der Samen fällt auf steinigen Boden. Dort gibt es nur wenig Erde. Der Samen geht schnell auf. Aber wegen der Steine können die Pflanzen keine Wurzeln schlagen. Wenn dann die Sonne scheint, vertrocknen die Pflanzen, weil sie kein Wasser

mehr haben. Ein Teil der Samen fällt zwischen Disteln. Die Samen gehen auf. Aber zwischen den Disteln haben sie zu wenig Platz und Licht, darum gehen sie wieder ein. Und ein Teil der Samen fällt auf guten Boden. Da gehen die Samen auf, wie sich der Bauer das gewünscht hat. Die Pflanzen wachsen gut und bringen am Ende Frucht, die einen Pflanzen mehr, die anderen etwas weniger."
Die Jünger haben gut zugehört. Johannes nickt: „Ja, das kann ich mir gut vorstellen, wie das mit den Samen ist. Aber was hat das jetzt mit dem Glauben an Gott zu tun?" „Ich erkläre es euch", sagt Jesus. „Der Samen ist ein Bild für das Wort von Gott, der Boden ist ein Bild für die Menschen. Es gibt Menschen, die sind wie der Weg. Sie hören zwar, was ich ihnen von Gott erzähle, aber sie verstehen es nicht. Dann kommt der Böse und nimmt es wieder weg. Es gibt Menschen, die sind wie der steinige Boden. Sie hören etwas über Gott und glauben es sofort. Sie sind begeistert und gleich dabei. Aber ihre Begeisterung ist nicht von langer Dauer. Sobald der Glaube an Gott für sie unbequem wird oder sie dafür ausgelacht werden, lassen sie es lieber und glauben an etwas anderes. Es gibt Menschen, die sind wie der Acker mit den Dornen. Sie hören etwas über Gott, das sie eigentlich gut finden. Aber sie machen sich viele Sorgen um sich, haben zum Beispiel Angst, dass der Glaube an Gott ihnen Nachteile bringt oder dass sie von ihrem Geld etwas abgeben müssen. Diese Sorgen lassen den Glauben an Gott nicht wirklich in ihr Leben und so hören sie bald wieder auf, an Gott zu glauben. Es gibt aber auch Menschen, die das hören, was ich von Gott erzähle. Sie verstehen es, glauben an Gott und leben mit ihm. Ihr Leben ist wie der Acker, in dem der Samen gut wachsen kann und sogar Frucht für andere bringt."

Vertiefungsfragen

- Was hindert Menschen heute daran, an Gott zu glauben?
- Auf welchen „Boden" fällt das, was dir über Gott erzählt wird, bei dir? Glaubst du an Gott?

Spiele mit Körnern

Vierfaches Ackerfeld

Das Einstiegsspiel wird wiederholt. Dabei wird das Quadrat in vier gleich große Quadrate unterteilt. Jedes Kind bekommt zehn Körner (trockene Bohnen, Erbsen, Weizen oder Reis) und muss von einer Linie aus 3 m Entfernung so viele Körner wie möglich auf den guten „Boden" werfen, der vorher vereinbart wird. Wer die meisten Körner richtig platziert hat, gewinnt.
Material: Kreppklebeband, Kreide oder Schnüre, trockene Bohnen, Erbsen, Weizen oder Reis

Linsentransport

Die Kinder werden in mehrere Gruppen eingeteilt. Jede Gruppe bekommt ein Schälchen mit Linsen, jedes Kind einen Strohhalm. Die Linsen werden auf den Tisch gekippt. Auf ein Startsignal hin haben die Kinder 2 Minuten Zeit, so viele Linsen wie möglich in das Schälchen zu transportieren, indem sie mit dem Strohhalm die Linsen ansaugen und erst über dem Schälchen wieder ausatmen. Welche Gruppe kann die meisten Linsen transportieren?
Material: Linsen, Schälchen, pro Kind einen Strohhalm

Bohnen raten

Die Kinder werden in zwei Gruppen eingeteilt. Jedes Kind bekommt 3 Bohnen. Nun überlegt die Gruppe, wie viele Bohnen sie in die Hand nehmen will. Die Anzahl muss nachher von der gegnerischen Mannschaft erraten und die Differenz bezahlt werden.
Ein Beispiel: Die Gruppen bestehen aus vier Kindern, sie erhalten 12 Bohnen. Nun entscheidet Gruppe A, dass sie 5 Bohnen in die Hand nimmt, Gruppe B nimmt 9 Bohnen. Die Bohnen verteilen sie unter sich und nehmen sie in die rechte Hand. Die restlichen Bohnen kommen in die Hosentasche oder in die linke Hand. Dann stellen sie sich gegenüber auf und strecken die rechten Fäuste, in denen sich die Bohnen befinden, nach vorn. Natürlich werden auch leere Fäuste nach vorn gestreckt. Nun rät jede Gruppe, wie viele Bohnen die andere Gruppe in den Händen hat. Gruppe B rät 10 Bohnen, Gruppe A rät 8 Bohnen. Haben beide Gruppen ihren Tipp abgegeben, werden die Hände geöffnet. Gruppe B lag 5 Bohnen daneben und muss diese an Gruppe A abgeben. Gruppe A lag eine Bohne daneben und muss eine Bohne abgeben. Dann wird das Spiel fortgesetzt. Es ist sinnvoll mitzurechnen, wie viele Bohnen die gegnerische Mannschaft hat, um richtig zu tippen (in diesem Beispiel hat Gruppe A 16 Bohnen, Gruppe B 8 Bohnen). Die Mannschaft, die keine Bohnen mehr hat, verliert.
Material: pro Kind 3 Bohnen

Körner würfeln

Alle Kinder sitzen am Tisch. In der Mitte befinden sich eine leere Eierschachtel (für sechs Eier) und ein Würfel. Die Fächer der Eierschachtel sind mit Zahlen von 1 bis 6 nummeriert. Jedes Kind erhält sechs Körner, die es vor sich auf den Tisch legt. Das Ziel des Spieles ist es, alle Körner in der Eierschachtel loszuwerden. Dazu würfelt das erste Kind. Entsprechend der Augenzahl darf es ein Korn in das entsprechende Fach in der Eierschachtel legen. Dann ist das nächste Kind an der Reihe und verfährt ebenso. Ist das Fach, das erwürfelt wurde, schon mit einem Korn belegt, muss es das Korn herausnehmen und darf nichts ablegen. Wer eine Sechs würfelt, darf immer ein Korn ablegen. Wer zuerst keine Körner mehr hat, gewinnt.
Material: Eierschachtel für 6 Eier, pro Kind 6 Körner, Würfel

Körner sortieren

In zwei Schüsseln werden verschiedene Körner gemischt, z. B. Bohnen, Linsen, Erbsen, Mais, Reis. Zwei Kindern, die sich freiwillig gemeldet haben, werden die Augen verbunden. Sie nehmen vor den Schüsseln Platz und haben 2 Minuten Zeit, so viele Körner einer Sorte wie möglich aus der Schüssel zu holen. Die Sorte wird vorher bestimmt (z. B. Mais). Wer holt die meisten Körner?

Material: 2 Schüsseln, Körner (z. B. Bohnen, Linsen, Erbsen, Mais, Reis), 2 Augenbinden, Stoppuhr

Körner suchen

In einen größeren Karton wird ein Loch geschnitten, durch das eine Hand passt. In dem Karton befindet sich eine Schüssel mit verschiedenen Körnern, z. B. Bohnen, Linsen, Erbsen, Mais, Reis. Ein Kind muss versuchen, in 2 Minuten so viele Körner einer Sorte wie möglich aus der Schüssel zu holen. Dabei darf immer nur ein Korn geholt werden, dann muss die Hand aus der Schachtel gezogen, das Korn abgelegt und wieder neu in der Schüssel gesucht werden. Die Sorte wird vorher bestimmt (z. B. Mais). Wer holt die meisten Körner?

Variante: Der Karton hat auf beiden Seiten ein Loch, zwei Kinder spielen gegeneinander.

Material: größerer Karton, Schüssel mit Körner (z. B. Bohnen, Linsen, Erbsen, Mais, Reis), Stoppuhr

24. Der barmherzige Samariter

Bibeltext: Lukas 10,29-37
Zielgedanke: Jeder ist der Nächste. Hilfe kennt keine Grenzen.

Einstiegsspiel

Virus

Das Spielgebiet wird begrenzt, zwei Krankenhäuser werden durch Matten, Decken oder Markierungen gekennzeichnet. Ein Kind ist der Virus und muss versuchen, die anderen Kinder abzuschlagen. Wird ein Kind abgeschlagen, dann legt es sich an Ort und Stelle auf den Boden. Vier „gesunde" Kinder tragen es an Armen und Beinen in ein Krankenhaus. Dann ist das Kind wieder gesund und kann weglaufen. Die vier Kinder, die einen Kranken tragen, dürfen nicht krankgemacht werden. Gelingt es dem Virus, alle Kinder krank zu machen?
Material: 2 Matten/Decken oder Kreide/Markierungen

Einstiegsfragen

- Wem hast du schon mal geholfen? Wer hat dir schon mal geholfen?
- Wem möchtest du am liebsten nicht helfen?

Vorlesegeschichte

„Danke, dass du mir geholfen hast!" Simon schüttelt Johannes die Hand. „Ohne dich hätte ich die Leiter nicht aufstellen können." „Ist doch klar!", winkt Johannes ab. „Für dich tue ich das doch gern. Schließlich bist du mein Freund und Nachbar, da ist es doch ganz klar, dass ich dir helfe." „Danke noch mal. Vielleicht kann ich mich ja mal revanchieren." Sie verabschieden sich. Johannes geht wieder nach nebenan in seinen eigenen Garten. Dass er Simon geholfen hat, ist wirklich eine Selbstverständlichkeit. Schließlich kennen sich die beiden schon, seit sie Babys sind. Aber würde Johannes auch Levi helfen, der am Ende der Straße wohnt?
Levi ist Zöllner und arbeitet mit den verhassten Römern zusammen, die hier im Land das Sagen haben. Levi ist sozusagen ein Angestellter der Römer! Mit ihm will keiner was zu tun haben. Johannes versucht, Levi möglichst aus dem Weg zu gehen. Ein bisschen tut er ihm leid, weil alle ihn meiden. Aber daran ist er ja eigentlich selbst schuld. Doch die Frage lässt ihn nicht los. Würde er Levi auch helfen?
Johannes denkt wieder an die Geschichte, die Jesus erzählt hat: „Ein Mann war unterwegs von Jerusalem nach Jericho. Der Weg war steil und felsig. In den Felshöhlen versteckten sich Räuber, um die Reisenden zu überfallen. Und so passierte es, dass der Mann von solchen Räubern überfallen wurde. Sie nahmen ihm alles weg, was er dabeihatte. Sie zogen ihm sogar seine Kleider aus und schlugen ihn zusammen. Dann ließen sie ihn liegen und machten sich auf und davon. Der Mann blieb bewusstlos liegen.

Einige Zeit später ging ein Priester denselben Weg. Er sah den Verwundeten liegen und ging schnell vorbei. Er wollte ihm nicht helfen und sich dabei schmutzig machen. Kurze Zeit später kam ein Levit vorbei, er war Angestellter im Tempel. Auch er sah den Überfallenen, aber er half ihm auch nicht. Vielleicht hatte er Angst, dass die Räuber noch in der Nähe wären und ihn auch gleich überfallen würden. Schließlich ritt ein Mensch aus Samarien an dem Verwundeten vorbei. Er sah ihn und hatte Mitleid mit ihm. Er stieg von seinem Pferd ab, behandelte die Wunden des Verletzten und setzte ihn auf sein Pferd. Dann brachte er ihn in ein Gasthaus. Dort gab er dem Wirt zwei Silberstücke, damit er ihn wieder gesund pflegte."
Nachdem Jesus die Geschichte erzählt hatte, fragte er seine Zuhörer: „Wer von den dreien ist dem Verletzten als Mitmensch begegnet?" Die Antwort war klar: der Samariter. Die frommen Männer, die im Tempel arbeiteten, hatten nicht geholfen. Aber der Samariter, der Ausländer, der in Israel nicht gern gesehen war, hat das getan. „Macht es genauso!", hat Jesus gesagt.
Das hat Johannes bis heute sehr beschäftigt. Sollte er also wirklich Levi helfen? Na ja, warum eigentlich nicht? Levi ist doch ziemlich einsam. Niemand redet mit ihm, keiner lädt ihn zu Kaffee und Kuchen ein. Oft sitzt er traurig vor seinem Haus in der Abendsonne. Ob Johannes heute Abend mal hingehen soll? Vielleicht will er ja mit ihm einen Becher Wein trinken. Mal sehen.

Vertiefungsfragen

- Was wird Johannes tun?
- Wer ist dein Nächster / deine Nächste, dem/der du helfen kannst?

Spiele für Helfer

Überfall

Das Spiel findet im Freien mit vielen Versteckmöglichkeiten statt. Das Spielfeld muss klar begrenzt sein. Ungefähr die Hälfte der Kinder sind Räuber, die andere Hälfte Polizisten. Eine kleine Schatzkiste wird sichtbar für alle aufgestellt. Die Räuber bekommen 3 Minuten Vorsprung und verstecken sich im Spielfeld. Anschließend müssen die Polizisten die Räuber finden und abschlagen. Dann werden sie in ein „Gefängnis" geführt (eingezeichneter Bereich) und müssen dort bleiben, bis das Spiel beendet ist. Das Spiel endet, wenn es einem Räuber gelingt, die Schatzkiste zu klauen oder wenn alle Räuber im Gefängnis gelandet sind.
Material: Schatzkiste, Spielfeldmarkierung

Davonlaufen

Kleine Karten aus stabilerem Papier müssen hergestellt und mit den Zahlen 1 bis 10 beschriftet werden. Pro Kind sind ungefähr zehn Karten nötig. Alle Kinder erhalten von der Spielleitung eine Karte und stecken sie sich in die Hosentasche, ohne dass sie von einem anderen Kind gesehen wird. Dann versuchen alle Kinder, die anderen zu fangen. Wenn ein Kind abgeschlagen wurde, zeigen beide Kinder ihre Karte. Das Kind mit der höheren

Karte gewinnt und erhält die Karte des anderen Kindes. Eine Ausnahme bildet die Eins, sie schlägt nur die Zehn. Das Kind ohne Karte holt sich bei der Spielleitung eine neue Karte und kann weiterspielen. Das Spiel endet, wenn die Spielleitung keine Karten mehr hat. Dann wird gezählt, wer die meisten Karten gewonnen hat.
Material: ausreichend Karten mit den Zahlen 1 bis 10

Räuber fangen

Eine Person aus dem Mitarbeiterteam ist der Räuber und hat an seinem T-Shirt viele Goldtaler aus Schokolade oder Bonbons kleben, die es zu klauen gilt. Der Räuber bekommt einen Vorsprung und versteckt sich. Die Kinder starten von einer Ausgangsposition und müssen ihn suchen. Wer ihn gefunden hat, muss ihn fangen, abklatschen und darf sich dann einen Goldtaler (oder ein Bonbon) vom T-Shirt abpflücken. Dann muss es erst wieder zur Ausgangsposition gehen, bevor es den Räuber erneut suchen und fangen darf. Der Räuber wechselt immer wieder seine Verstecke. Das Spiel endet, wenn der Räuber keine Schätze mehr hat.
Variante: Wer den Räuber einmal gefunden hat, hat seine Arbeit erledigt und darf sich ausruhen. Das Spiel ist beendet, wenn alle ihn gefunden haben.
Material: T-Shirt mit angeklebten Goldtalern oder Bonbons, Klebeband

Wunden verbinden

Die Kinder werden in mehrere Gruppen eingeteilt und erhalten jeweils zwei Mullbinden. Auf „Los!" müssen sie einer Person so schnell wie möglich einen Kopfverband anlegen, der nicht verrutschen darf. Welche Gruppe schafft dies am schnellsten?
Material: pro Gruppe 2 Mullbinden

Verbinden mit Hindernissen

Die Kinder werden in zwei Gruppen eingeteilt. Die einen sind die Samariter, die anderen die Störer. Ein Kind, das sich freiwillig gemeldet hat, stellt sich mit geschlossenen Beinen in die Mitte und spielt den Verletzten / die Verletzte. Die Samariter beginnen damit, den Verletzten / die Verletzte mit Klopapier einzuwickeln. Währenddessen würfeln die Störer so lange, bis sie eine Sechs haben. Dann dürfen sie den Samariter wieder auswickeln. Es darf nicht am Klopapier gerissen werden. Währenddessen würfeln die Samariter so lange, bis sie eine Sechs haben und lösen die Störer ab. Das Spiel endet, wenn die Samariter die Person ganz eingewickelt haben.
Material: Würfel, mehrere Rollen Klopapier

Eseltransport

Immer drei Kinder bilden eine Gruppe. Zwei davon halten sich überkreuzt an den Händen fest. Das dritte Kind setzt sich auf die gekreuzten Hände. So muss ein Parcours gelaufen werden. Die Zeit wird gestoppt. Welche Gruppe ist am schnellsten?
Material: Hindernisse/Markierungen für den Parcours

Apotheker
20 Tabletten (z. B. Smarties®, Schokolinsen, Bonbons o. Ä.) liegen bunt gemischt auf dem Tisch. Ein Kind, das sich freiwillig gemeldet hat, geht vor die Tür. Die Gruppe bestimmt eine bestimmte Tablette. Dann wird das Kind wieder hereingerufen. Es muss die ausgewählte Tablette finden. Dazu zeigt es auf eine Tablette und fragt: „Ist es diese?“ Ist sie es nicht, darf das Kind diese Tablette zur Seite legen und weiterfragen, bis die ausgewählte Tablette gefunden wurde. Wer die meisten Tabletten hat, gewinnt.
Material: Tisch, pro Kind 20 Süßigkeiten (z. B. Smarties®, Schokolinsen, Bonbons o. Ä.)

Tabletten klauen
Alle Kinder stehen nebeneinander in einer Reihe mit 10 m Abstand zur Apotheke (z. B. ein Tisch). Dahinter steht ein Kind, das den Apotheker spielt. Auf dem Tisch der Apotheke steht eine Schüssel mit „Tabletten“ (z. B. Smarties®, Bonbons usw.). Der Apotheker dreht sich um und ruft: „Apotheker gibt Tabletten aus der Apotheke.“ Währenddessen dürfen die Kinder so nah wie möglich zur Apotheke rennen und sich eine Tablette holen. Sobald aber der Apotheker seinen Satz zu Ende gesprochen hat, dreht er sich um. Alle Kinder müssen dann wie erstarrt stehen bleiben. Wer sich dennoch bewegt, scheidet aus. Wer schafft es bis zur Apotheke und kann sich mit einer „Tablette“ belohnen?
Material: Tisch, Schüssel mit Süßigkeiten (z. B. Smarties®, Bonbons usw.)

25. Der bittende Freund

Bibeltext: Lukas 11,5-13
Zielgedanke: Gott lässt sich bitten, wir dürfen ihn immer wieder mit unseren Bitten in den Ohren liegen.

Einstiegsspiel

Bonbons finden

Im Gruppenraum sind Bonbons verschiedener Farben versteckt, die unterschiedlich viele Punkte bringen. Die Kinder werden in Gruppen eingeteilt und müssen so viele Bonbons wie möglich finden. Erst anschließend wird die Wertung verraten, z. B. gelbe Bonbons = 4 Punkte, grüne Bonbons = 3 Punkte, orangene Bonbons = 2 Punkte, rote Bonbons = 1 Punkt. Die Bonbons werden gezählt und die Gewinnergruppe ermittelt.
Material: Bonbons in vier verschiedenen Farben

Einstiegsfragen

- Was machst du, wenn du etwas von deinen Eltern unbedingt haben willst?
- Wenn du Süßigkeiten in der Klasse verteilst: Wem gibst du zuerst etwas?

Vorlesegeschichte

„... Denn dein ist das Reich und die Kraft und die Herrlichkeit in Ewigkeit. Amen." Sie haben ihre Gebetszeit mit dem gemeinsam gesprochenen Gebet beendet, das Jesus ihnen beigebracht hat. Jakobus blinzelt in die helle Mittagssonne. Er hat zum Beten immer die Augen zu, damit er sich besser auf Gott konzentrieren kann. Jetzt muss er sich erst mal wieder an das helle Licht gewöhnen. Da war doch noch ein Gedanke, der ihm gekommen ist. Das will er Jesus unbedingt fragen. Was war das noch gleich? Ach ja, jetzt weiß er es wieder.
„Jesus", Jakobus beugt sich vor, damit er Jesus besser sehen kann, „du hast uns doch neulich dieses Gebet beigebracht, das wir gerade gemeinsam gebetet haben. Und dabei hast du gesagt, dass Gott jeden Wunsch von uns schon kennt, bevor wir ihn überhaupt ausgesprochen haben. Warum müssen wir dann überhaupt beten?" Die anderen Jünger nicken und murmeln Zustimmung. Gute Frage, soll das heißen. Ja, warum eigentlich?
„Stell dir vor, du bekommst spät am Abend einen Freund zu Besuch", sagt Jesus. „Er ist auf der Durchreise und fragt, ob er bei dir über Nacht bleiben kann, um dann ausgeruht am nächsten Morgen weiterzureisen. Natürlich lässt du ihn bei dir übernachten. Er bekommt etwas zu trinken und zu essen. Aber ... oh wie blöd, deine Speisekammer ist leer! Du hast nichts mehr zu essen! Und die Geschäfte haben leider schon geschlossen. Was tun? Du kannst deinen Freund doch nicht hungrig ins Bett schicken. Da kommt dir eine gute Idee. Du gehst zu deinem Nachbarn und bittest ihn um drei Brote. Er hat bestimmt noch etwas im Haus. Also gehst du nach nebenan und klopfst an die Tür. ‚Hallo? Bist du

noch wach? Ich habe ganz überraschend Besuch bekommen, aber nichts mehr zu essen im Haus. Kannst du mir bitte drei Brote leihen? Ich gebe sie dir morgen wieder zurück.' Aber dein Nachbar macht die Tür nicht auf. Er ruft: ‚Lass uns in Ruhe! Ich habe die Tür schon verriegelt und wir liegen alle mit unseren Matten davor. Ich kann jetzt nicht aufstehen und dir etwas geben. Sonst muss ich ja alle wecken, damit ich die Tür aufmachen kann.' Was wirst du tun?"
Jakobus und die anderen Jünger schauen sich fragend an. „Natürlich wirst du noch einmal klopfen", fährt Jesus fort. „Du wirst so lange klopfen, bis dein Nachbar so genervt ist und dir gibt, was du von ihm wolltest. Er wird es dir nicht geben, weil er nett zu dir sein will, sondern weil du so lange und unverschämt gebettelt und geklopft hast." Die Jünger nicken zustimmend. „Darum beten wir. Denn wer bittet, der wird bekommen. Wer sucht, der wird finden. Und wer anklopft, dem wird geöffnet. Gott ist ein guter Vater, der uns gibt, worum wir ihn bitten." Jesus schaut die Jünger an: „Kennt ihr einen Vater, der seinem Kind eine Schlange gibt, wenn es ihn um einen Fisch bittet?" Die Jünger schütteln den Kopf. „Oder der ihm einen Skorpion gibt, obwohl es ein Ei will?" „Natürlich nicht!", antwortet Jakobus. Jesus nickt: „Genau. Wenn schon ihr Menschen, die ihr nicht alles richtig macht, euren Kindern gute Dinge gebt, dann wird Gott, euer Vater im Himmel, euch erst recht Gutes geben, wenn ihr ihn darum bittet!"
Jakobus hat es ein bisschen verstanden. Gott weiß, was wir brauchen. Aber er gibt es uns erst, wenn wir ihn darum bitten. Vielleicht auch so oft und unverschämt wie der Mann in der Geschichte.

Vertiefungsfragen

- Worum bittest du Gott schon ganz lange?
- Wofür willst du ihn heute bitten?

Spiele um und mit Süßigkeiten

Bonbons einpacken

Jeweils zwei Kinder bilden ein Team und erhalten ein eingewickeltes Bonbon, das sie auspacken und vor sich auf den Tisch legen. Das eine Kind legt seine rechte Hand hinter den Rücken, das andere die linke Hand. Auf „Los!" müssen alle Teams versuchen, so schnell wie möglich mit nur diesen beiden Händen das Bonbon wieder ordentlich einzupacken und zuzudrehen. Wem gelingt das am schnellsten?
Material: Bonbons

Marshmallow-Wanderung

Die Kinder werden in zwei Mannschaften eingeteilt und setzen sich nebeneinander in eine Reihe. Alle Kinder erhalten einen Zahnstocher, den sie fest zwischen die Lippen pressen und/oder mit den Zähnen gut festhalten müssen. Die jeweils ersten Kinder erhalten ein Marshmallow. Auf „Los!" muss dieses Marshmallow von Kind zu Kind über die Zahnstocher weitergegeben werden. Die Hände dürfen dabei nicht zur Hilfe genommen

werden. Wenn das Marshmallow herunterfällt, muss noch einmal von vorn begonnen werden. Welche Gruppe lässt das Marshmallow schneller wandern?
Material: Marshmallows, Zahnstocher für jedes Kind

Bonbons im Wollknäuel

Ein Wollknäuel wird aufgewickelt, indem immer wieder eingepackte Bonbons eingewickelt werden. Alle Kinder sitzen am Tisch, das präparierte Wollknäuel kommt in eine flache Schale mit Rand. Reihum wird gewürfelt. Bei einer Sechs darf das Wollknäuel abgewickelt werden, wobei ein neues Wollknäuel entstehen sollte (den Anfang dafür vorbereiten). Fällt währenddessen ein Bonbon heraus, darf man es behalten. Währenddessen würfeln die anderen Kinder reihum weiter. Bei einer Sechs muss das erste Kind das Wollknäuel weitergeben und das Kind, das nun die Sechs gewürfelt hat, darf das Wollknäuel weiter abwickeln. Wer hat am Ende die meisten Bonbons?
Material: Wollknäuel, Bonbons, Würfel, Schale

Bonbon-Weitwurf

Die Kinder stellen sich ohne Schuhe an einer Startlinie auf. Dort wird ihnen ein Bonbon bereitgelegt, das sie mit den Zehen packen und dann so weit wie möglich werfen müssen. Wer schafft es am weitesten?
Variante: Das Bonbon wird auf die Stirn gelegt und muss mit einer Kopfbewegung so weit wie möglich nach vorn geschleudert werden.
Material: Bonbons, Kreide oder Kreppklebeband

Bonbon-Transport

Die Kinder werden in Gruppen eingeteilt. Jedes Kind erhält einen Teelöffel, den es zwischen die Lippen nimmt. Jede Gruppe erhält ein Schälchen mit Schokolinsen und ein leeres Schälchen, das in einiger Entfernung aufgestellt wird. Die Kinder stellen sich hintereinander auf. Auf „Los!" muss das erste Kind mit dem Löffel eine Schokolinse aufnehmen, zum leeren Schälchen laufen und es dort wieder abladen. Dann rennt es schnell zurück, klatscht das nächste Kind ab usw. Welche Gruppe hat nach 3 Minuten die meisten Schokolinsen transportiert?
Material: pro Kind einen Teelöffel, pro Gruppe zwei Schälchen, Schokolinsen z. B. Smarties®

Süßigkeiten-Memory

Auf einem Tisch sind mindestens zwanzig Becher umgedreht aufgebaut. Unter jedem Becher befindet sich eine Süßigkeit, jeweils zwei sind gleich. Ein Kind darf zwei Becher aufdecken. Sind beide Süßigkeiten gleich, darf es sie behalten. Sind sie verschieden, werden sie wieder zugedeckt und das nächste Kind ist an der Reihe. Wer ein Süßigkeitenpaar gefunden hat, darf nicht noch einmal.
Material: 20 Becher, 2 x 10 Süßigkeiten

Topfschlagen

Einem Kind, das sich freiwillig gemeldet hat, werden die Augen verbunden. Ein Topf mit einer Süßigkeit wird im Raum versteckt. Das „blinde" Kind erhält einen Kochlöffel, geht in den Vierfüßlerstand und versucht mithilfe des Kochlöffels den Topf zu finden. Die Gruppe darf mit „heiß" und „kalt" dem Kind hilfreiche Tipps geben. Wenn das Kind den Topf gefunden hat, darf es die Süßigkeit behalten.

Material: Topf, Kochlöffel, pro Kind eine Süßigkeit

Schokoschaumkuss-Wettessen

Alle Kinder setzen sich an den Tisch und nehmen die Hände auf den Rücken. Vor jedem Kind steht ein Schokoschaumkuss. Auf „Los!" muss jedes Kind versuchen, ihn so schnell wie möglich zu essen. Wer das als Erstes schafft, hat gewonnen.

Material: pro Kind ein Schokoschaumkuss

Salzbrezeln schnappen

Auf einem Wollfaden werden Salzbrezeln aufgefädelt und im Raum auf Kopfhöhe der Kinder aufgehängt. Die Kinder werden in Gruppen eingeteilt und stellen sich hintereinander auf. Auf „Los!" rennt jeweils das erste Kind der Gruppe zur Schnur und beißt eine Salzbrezel ab. Die Hände dürfen dabei nicht benutzt werden. Dann rennt es zurück und klatscht das nächste Kind der Gruppe ab, das zur Schnur losrennt. Welche Gruppe schafft dies zuerst mit allen Gruppenmitgliedern?

Material: Wollfaden, Salzbrezeln

26. Der ungerechte Verwalter

Bibeltext: Matthäus 18,23-35
Zielgedanke: Weil Gott uns unsere Schuld vergibt, können und sollen wir auch anderen vergeben.

Einstiegsspiel

Luftballon wegnehmen

Die Kinder werden in zwei Gruppen eingeteilt und stellen sich in zwei Reihen mit einigem Abstand gegenüber auf. Jedes Kind erhält eine Nummer. Jede Nummer gibt es in jeder Gruppe. Die beiden Kinder mit der Nummer 1 sollten sich diagonal gegenüberstehen. In die Mitte wird ein Luftballon gelegt. Die Spielleitung ruft eine Zahl. Die beiden Kinder mit dieser Zahl müssen schnell den Luftballon schnappen und auf ihre Seite bringen. Sie dürfen sich dabei den Luftballon aus der Hand reißen oder zerstören. Ist der Luftballon kaputt, endet diese Runde und eine neue Zahl wird genannt. Wer bringt die meisten Luftballons hinter seine Linie?
Material: Luftballons

Einstiegsfragen

- Mit wem hast du dich neulich gestritten? Worüber?
- Bei wem musstest du dich schon einmal entschuldigen? Wie war das?

Vorlesegeschichte

Petrus ärgert sich richtig! Schon wieder hat ihm Nathanael die bequeme Matte weggenommen. Petrus ist müde und k. o. Er hat sich so auf sein Bett gefreut! Bevor er sich für die Nacht hinlegen wollte, hat er sich noch im Bach gewaschen und war „auf der Toilette"! Aber kaum hat er seinen Schlafplatz verlassen, da hat Nathanael schon die Matten getauscht. Petrus könnte platzen vor Ärger! Nathanael behauptet zwar, er wäre das nicht gewesen und die Matte würde ihm gehören. Petrus weiß aber genau, dass das nicht stimmt. Er will keinen Ärger. Aber er will seine Matte wiederhaben. So kann das ja nicht weitergehen. Er wendet sich an Jesus: „Jesus, in den alten Schriften steht doch, dass derjenige bestraft wird, der sich falsch verhält. Du aber sagst immer, wir sollen anderen vergeben. Aber wie oft muss ich jemandem vergeben, der mir immer mal wieder etwas Blödes tut? Reicht es, wenn ich das siebenmal tue?" Jesus antwortet: „Nein, nicht nur siebenmal. Sondern siebzigmal siebenmal! Ich erkläre dir das an einer Geschichte:
Stell dir vor, das Reich Gottes ist ein Königreich. Gott ist der König. Er hat viele Verwalter in seinem Reich, die die Aufgabe haben, das Land zu pflegen und zu bewirtschaften. Immer mal wieder macht der König mit den Verwaltern die Abrechnung. Sie bringen ihm, was sie ihm schuldig sind. An so einem Abrechnungstag kommt auch ein Verwalter, der dem

König 360.000 kg Silber schuldet. (Erklärung: Das sind heute ungefähr 155 Millionen Euro). Aber er hat gar nichts! Er kann nicht einen Taler zurückbezahlen. Da trifft der König eine Entscheidung: Er soll darum als Sklave verkauft werden. Auch seine Frau und seine Kinder sollen als Sklaven arbeiten. Und alles, was er sonst noch hat, soll verkauft werden. So bekommt der König wenigstens etwas von dem wieder zurück, was der Verwalter ihm schuldet. Da fällt der Verwalter vor dem König auf die Knie und fleht ihn an: ‚Hab doch Geduld mit mir, ich werde dir alles zurückzahlen, was ich dir schuldig bin!' Der König bekommt Mitleid mit dem Verwalter und sagt: ‚Nein, du musst mir gar nichts zurückbezahlen. Ich streiche deine Schuld, du bist frei und kannst noch einmal von vorn anfangen.'
Als der Verwalter den Thronsaal des Königs verlässt, trifft er einen anderen Verwalter des Königs. Der schuldet ihm 100 Silberstücke (Erklärung: Das sind heute ungefähr 145 Euro.) Der erste Verwalter packt den Schuldigen am Hals, würgt ihn und schreit: ‚Bezahle alle deine Schulden!' Da fällt auch dieser zweite Verwalter auf die Knie und sagt: ‚Hab doch Geduld mit mir, ich werde dir alles zurückzahlen, was ich dir schuldig bin!' Aber das will der erste Verwalter nicht, er will sein Geld sofort. Darum lässt er den zweiten Verwalter ins Gefängnis werfen, so lange bis er die 100 Silberstücke bezahlt hat. Die anderen Verwalter, die gekommen sind, um dem König ihre Schulden zu bezahlen, haben das mitbekommen. Sie finden das unmöglich, was der erste Verwalter gemacht hat. Sie sind empört! Sie gehen zum König und erzählen ihm, was sie da gerade gesehen und gehört haben. Da lässt der König den ersten Verwalter zu sich rufen und sagt zu ihm: ‚Du bist ein böser Mensch! Ich habe dir deine ganze, riesige Schuld erlassen, weil du mich angefleht hast. Und du? Warum hast du dem anderen nicht vergeben, so wie ich dir vergeben habe?' Der König ist sehr zornig. Er lässt diesen bösen Verwalter so lange bestrafen, bis er alle Schuld zurückbezahlt hat. Und so macht es Gott mit den Menschen, die anderen nicht von Herzen vergeben."
Petrus ist nachdenklich geworden. Mit Jesus hat sich in seinem Leben alles verändert. Er hat ihm klargemacht, dass Gott ihm alle Schuld vergeben hat, ohne dass er dafür ein Opfer im Tempel darbringen muss. Sollte er dann nicht auch Nathanael vergeben?

Vertiefungsfragen

- Was würdest du tun, wenn dir jemand eine Schuld von 155 Millionen Euro erlässt? (Je nach Gruppe muss erst erklärt werden, wie viel 155 Millionen Euro sind, z. B. 400 Häuser.) Hast du schon mal erlebt, dass dir jemand vergeben hat? Hast du dich danach besser verhalten oder ist es dir immer wieder passiert, dass du etwas falsch gemacht hast, z. B. dich mit deinen Geschwistern gestritten?
- Manche Menschen verärgern uns, weil sie etwas kaputt machen, Lügen über uns erzählen, uns etwas wegnehmen. Der Ärger staut sich in uns auf wie in einem Luftballon (Luftballon aufblasen). Sie entschuldigen sich bei uns, dann ist es wieder okay (Luft aus dem Luftballon ablassen). Aber wenn sie dann dasselbe wieder machen, ist der Ärger wieder da (Luftballon wieder aufblasen). Sie entschuldigen sich (Luft aus dem Luftballon lassen), sie ärgern uns wieder (Luftballon wieder aufblasen) ... Wenn sich jemand bei uns entschuldigt, aber den gleichen Fehler immer wieder macht, dann ärgern wir uns immer mehr. So wie sich ein Luftballon, der schon einmal aufgeblasen war, viel leichter wieder aufblasen lässt. Wie kann Gott diesen „Luftballon" in uns platzen lassen?

Spiele mit Luftballons

Küchenvolleyball

Jedes Kind besorgt sich aus der Küche im Gemeinde- oder Vereinshaus einen Gegenstand z. B. einen Schneebesen, einen Kochlöffel, ein Brettchen o. Ä. Gibt es vor Ort keine Küche, sollten diese Gegenstände von zu Hause mitgebracht werden. (Wenn nicht verraten wird, wozu der Gegenstand gebraucht wird, wird das Spiel lustiger.) Dann werden die Kinder in zwei Gruppen eingeteilt, die sich auf Stühlen mit einem Abstand von 1,50 m in Reihen gegenübersitzen. Die Spielleitung wirft einen Luftballon in die Mitte. Die Kinder müssen nun mit ihrem Küchenutensil versuchen, den Luftballon hinter die gegnerische Gruppe zu schlagen. Dabei müssen alle Kinder auf dem Stuhl sitzen bleiben. Gelingt es, erhält die Gruppe 1 Punkt und es wird wieder aus der Mitte begonnen. Wer bekommt die meisten Punkte?

Material: Luftballons, Küchenutensilien (z. B. Schneebesen, Kochlöffel, Brettchen o. Ä.)

Luftballons fliegen lassen

Jedes Kind bekommt einen Luftballon. Der Luftballon wird aufgeblasen, aber nicht zugeknotet. An einer Startlinie stellen sich alle Kinder auf, halten den Luftballon mit der Öffnung zu sich und lassen ihn los. Wessen Luftballon am weitesten fliegt, gewinnt.

Material: für jedes Kind einen identischen Luftballon, Kreppklebeband/Kreide

Luftballon-Lieder raten

Die Kinder werden in Gruppen eingeteilt. Ein Mitarbeiter oder eine Mitarbeiterin hat einen Luftballon, der aufgeblasen, aber nicht zugeknotet ist. Mit diesem Luftballon wird der Rhythmus eines bekannten Liedes gequietscht, indem die Öffnung des Luftballons rhythmisch auseinandergezogen wird. Wenn eine Gruppe meint, das Lied zu kennen, meldet sie sich und darf lösen. Ist die Antwort richtig, erhält sie 1 Punkt, ist es falsch, wird weitergequietscht, bis das Lied erraten ist.

Material: Luftballon

Luftballontransport

Die Kinder werden in Zweiergruppen eingeteilt und erhalten einen aufgeblasenen und zugeknoteten Luftballon. Diesen Luftballon müssen sie Stirn an Stirn einklemmen und eine bestimmte Strecke oder einen Hindernisparcours laufen. Dabei darf der Luftballon nicht herunterfallen. Die Zeit wird gestoppt. Wer ist am schnellsten?

Variante: Der Luftballon wird zwischen den Bäuchen oder den Rücken eingeklemmt.

Material: Luftballons, Stoppuhr, Hindernisse für einen Parcours

Luftballon zertreten

Jedes Kind erhält einen aufgeblasenen und zugeknoteten Luftballon, den es mit einer Schnur an sein Fußgelenk bindet. Nach einem Startsignal versuchen alle Kinder gleichzeitig, den Luftballon der anderen zu zertreten, ohne dass der eigene Luftballon kaputtgeht. Wer keinen Luftballon mehr hat, scheidet aus. Wer hält durch bis zum Schluss?

Material: Luftballons, Schnur

Luftschwertkampf

Jedes Kind erhält einen länglichen, aufgeblasenen und zugeknoteten Luftballon. Immer zwei Kinder kämpfen gegeneinander und versuchen, mit dem Luftballon die Beine des anderen zu treffen. Wer getroffen wurde, scheidet aus. Die Sieger/Siegerinnen kämpfen jeweils gegeneinander. Wer schlägt alle anderen?

Material: längliche Luftballons

Luftballonliege

Immer zwei Kinder bilden eine Gruppe. Sie erhalten ein Handtuch und einen aufgeblasenen und zugeknoteten Luftballon. Die Kinder halten das Handtuch an allen vier Ecken gespannt, der Luftballon wird auf das Handtuch gelegt und muss so durch einen Parcours transportiert werden, ohne dass er vom Handtuch fällt. Wer schafft das am schnellsten?

Material: Handtuch, Luftballon, Stoppuhr, Hindernisse für einen Parcours

27. Der Vater und seine zwei Söhne

Bibeltext: Lukas 15,11-32
Zielgedanke: Kinder Gottes gehen nie verloren, sondern bleiben immer seine Kinder, egal was sie getan haben.

Einstiegsspiel

Puzzle zusammensetzen

Mehrere Kalenderblätter werden in so viele Teile geschnitten, wie Kinder anwesend sind. Jedes Kind erhält ein Puzzleteil. Auf „Los!" müssen alle Kinder die anderen Kinder finden, die ebenfalls Teile ihres Bildes haben, und das Puzzle zusammensetzen. Welche Gruppe sich zuerst gefunden und das Puzzle fertig hat, gewinnt.
Material: Kalenderblätter, Schere

Einstiegsfragen

- Wie haben deine Eltern reagiert, als du etwas kaputt gemacht hast?
- Versuchst du, einen Fehler selbst wieder in Ordnung zu bringen? Oder wen bittest du um Hilfe?

Vorlesegeschichte

Judas hat ein schlechtes Gewissen. Matthäus hat ihn genervt, da hat er einfach die Geduld verloren und ihn angeschrien. Jetzt tut es ihm leid. Ob Gott ihm überhaupt noch verzeihen will? So oft ist ihm das schon passiert, da ist doch irgendwann Gottes Geduld mit ihm zu Ende, oder nicht? Die Jünger sind mit Jesus unterwegs nach Galiläa. Eine gute Gelegenheit, um mit Jesus darüber zu reden. Judas beschleunigt seine Schritte und läuft neben Jesus her. „Du, Jesus, ich war vorhin unmöglich zu Matthäus. Ich habe mich bei ihm entschuldigt, das ist jetzt wieder okay. Aber wird Gott mir auch verzeihen?" Jesus schaut Judas freundlich an. Er hat Judas lieb. Judas ist einfach ganz besonders.
„Du kannst dir die Frage gleich selbst beantworten", sagt Jesus. „Ich erzähle dir eine Geschichte." Inzwischen haben auch die anderen mitbekommen, dass zwischen Judas und Jesus eine interessante Unterhaltung begonnen hat. Sie versuchen, die beiden einzuholen, um nichts zu verpassen. „Ein Mann hatte zwei Söhne. Sie wohnten auf einem großen Hof. Eines Tages sagte der jüngere Sohn: ‚Vater, gib mir den Teil von deinem Besitz, der mir zusteht. Ich will nicht mehr hier wohnen bleiben und jeden Tag arbeiten.' Da war der Vater traurig, aber er überschrieb seinem Sohn die Felder, die ihm gehören sollten. Ein paar Tage später hatte der jüngere Sohn einen Käufer dafür gefunden. Er packte seine Sachen und das Geld zusammen und reiste ab. Er ging in ein fernes Land und verschleuderte dort alles Geld, das er für die Felder bekommen hatte.

Aber dann gab es in diesem Land eine Hungersnot. Der Sohn hatte nichts mehr. Er bat um Hilfe. Aber niemand gab ihm etwas zu essen. Nur einer ließ ihn auf seine Schweine aufpassen. Der Sohn war so hungrig, dass er am liebsten das Schweinefutter gegessen hätte. Da dachte er an seinen Vater und an die Angestellten bei ihm. Denen ging es viel besser als ihm hier im fremden Land. Er traf den Entschluss, wieder nach Hause zu gehen und dort als Arbeiter sein Geld zu verdienen.
Als der väterliche Hof schon in Sichtweite war, staunte der Sohn nicht schlecht. Sein Vater stand am Hoftor und hielt nach ihm Ausschau. Als er seinen Sohn erkannte, lief er ihm entgegen, fiel ihm um den Hals und küsste ihn. So sehr hatte der Vater seinen jüngeren Sohn vermisst. Aber der Sohn fiel vor ihm auf die Knie und bat um Verzeihung. Er wollte als Arbeiter hier wohnen. ‚Papperlapapp!', sagte der Vater, ‚du bist noch immer mein Sohn! Und du bist zurück! Das muss gefeiert werden.' Er ließ ein großes Fest vorbereiten. Am Abend tanzten und feierten sie ausgelassen.
Der ältere Sohn war noch auf dem Feld und hatte die Rückkehr seines Bruders nicht mitbekommen. Als er abends nach Hause kam, hörte er die Musik und das Lachen der Feiernden. Er fragte einen Knecht: ‚Was ist da los? Habe ich etwas verpasst?' ‚Ja, dein Bruder ist wieder zurück!', antwortete dieser. Da war der ältere Sohn sauer und wollte nicht mitfeiern. Der Vater ging zu ihm und wollte ihn zum Fest einladen. Aber der ältere Sohn sagte: ‚Für mich hast du nie so ein Fest gefeiert, obwohl ich nicht so verantwortungslos mit deinem Besitz umgegangen bin.' ‚Aber mein Junge, dich habe ich auch lieb. Du bist doch jeden Tag bei mir und alles, was ich habe, gehört auch dir. Jetzt aber feiern wir, dass dein Bruder zurück ist. Ich dachte schon, er sei tot. Aber er ist lebendig und wieder bei unserer Familie. Das muss gefeiert werden!'"
Judas ist es ganz warm ums Herz geworden. Wenn Gott so ist wie dieser Vater, dann muss er keine Angst haben, dass Gott ihm nicht vergibt. Er darf einfach in Gottes Arme laufen.

Vertiefungsfragen

- Was findest du an dem Vater besonders gut?
- Warum ist der ältere Sohn sauer? Was will der Vater ihm sagen?

Spiele auf der Reise

Erbe verteilen

Der Besitz wird zwischen den Söhnen aufgeteilt. Dazu werden die Kinder in Gruppen eingeteilt und erhalten ein Schälchen mit Linsen und Erbsen sowie ein leeres Schälchen. Jedes Kind erhält einen Strohhalm. Auf „Los!" müssen die Kinder durch Ansaugen der Erbsen oder Linsen die beiden trennen. Welche Gruppe zuerst fertig sortiert hat, gewinnt das Spiel.
Material: Linsen und Erbsen, Schälchen, pro Kind 1 Strohhalm

Koffer packen und abreisen

Die Kinder werden in Gruppen eingeteilt und erhalten einen leeren Koffer. Nun nennt die Spielleitung etwas, das in den Koffer gepackt werden muss. Wer es zuerst bringt und in den Koffer legt, erhält 1 Punkt. Wer am Ende die meisten Punkte hat, gewinnt. Dinge, die in den Koffer gepackt werden können, sind z. B. Liederbuch, Jacke, Löffel, Gänseblümchen, Gegenstand, der mit S beginnt, usw.
Material: leere Koffer, Liste mit Dingen

Reise in ein fernes Land

Die Kinder werden in zwei Gruppen eingeteilt und erhalten drei kippsichere Stühle (für fünf Kinder oder fünf Stühle für acht Kinder, entsprechend anpassen). Von der Startlinie aus müssen sie so schnell wie möglich als ganze Gruppe über die Ziellinie, die 10 m von der Startlinie entfernt liegt. Die Kinder dürfen nur über die Stühle gehen, der Boden darf nicht berührt werden. Die freien Stühle von hinten werden dabei nach vorne gegeben. Welche Gruppe schafft dies zuerst?
Material: kippsichere Stühle, Kreide oder Kreppklebeband

Tanzpartner finden

Alle Kinder erhalten einen zusammengefalteten Zettel, auf dem eine Nummer steht. Zur Musik wird getanzt und die Kinder tauschen immer wieder mit anderen Kindern ihren Zettel. Stoppt die Musik, falten alle ihren Zettel auseinander und lesen ihre Nummer. Jetzt müssen sie so schnell wie möglich ihren Partner oder ihre Partnerin finden. Wer schafft es am schnellsten? Dann werden die Zettel wieder zusammengefaltet und die Musik und das Spiel startet von Neuem.
Material: Zettel mit Nummern, Musik und Abspielgerät

Geld ausgeben

Alle Kinder erhalten fünf Glasnuggets (oder echtes Geld), die es loszuwerden gilt. Dazu würfelt jedes Kind dreimal. Wer mehr als zwölf Augen hat, bekommt ein Glasnugget, wer weniger hat, darf eines abgeben. Wer ist zuerst sein Geld los?
Material: pro Kind 5 Glasnuggets und weitere Glasnuggets, Würfel

Schweine hüten

Ein Kind ist der Schweinehirt, die anderen Kinder spielen die Schweine. Sie versuchen, aus dem Gehege auszubrechen und abzuhauen. In einem begrenzten Spielgebiet versucht der Schweinehirt, die anderen Kinder abzuklatschen. Wer gefangen wurde, stellt sich in den Vierfüßlerstand. Das Kind kann erst wieder weiterrennen, wenn ein anderes Kind zwischen seinen Armen und Beinen unter ihm hindurchgekrabbelt ist. Gelingt es dem Schweinehirten, alle Schweine gleichzeitig zu fangen?
Material: keines

Rückkehr

Die Kinder werden in zwei Gruppen eingeteilt und stellen sich rückwärts mit gegrätschten Beinen hintereinander an der Startlinie auf. Das vorderste Kind krabbelt rückwärts durch die gegrätschten Beine und stellt sich hinter das letzte Kind. Das jetzt erste Kind krabbelt ihm hinterher usw. Welche Gruppe zuerst die Ziellinie erreicht, gewinnt.
Material: Kreide oder Kreppklebeband für die Start- und Ziellinie

Party feiern

Alle Kinder tanzen zur Musik durch den Raum. Wenn die Musik stoppt, ruft die Spielleitung etwas, das ab jetzt gemacht werden muss, z. B. auf einem Bein hüpfen, jedem winken, an dem man vorbeitanzt, so viele Hände wie möglich abklatschen, ganz traurig tanzen usw.
Material: Musik und Abspielgerät

Geschenketisch

Die Kinder werden in Gruppen eingeteilt. Auf einem Tisch werden 1 Minute lang verschiedene Geschenke gezeigt, z. B. ein Buch, ein Spielzeugauto, ein Ring, etwas zum Anziehen usw. Die Kinder müssen sich alles gut einprägen. Nach 1 Minute werden alle Geschenke mit einem Tuch zugedeckt und die Kinder haben wiederum 1 Minute Zeit, alle Geschenke zu notieren. Anschließend wird verglichen und gezählt, wer die meisten Geschenke noch gewusst hat.
Material: Gegenstände (z. B. Buch, Spielzeugauto, Ring, Kleidung usw.), Papier und Stifte, Stoppuhr

28. Vom Pharisäer und Zöllner im Tempel

Bibeltext: Lukas 18,9-14
Zielgedanke: Gott sieht, was wir im Herzen haben, und lässt sich nicht von dem, was wir vor anderen zur Schau stellen, beeindrucken.

Einstiegsspiel

Gute Vorsätze

Jedes Kind denkt sich einen guten Vorsatz aus, den sich manche Menschen vornehmen (z. B. mehr lesen, weniger Computer spielen, mehr Sport machen usw.), und schreibt ihn auf einen Zettel. Umso außergewöhnlicher die Vorsätze sind, umso besser. Die Zettel werden eingesammelt und gemischt. Dann zieht ein Kind einen Zettel und zeichnet den Vorsatz auf ein Plakat. Zahlen und Buchstaben sind dabei nicht erlaubt. Wer den Vorsatz erraten hat, darf den nächsten Zettel ziehen und malen.
Material: kleine Zettel und Stifte, Plakat

Einstiegsfragen

- Was hast du dir schon mal (z. B. an Silvester) vorgenommen zu ändern (Gewohnheiten, mehr Ordnung halten usw.)?
- Welchen guten Vorsatz konntest du lange durchhalten und welche Vorsätze nicht? Warum?

Vorlesegeschichte

„Dass immer diese Verkrüppelten und kaputten Menschen zu dir kommen, Jesus, finde ich ja okay. Du bist jemand, der ihnen zuhört, der ihnen hilft, der sie heilt. Mit denen will ja sonst keiner was zu tun haben. Aber ganz ehrlich: Ich bin froh, dass ich nicht so bin." Jetzt ist es raus. Einer hat es gewagt zu sagen, was manche von ihnen heimlich denken: „Zum Glück bin ich nicht so wie die vielen anderen! Mein Leben läuft gut. Ich bin kein Verbrecher, kein Ausbeuter wie die Zöllner, kein Aussätziger, kein Ausgestoßener. Ich bin mit mir und Gott im Reinen. Ich bin nur hier, weil ich Jesus toll finde, nicht, weil ich ihn brauche."
Die Jünger schauen sich an. Manche nicken zustimmend, andere schauen peinlich berührt und ertappt zu Boden. „Ich erzähle euch mal eine Geschichte.", sagt Jesus und ohne weiter auf die Gedanken des Jüngers einzugehen, beginnt er zu erzählen. „Es gingen einmal zwei Menschen in den Tempel, um zu Gott zu beten. Der eine Mensch war ein Pharisäer, der andere ein Zöllner. Der Pharisäer stellte sich ganz vorne hin, schaute nach oben und betete laut: ‚Gott, ich danke dir, dass ich nicht so bin wie die anderen Leute, wie die

Räuber, die Betrüger, die Ehebrecher oder wie dieser Zöllner da drüben zum Beispiel. Ich faste zweimal in der Woche und von allem, was ich verdiene, gebe ich zehn Prozent als Spende ab.' Der Zöllner aber ging ganz weit weg in eine Ecke, wo er nicht so gut gesehen werden konnte. Er schaute betreten zu Boden und betete: ,Herr, ich bin ein Sünder. Bitte vergib mir!' Wem, glaubt ihr, vergibt Gott die Schuld?" Stille. Niemand sagt etwas. Denn es ist keine Frage, auf die Jesus eine Antwort erwartet, das ist den Jüngern klar.
Jesus spricht weiter: „Wer sich selbst für groß und fehlerfrei hält, den wird Gott unbedeutend machen. Und wer sich selbst für unbedeutend hält, der wird von Gott groß gemacht werden." Immer noch traut sich keiner, etwas zu sagen. Jesus hat sie ertappt. Auch wenn sich die Jünger besser fühlen, weil sie keine Verbrecher, Lügner, Ehebrecher, Diebe oder Ausbeuter sind, so sind sie doch auch Menschen, die Fehler machen. So wie alle Menschen. Keiner ist perfekt. Und wenn man es noch so sehr versucht, es klappt nicht, einen Tag alles richtig zu machen. Gott will diese Fehler vergeben. Jeden Tag neu. Aber das geht natürlich nur, wenn man einsieht, dass man ihn braucht. Wer meint, er kommt ohne Gott klar, der muss auch ohne Gott klarkommen. Weil Gott sich nur denen zuwendet, die auch etwas von ihm erwarten. So wie die vielen Menschen, die jeden Tag zu Jesus kommen: die Kranken, die Ausgestoßenen, die Verzweifelten.
Die Jünger haben verstanden, was Jesus sagen will. Sie alle brauchen Gott: all diejenigen, die in Not sind, weil sie krank sind oder sich in ihren Lügen verstrickt haben. Und auch diejenigen, die beliebt sind und scheinbar ihr Leben gut und anständig leben. Denn niemand ist perfekt.

Vertiefungsfragen

- Was ist genau der Unterschied zwischen dem Gebet des Pharisäers und dem des Zöllners?
- Wenn Gott uns unsere Fehler vergibt, wie sollen wir dann leben: so wie der Pharisäer, indem wir versuchen alles richtig zu machen, oder falsch wie der Zöllner?

Spiele für Angeber

Hinter der Fassade

Die Kinder werden in zwei Gruppen geteilt und setzen sich auf den Boden. Zwischen die Kinder wird ein großes Tuch gehalten, vor den Kindern steht jeweils ein Stuhl. Von jeder Gruppe setzt sich ein Kind auf den Stuhl. Die Mitarbeitenden lassen das Tuch fallen. Wer zuerst den Namen des anderen Kindes sagen kann, erhält 1 Punkt.
Material: großes Tuch, 2 Stühle

Wahlrede

Die Kinder werden in kleinere Gruppen eingeteilt oder spielen jedes für sich. Alle erhalten eine Zeitungsseite und markieren darauf fünf Wörter. Dann werden die Zeitungsseiten getauscht. Jedes Kind oder jede Gruppe hat nun 5 Minuten Zeit, sich eine Wahlrede auszudenken, in der zum Ausdruck kommt, warum es das beste Kind ist, das gewählt werden muss. In dieser Rede müssen die fünf markierten Wörter vorkommen.

Wer hält die beste und lustigste Rede? Jedes Kind oder jede Gruppe erhält Zettel und Stift und bewertet die Rede mit Punkten von 10 (super) bis 1 (mies). Anschließend werden die Punkte zusammengezählt und das Gewinnerkind beziehungsweise die Gewinnergruppe ermittelt.
Material: Zeitung, Markierungsstifte, Papier und Stifte, Stoppuhr

Wetten, ich kann ...?

Die Kinder nennen etwas, wovon sie glauben, dass sie es besser können als alle anderen, z. B. schnell rennen, das Alphabet rückwärts aufsagen, eine lange Apfelschale schälen, ein Lied auswendig singen, Seil hüpfen usw. Dies schreiben sie mit ihrem Namen auf einen Zettel, falten ihn zusammen und werfen ihn in eine Schüssel. Nun werden alle Zettel gemischt und ein Kind zieht einen Zettel. Jetzt muss es in der vorgeschlagenen Disziplin gegen das Kind, das den Zettel geschrieben hat, antreten. Wer es schafft, erhält 1 Punkt. Wer hat am Ende mehr als 1 Punkt?
Material: je nach Disziplin: Man kann die Kinder auch im Vorfeld bereits informieren, sodass sie die Materialien schon mitbringen können.

Basisspiel: Schlag den Stab

Die Kinder werden in mehrere Gruppen eingeteilt. Jeweils eine Person der Gruppe versucht in einer Disziplin besser als eine Person aus dem „Mitarbeiterstab“ zu sein. Dafür wird jeweils nur die Kategorie genannt, z. B. Geschicklichkeit, Wissen, Kraft, Schnelligkeit usw. Ein Kind aus jeder Gruppe wird ausgewählt, dann wird das Spiel erklärt. Wer das Spiel gewinnt (Kinder oder Mitarbeitende) erhält für das erste Spiel 1 Punkt, für das zweite Spiel 2 Punkte usw. Wer nach zehn Spielen die meisten Punkte hat, gewinnt.

Ballgefühl

Ein Tischtennisball wird aus Bauchnabelhöhe losgelassen und muss mit einem Becher wieder aufgefangen werden. Alle haben fünf Versuche. Wie oft landet der Ball im Becher? Das beste Kind wird gegen den Mitarbeiter oder die Mitarbeiterin gewertet. Wer gewinnt, erhält die Punkte für dieses Spiel.
Material: Tischtennisball, Becher

Feingefühl

Auf eine Flaschenöffnung wird ein Stapel Spielkarten gelegt. Abwechselnd (Kind, dann Mitarbeiter/Mitarbeiterin) wird so auf die Karten geblasen, dass mindestens eine Karte vom Stapel fällt. Es muss allerdings auch mindestens eine Karte oben bleiben. Wer die letzte Karte von der Flasche pustet, verliert. Es werden drei Durchgänge gespielt. Wer gewinnt, erhält die Punkte für dieses Spiel.
Material: leere Glasflasche, Kartenspiel

Wissen

Verschiedene Quizfragen werden gestellt, die dem Wissensstand der Kinder angepasst sind. Wer sie zuerst beantwortet, erhält 1 Punkt. Wer nach elf Fragen die meisten richtigen Antworten abgegeben hat, erhält die Punkte für dieses Spiel.
Material: Quizfragen (z. B. von www.raetseldino.de (letzter Zugriff am 29.04.2025))

Geschicklichkeit

Auf einem Blatt Papier wird eine Rennstrecke aufgezeichnet und mehrfach kopiert. Jeder Spieler / jede Spielerin erhält einen Stift und muss damit fünfmal die Rennrunde nachzeichnen. Dabei wird die Zeit gestoppt. Wird mit dem Stift der Rand überfahren, gibt es 3 Strafsekunden zusätzlich. Wer die Rennstrecke am schnellsten schafft, erhält die Punkte für dieses Spiel.
Material: kopierte Rennstrecke, Stifte, Stoppuhr

Kraft

Ein Buch muss am ausgestreckten Arm so lang wie möglich gehalten werden. Die Person aus dem Mitarbeiterteam erhält eventuell ein schwereres Buch. Wer es am längsten schafft, erhält die Punkte für dieses Spiel.
Material: Bücher

Weitsicht

Ein Puzzle mit 49 Teilen muss in fünf Minuten so weit wie möglich gepuzzelt werden. Anschließend wird das längste zusammenhängende Stück gezählt.
Material: mehrere Puzzles mit 49 Teilen

Intelligenz

Alle erhalten ein Sudoku und müssen es so schnell wie möglich lösen. Wer das zuerst schafft, erhält die Punkte für dieses Spiel.
Material: Sudoku mehrfach kopiert, Stifte

29. Der gute Hirte

Bibeltext: Johannes 10,1-16
Zielgedanke: Gott sorgt für uns wie ein Hirte für seine Schafe.

Einstiegsspiel

Den Stall finden

Alle Kinder sind Schafe und ihnen werden die Augen verbunden. Sie dürfen nicht miteinander reden. Ihre Aufgabe ist es, den Stall zu finden. Der Stall ist durch etwas Heu auf dem Boden markiert. Alle Kinder gehen in den Vierfüßlerstand und krabbeln so durch den Raum, bis sie das Heu gefunden haben. Der Spielbereich muss dafür deutlich abgegrenzt sein. Wer findet zuerst den Stall, wer zuletzt? Haben die Kinder sich gegenseitig geholfen?
Material: Heu, Augenbinde für jedes Kind, Abgrenzungen für den Spielbereich

Einstiegsfragen

- Woran hast du dich orientiert?
- Wie ist es, wenn man im Dunkeln steht und nicht weiß, wohin man gehen muss?

Vorlesegeschichte

Bald ist Chanukka, das Tempelfest. Jeden Tag wird ein Licht mehr angezündet, bis nach acht Tagen der ganze Leuchter brennt. Alle feiern und sind fröhlich. Jesus und seine Jünger wollen das Tempelfest in Jerusalem feiern. Sie sind auf dem Weg dorthin. Es ist kalt und Simon hofft, dass sie bald eine Bleibe für die Nacht finden. Da vorne kann er schon ein flackerndes Licht entdecken. Vielleicht dürfen sie dort über Nacht bleiben.
Beim Näherkommen entdecken sie, dass das flackernde Licht ein Lagerfeuer ist. Ein paar Hirten sitzen davor und rösten ihr Brot zum Abendessen. Es riecht gut. Jesus und die Jünger werden eingeladen, sich zu ihnen zu setzen und mit ihnen zu essen. Simon ist froh über das Feuer. Er streckt seine kalten Finger und steifen Zehen in die Wärme. Das Brot der Hirten ist lecker und der Tee, den sie reichen, schmeckt erdig, aber gut. Simon wird auch von innen warm. Er schaut die anderen Jünger an, ihnen scheint es ähnlich zu gehen.
Die Hirten sind schweigsame Kameraden. Nur schleppend kommt ein Gespräch in Gang. „Wer seid ihr eigentlich?“, traut sich einer der Hirten zu fragen. „Ich bin Simon, und das sind Andreas, Petrus, Johannes, Jakobus, Bartholomäus ...“ „Ja, ja, ja, wir können unseren Namen schon selbst sagen!“, fährt ihm Matthäus ins Wort. Er stellt sich vor, alle anderen tun es ihm gleich. Als Jesus an der Reihe ist, stockt er kurz, dann sagt er. „Ich bin der gute Hirte.“ Was?! Alle schauen ihn überrascht an. „Aber wo sind dann deine Schafe?“, fragt einer der Hirten. „Ich kenne alle, die zu mir gehören, jeden Einzelnen mit Namen, und sie kennen mich. Ihr wisst es selbst am besten: Einem Fremden folgen die Schafe nicht. Sie kennen ihn nicht. Wenn er sie ruft, dann fliehen sie vor ihm. Ihrem Hirten aber folgen sie.

Wenn er jedes bei seinem Namen ruft, dann kommen sie und laufen ihm hinterher. Denn sie wissen: Der Hirte führt sie aus dem Stall nach draußen ins Freie, wo sie gutes Futter finden. Ich bin dieser gute Hirte."
Schweigen. Dann räuspert sich einer der Hirten. „Also, wenn ich das richtig verstehe, dann meinst du mit Schafen die Menschen, die dich kennen und mit dir unterwegs sind, so wie diese Männer hier." „Ja, genau", antwortet Jesus. „Aber nicht nur die Jünger, die Tag und Nacht bei mir sind, sondern auch diejenigen, die glauben, dass Gott mich geschickt hat. Alle, die glauben, dass ich der gute Hirte bin. Ich bin sogar bereit, für die Schafe zu sterben, nicht so wie jemand, der die Schafe nur für Geld hütet. Wenn ein Wolf kommt, dann haut er ab, um seine eigene Haut zu retten. Ich aber lasse niemanden im Stich!"
„Gott ist der gute Hirte", sagt ein anderer Hirte. „Das kenne ich. Der Herr ist mein Hirte. Mir wird nichts mangeln ..." Und alle stimmen ein und sprechen die altbekannten Verse. Sie haben zwar nicht alles verstanden, aber die freundliche Art Jesu gibt ihnen recht: Er ist ein guter Hirte, der für die Menschen sorgt.

Vertiefungsfragen

- Lest Johannes 10,1-16. Was gibt es noch über den guten Hirten zu entdecken?
- Was bedeutet es heute, dass Jesus dein guter Hirte ist?

Spiele für Hirten

Anschleichen

Es ist Nacht und der Hirte muss seine Schafherde beschützen. Ein Kind, das sich freiwillig gemeldet hat, spielt den Hirten. Ihm werden die Augen verbunden. Es steht an einem Baum und muss verhindern, dass ein anderes Kind (Räuber) den Baumstamm (Schaf) berührt. Alle Kinder stehen im Abstand von 3 m um den Baum herum. Ein Kind wird ausgewählt, das versucht, sich ganz leise an den Baumstamm anzuschleichen und ihn abzuschlagen. Der Hirte muss das verhindern, indem er, sobald er etwas hört, das Kind versucht abzuschlagen. Wem gelingt es, den Baumstamm zu berühren?
Material: Augenbinde, Baum o. Ä.

Schäferhund trainieren

Alle Kinder stehen im Kreis, ein Kind (Schäferhund) steht in der Mitte. Die Kinder im Kreis werfen sich gegenseitig einen Ball zu, den das Kind in der Mitte fangen muss. Gelingt es ihm, kommt das Kind in die Mitte, das als Letztes geworfen hat. Bei vielen Kindern können auch zwei „Schäferhunde" in die Mitte. Dann wird mit zwei Bällen gespielt.
Material: Bälle

Mikado

Die Hirten vertreiben sich ihre Langeweile mit Mikado spielen. Dafür suchen die Kinder im Wald Stöcke, die dafür geeignet sind. Dann werden sie auf einer ebenen Fläche als

Pyramide aufgestellt. Die Kinder werden in Gruppen eingeteilt und versuchen abwechselnd, einen Stock von der Pyramide zu nehmen, ohne dass sich ein anderer Stock bewegt. Bewegt sich einer, muss der Stock stehen bleiben und die nächste Gruppe ist an der Reihe. Jede Gruppe darf immer nur einen Stock nehmen. Das Spiel endet, wenn alle Stöcke weg sind. Wer hat die meisten Stöcke? Wenn keine Stöcke zu finden sind, kann auch ein gekauftes Mikado-Spiel für draußen oder drinnen verwendet werden.
Material: viele Stöcke oder Mikado-Spiel

Schaf und Wolf

Ein Kind spielt den Wolf, alle anderen sind die Schafe. Zwei Linien werden im Abstand von ungefähr 15 m auf den Boden aufgemalt, hinter denen die jeweiligen Kinder Position beziehen. Nun nennt der Wolf eine Kategorie, z. B. Obst, Gemüse und auch schafuntypische Begriffe wie Farben, Länder, Kleidungsstücke usw. Für die Kategorie „Obst" würde das Spiel dann so aussehen: Die Kinder einigen sich, wer welches Obst nimmt. Jedes Obst darf nur einmal gewählt werden. Dann stellen sie sich wieder an der Linie auf. Der Wolf ruft: „Mag das Schaf ... einen Apfel?" Hat ein Kind einen Apfel gewählt, dann sprintet es los, rennt über die Linie des Wolfs und wieder zurück. Sobald es wieder über die eigene Linie gerannt ist, ruft es laut: „Schaf!". Der Wolf sprintet ebenfalls los, sobald er sieht, dass ein Kind den Apfel gewählt hat. Er versucht, so schnell wie möglich, die Linie der Schafe zu überqueren und wieder zu seiner eigenen Linie zurückzukehren. Dann ruft er: „Wolf!" Ist er schneller, wird das Schaf zum neuen Wolf (alternativ kann hier auch ein anderes Kind gewählt werden, damit das Schaf nicht „trödelt", um Wolf zu werden). Ist das Schaf schneller, muss der Wolf noch einmal sein Glück versuchen. Hat kein Kind einen Apfel gewählt, muss der Wolf so lange ein Obst rufen, bis ein Kind lossprintet.
Material: Kreide

Wassertransport

Die Schafe sollen mit Wasser versorgt werden. Zum Transport steht aber nur ein Schwamm zur Verfügung. Die Kinder werden in zwei Gruppen eingeteilt und stellen sich jeweils in einer Reihe auf. Auf der einen Seite der Gruppe befindet sich ein Eimer mit Wasser und Schwamm, auf der anderen Seite ein leerer Eimer. Auf „Los!" muss der Schwamm mit Wasser der Reihe nach durch alle Kinderhände zum leeren Eimer gegeben werden. Dort wird er ausgewrungen und wieder zurückgegeben usw. Nach 5 Minuten wird gestoppt und gemessen, wer mehr Wasser transportiert hat.
Variante: Der Schwamm wird nicht vor dem Körper weitergegeben, sondern zwischen den Beinen oder über dem Kopf (bei heißem Wetter).
Material: 4 Eimer, Wasser, 2 Schwämme, Messbecher, Stoppuhr

Hirtenstock-Weitwurf

Der Hirte ist nicht schnell genug, darum will er mit seinem Stab den Wolf vertreiben. Dazu muss jedes Kind von einer Startlinie aus einen Stock so weit wie möglich werfen. Anlauf nehmen ist erlaubt. Die Weite wird gemessen. Wer wirft am weitesten?
Material: Stock, Markierung für die Startlinie, Zollstock

Wolf abschießen

Jedes Kind erhält ein Blatt Papier, das es so zusammenfaltet, dass ein schmaler Papierstreifen entsteht. Darauf schreibt es seinen Namen, damit er später zugeordnet werden kann. Alle Kinder erhalten ein Einmachgummi und stellen sich an einer Startlinie auf. Nun spannen sie das Gummi zwischen Daumen und Zeigefinger und legen den Papierstreifen auf das hintere Gummi, das sie nach hinten ziehen. Wenn sie es loslassen, fliegt der Papierstreifen nach vorn. Wenn alle mehrmals geübt haben, wird eine Pappe, auf die ein Wolf gemalt ist, in entsprechender Entfernung aufgestellt. Nacheinander versuchen die Kinder, ihn zu treffen. Wer trifft, erhält 1 Punkt. Haben alle geschossen, werden die Papiere wieder aufgesammelt und es startet eine weitere Runde. Wer hat am häufigsten getroffen?

Material: pro Kind: 1 Blatt Papier, 1 Stift, 1 Einmachgummi

30. Die Speisung der 5.000

Bibeltext: Markus 6,30-44
Zielgedanke: Gott sorgt für alle!

Einstiegsspiel

Bewegungs-Memory

Ein Kind, das sich freiwillig gemeldet hat, geht vor die Tür. Alle anderen Kinder bilden Paare und denken sich eine gemeinsame Bewegung aus, z. B. an das rechte Ohrläppchen fassen, eine Kniebeuge machen, in die Hand klatschen. Dann mischen sich die Kinder gut durch und das Kind vor der Tür wird hereingerufen. Es zeigt auf zwei Kinder, die ihre Bewegung vormachen. Entdeckt das Kind zwei gleiche Bewegungen, führt es das Paar zusammen, so lange bis alle Kinder sortiert sind. Wie viele Versuche braucht das Kind?
Material: keines

Einstiegsfragen

- Hast du schon einmal in einer großen Menschenmenge deine Eltern verloren? Wie war das?
- Wenn ihr Gäste zu Hause habt, was ist dann anders als sonst?

Vorlesegeschichte

„Mann, bin ich platt!“ Philippus streckt sich und fährt fort: „Aber es war total toll!“ „Ja, bei mir auch“, sagt Johannes. „Ich habe für jemanden mit einer kranken Hand gebetet und danach war alles wieder in Ordnung!“ „So war es bei mir auch!“ Die Jünger reden aufgeregt durcheinander. Jeder hat etwas zu erzählen, was er in der Zeit ohne Jesus erlebt hat. Glücklich sind sie, aber müde. „Kommt“, sagt Jesus, der fröhlich zugehört hat, „lasst uns mit dem Boot woanders hinfahren. Hier kommen ständig Leute. Ihr aber braucht etwas Ruhe.“
Sie steigen in ein Boot und paddeln zum anderen Ufer. Noch bevor sie es erreicht haben, hat sich auch dort schon wieder eine riesige Menschenmenge versammelt. Alle warten sie auf Jesus. „Jesus, da sind auch wieder so viele Menschen!“, sagt einer der Jünger. „Ja“, antwortet Jesus, „sie sind wie Schafe ohne Hirten. Sie brauchen mich.“ Kaum sind sie aus dem Boot gestiegen, wird Jesus schon von Kranken umlagert, die sich Heilung erhoffen. Ein paar Gelehrte wollen ihre Fragen loswerden. Jesus ist beschäftigt. Den ganzen Tag über redet, heilt und tröstet er. Die Jünger haben sich etwas abseits ins Gras gelegt. Manche sind sogar etwas eingeschlafen.
„Wie spät ist es eigentlich? Es wird doch bald dunkel. Ich werde Jesus mal darauf hinweisen. Kommt jemand mit?“, fragt Andreas. Philippus steht auf und begleitet Andreas. „Jesus, ich will ja nicht stören, aber es wird bald dunkel. Schick doch jetzt endlich die

Menschen nach Hause. Hier in der Pampa können sie nicht bleiben. Und außerdem haben sie sicher Hunger und Durst." Jesus schaut Andreas und Philippus an. „Gebt ihr ihnen doch zu essen!", sagt er. „Jesus, soll das ein Witz sein?", fragt Philippus. „Das sind doch mindestens 5.000 Menschen. Wo sollen wir denn so viel Essen herbekommen? Erstens haben wir nicht genug Geld und zweitens wird es kein Geschäft geben, das so schnell so viel Essen herbeibringen kann." „Wie viel Essen habt ihr denn?", fragt Jesus. Andreas und Philippus schauen sich ratlos an. „Nichts", meint Philippus. „Komm, wir fragen mal bei den Leuten rum", sagt Andreas.
Nach kurzer Zeit kommen sie wieder zurück. „Hier, Jesus", sagt Andreas, „fünf Brote und zwei Fische haben wir gefunden, sonst hat keiner was dabei." „Ja, das ist prima", antwortet Jesus. „Sagt den Menschen, sie sollen sich in Gruppen zu je 50 bis 100 Personen setzen." In der Zwischenzeit sind auch die anderen Jünger dazugekommen. Sie helfen den beiden, die Menschenmenge zu ordnen. Nachdem alle Platz genommen haben, nimmt Jesus das Brot, schaut zum Himmel, spricht ein Dankgebet, bricht das Brot in Stücke und gibt es den Jüngern, ebenso die Fische. Die Jünger sollen das Essen unter den Menschen austeilen. „Bekloppt ist das!", denkt Philippus. Aber trotzdem tut er das, was Jesus sagt. Schließlich hat er erst in den letzten Tagen viele Wunder erlebt.
Die Jünger teilen das Essen aus. „Philippus, brauchst du noch was? Hier ist noch ganz viel übrig", ruft Andreas. „Nein, danke", antwortet Philippus, „hier reicht es auch. Davon könnten ja noch mehr Leute satt werden." „Gute Idee, lass uns die Reste wieder einsammeln!", schlägt Andreas vor. Die Jünger staunen nicht schlecht, als sie am Ende zwölf Körbe mit den Resten gefüllt haben. Jesus hat wieder ein Wunder getan. Er sorgt für die Menschen. Auch für ganz alltägliche Sachen wie das Essen.

Vertiefungsfragen

- Warum bittet Jesus die Jünger, den Menschen etwas zu essen zu geben?
- Jesus kann für so viele Menschen aus dem Wenigen der Jünger ganz viel machen. Was sind deine Gaben/Begabungen, die du Jesus geben kannst? Wie kann das gehen?

Spiele mit Zahlen und Würfeln

Bis 20

Jedes Kind muss so nah wie möglich an die 20 würfeln. Dazu würfelt es mit einem Würfel und die gewürfelten Zahlen werden zusammengerechnet. Nach jedem Wurf entscheidet das Kind neu, ob es noch einmal würfelt oder nicht. Wer über 20 gewürfelt hat, scheidet aus. Hat das Kind sich zum Aufhören entschieden, wird die Zahl notiert. Nun ist das nächste Kind an der Reihe. Wer hat die 20 am nächsten getroffen? Möglicherweise muss es hier ein Stechen geben.
Material: Würfel, Papier und Stift

Würfel-Wettlauf

Die Kinder sitzen am Tisch. Zwei Kinder, die sich gegenübersitzen, erhalten einen Würfel. Sie würfeln so lange, bis sie eine Sechs würfeln. Dann wird der Würfel nach rechts weitergegeben. Bei wem sich die Würfel treffen, muss ein Pfand abgeben oder erhält 1 Punkt. Dann werden die Würfel in Startposition gebracht und es wird eine weitere Runde gewürfelt. Wer am Ende ohne Punkt ist oder kein Pfand abgeben musste, hat gewonnen.
Material: Tisch, zwei Würfel

Würfel-Pyramide

Jedes Kind erhält einen Zettel und schreibt in die oberste Reihe eine Eins, in die zweite Reihe zwei Zweier, in die dritte Zeile drei Dreier usw. bis zur Sechs. Dann wird reihum gewürfelt und die gewürfelte Zahl wird durchgestrichen. Hat man die gewürfelte Zahl schon durchgestrichen, gibt man den Würfel an das nächste Kind weiter. Wer zuerst alle Zahlen durchgestrichen hat, gewinnt.
Variante: Die Kinder können auch in Zweierteams spielen, um die Wartezeit zu verkürzen.
Material: Zettel und Stifte, Würfel

Mäxle

Die Kinder sitzen im Kreis. Ein Kind hat einen Würfelbecher mit zwei Würfeln und einer Unterlage. Das Kind würfelt, schaut sich das Ergebnis an, ohne dass die anderen Kinder es sehen, und nennt dem Kind rechts neben sich das Ergebnis. Dabei ist die größere Zahl die Zehnerzahl, die kleinere die Einerzahl. Zwei gleiche Zahlen sind ein Pasch und höher als 65, dabei ist 22 höher als 11 usw. Die höchste Zahl ist die 21 und wird Mäxle genannt. Das Kind gibt den Becher weiter. Das zweite Kind muss entscheiden, ob es dem ersten Kind glaubt oder nicht. Wenn es ihm glaubt, schüttelt es den Becher, schaut darunter und nennt dem Kind rechts neben sich eine Zahl, die höher ist als die des Kindes links neben sich usw. Glaubt das Kind, dass die Zahl gelogen ist, deckt es den Becher auf. War die Zahl richtig, bekommt das zweifelnde Kind 1 Punkt. War es tatsächlich gelogen, erhält das Kind, das gelogen hat, 1 Punkt und darf wieder mit einer neuen Zahl beginnen. Wurde Mäxle gewürfelt, kann dies geglaubt werden, dann bekommt das nachfolgende Kind 1 Punkt und beginnt das Spiel von vorn. Wird Mäxle aufgedeckt, gibt es 2 Punkte, je nachdem wer falsch gelegen hat.
Material: Würfelbecher, Unterlage, 2 Würfel

Würfel-Wanderung

Alle Kinder sitzen im Kreis und würfeln reihum. Dabei merkt sich jedes Kind seine Zahl (es sollten möglichst nicht so viele gleiche Zahlen gewürfelt werden) und seinen Sitzplatz. Dann würfelt die Spielleitung und nennt laut die gewürfelte Zahl. Die Kinder, die diese Zahl auch gewürfelt haben, dürfen einen Platz nach rechts rücken und setzen sich auf den Schoß des Kindes. Dann wird wieder gewürfelt. Hat ein Kind ein anderes Kind auf dem Schoß, darf es nicht weiterrücken, erst wenn es frei ist. So wird immer weiter verfahren, bis ein Kind wieder seinen ursprünglichen Platz erreicht hat.
Material: Würfel

Hausnummern würfeln

Jedes Kind bekommt Zettel und Stift und macht sich darauf drei Kästchen oder Striche. Dann wird reihum einmal gewürfelt. Das Kind entscheidet, ob es die Zahl als Einer-, Zehner- oder Hunderterzahl eintragen will. Dann wird eine zweite und eine dritte Runde gewürfelt. Wer hat am Ende die höchste Zahl?

Variante: Es wird ebenso gewürfelt und aufgeschrieben. Ziel ist es, die niedrigste Zahl zu würfeln.

Material: Würfel, Papier und Stifte

Bonbon befreien

In der Mitte des Tisches steht ein Topf mit der Öffnung nach unten, unter dem eine Süßigkeit versteckt ist. Auf den Boden des Topfes werden viele Streichhölzer, Zahnstocher, Steine o. Ä. gelegt. Nun wird reihum gewürfelt. Jedes Kind muss die Anzahl an Streichhölzern (oder Zahnstochern, Steinen o. Ä.) wegnehmen, die es gewürfelt hat. Wer den letzten Gegenstand wegnimmt, darf den Topf umdrehen und die Süßigkeit essen.

Material: Topf, Würfel, viele Streichhölzer, Zahnstocher, Steine o. Ä., Süßigkeiten

31. Die kanaanäische Frau

Bibeltext: Markus 7,24-30
Zielgedanke: Gott lässt sich bitten. Erhört wird, wer beharrlich bittet.

Einstiegsspiel

Süße Schnur

Auf eine Schnur werden süßsaure Apfelringe, Salzbrezeln o. Ä. gefädelt. Die Schnur wird etwas über Kopfhöhe der Kinder aufgehängt, sodass sie weder so noch indem sie springen die Süßigkeiten mit dem Mund erreichen können. Nacheinander sollen die Kinder mit dem Mund eine Süßigkeit abrupfen. Stühle dürfen dazu nicht verwendet werden. Wer es nicht schafft, soll sich wieder hinten anstellen. Irgendwann sollten die Kinder auf die Idee kommen, dass sie sich gegenseitig helfen und eine Räuberleiter machen können, um die Aufgabe zu lösen.
Material: Schnur, Apfelringe, Salzbrezeln o. Ä.

Einstiegsfragen

- Was willst/wolltest du ganz unbedingt haben? Wie lange hast du bei deinen Eltern darum gebettelt?
- Wie findest du das, wenn dich jemand um etwas anbettelt, z. B. wenn du in der Schule einen besonderen Pausensnack hast und alle etwas abhaben wollen?

Vorlesegeschichte

Endlich mal Pause! Das haben sie wirklich nötig. In Israel können sie keinen Schritt gehen, ohne dass einer etwas von ihnen will. Dass Jesus Menschen gesund machen kann, hat sich wie ein Lauffeuer in Israel verbreitet. Sobald Jesus und seine Jünger irgendwo auftauchen, werden sie von einer Traube kranker und bittender Menschen umringt. Und die strenggläubigen Juden sind auch sofort zur Stelle. Sie kontrollieren, ob alles nach den alten Vorschriften abläuft. Oft sind sie nicht mit dem einverstanden, was Jesus macht. Dann gibt es lange Diskussionen. Das ist anstrengend.
Jetzt ist Jesus mit seinen Jüngern über die Grenze ins Nachbarland gegangen. Sie haben Unterschlupf bei einem Freund gefunden. In seinem Haus können sie eine Weile bleiben, sich erholen, ausschlafen und all ihre Fragen in Ruhe mit Jesus klären. Hier im Ausland kennt sie keiner. Hier wird ein anderer Gott verehrt. Mit dem Gott der Juden und damit auch mit Jesus haben die Menschen hier nichts zu tun. Und Jesus mit ihnen auch nicht. Keine Menschenmengen, keine Diskussionen, das tut gut!
„Herr, hilf mir! Bitte, hab Erbarmen!“ Oh nein, sie wurden doch entdeckt. Wer hat bloß rumerzählt, dass sie hier sind? Auf ihren Gastgeber ist Verlass. Aber Jesus kann scheinbar nicht unerkannt bleiben. „Herr, hilf mir. Meine Tochter ist noch ganz klein, aber sie hat

einen unreinen Geist. Bitte, treibe ihn aus!" Die Frau steht draußen vor dem Haus, aber durch die dünne Hauswand können die Jünger und Jesus sie gut hören. „Jesus, ich weiß, dass du da drin bist. Bitte, hilf mir!"
Na, die glaubt ja wirklich, dass Jesus ihr helfen kann. Sie ist ganz schön beharrlich. Kaum haben sich die Jünger über die Unverschämtheit der Frau empört, sehen sie sie schon durch den Eingang kommen. Es stört sie überhaupt nicht, dass Jesus und die Jünger gerade beim Mittagessen sind. Und es macht ihr auch nichts aus, dass sie ungebeten in ein Haus hineingeht, ohne dass sie jemand hereingebeten hat. Sie muss große Not haben, sonst würde sie sich nicht so unhöflich benehmen!
„Bitte, Jesus, hilf mir!" Jesus hat seine Mahlzeit unterbrochen. „Ich bin zu den Menschen im Volk Israel gekommen. Ihnen will ich helfen und sie retten. Wenn ich dir helfen würde, dann wäre das ja so, als würde ich das Brot den Kindern wegnehmen und es den Hunden vorwerfen. Das kannst du als Mutter doch sicher verstehen." Die Jünger verstehen, was Jesus sagen will. Einer Ausländerin kann er nicht helfen, solange es noch Kranke und Bedürftige in Israel gibt. Recht hat er. Jetzt kann die Frau ja wieder gehen und sie können in Ruhe zu Ende essen. „Aber Herr, die Hunde fressen doch die Krümel unter dem Tisch, die die Kinder haben fallen lassen!", entgegnet die Frau. Sie ist ganz schön schlagfertig. Darüber haben die Jünger nicht nachgedacht. Auch Jesus ist überrascht: „Das war eine kluge Antwort. Du hast recht, auch die Hunde bekommen etwas ab. Weil du das glaubst, will ich dir helfen! Geh nach Hause, deine Tochter ist gesund!"

Vertiefungsfragen

- Gott erhört Gebet. Wofür willst du beten? Wie oft liegst du Gott mit deinem Anliegen in den Ohren?
- Seit Ostern wissen wir, dass Jesus für alle Menschen kam, starb und auferstand. Auch für Ausländer. Was bedeutet das für deinen Umgang mit Menschen, die du nicht so magst?

Spiele mit Keksen und Bröseln

Kekse essen

Die Kinder werden in zwei Gruppen eingeteilt und stellen sich hintereinander auf. Jedes Kind erhält zwei Butterkekse und eine Butterbrottüte. Auf „Los!" essen die jeweils ersten Kinder ihre Butterkekse. Anschließend müssen sie die Butterbrottüte aufblasen und platzen lassen. Wenn man den Knall hört, darf das jeweils zweite Kind die Kekse essen usw. Welche Gruppe hat zuerst alle Kekse gegessen?
Material: pro Kind 2 Butterkekse und 1 Butterbrottüte, Kehrblech und Handfeger

Keksregal

Auf dem Boden werden in einem 3 m x 5 m großen Feld 20 Kekse verteilt (die z. B. auf Papierteller gelegt werden). Die Kinder werden in zwei Gruppen eingeteilt. Einem Kind aus jeder Gruppe, das sich freiwillig gemeldet hat, werden die Augen verbunden und es

wird an die Startlinie geführt. Nun muss es das „Keksregal" von der schmalen Seite aus durchqueren und darf dabei auf keinen Keks treten. Die Gruppe steht an der Seitenlinie und gibt Kommandos.
Variante 1: Die Zeit wird gestoppt, die das Kind für die Durchquerung des „Keksregals" braucht.
Variante 2: Zwei Kinder sind gleichzeitig unterwegs. Wer ist schneller?
Material: mindestens 20 Kekse, Pappteller, Kreide oder Kreppklebeband, Stoppuhr, 2 Augenbinden, Kehrblech und Handfeger

Zwieback-Esser

Alle Kinder sitzen im Kreis. Einem Kind, das sich freiwillig gemeldet hat, werden die Augen verbunden und es erhält eine Zeitungsrolle. Die Gruppe wählt durch Handzeichen ein Kind aus, das jetzt einen Zwieback essen soll. Das Kind bekommt von der Spielleitung einen Zwieback und muss davon abbeißen. Alle Kinder müssen leise sein. Das Kind in der Mitte muss erraten, wer den Zwieback isst, und dieses Kind mit der Zeitungsrolle antippen. Es hat nur zwei Versuche. Hat es richtig getippt, kommt ein anderes Kind in die Mitte.
Material: Zwieback, Zeitungsrolle, Augenbinde

Keks-Check

Verschiedene bekannte Kekssorten (z. B. Butterkeks, Löffelbiskuit, Doppelkeks, Haselnussschnitten usw.) werden in möglichst gleiche Stücke geschnitten/gebrochen. Allen Kindern werden die Augen verbunden und sie erhalten ein Stück Keks in den Mund. Sie müssen die Kekssorte erraten.
Material: verschiedene Kekssorten (z. B. Butterkeks, Löffelbiskuit, Doppelkeks, Haselnussschnitten usw.), pro Kind eine Augenbinde, Kehrblech und Handfeger

Verletzter Keksbäcker

Der Bäcker hat sich beide Arme gebrochen und kann keine Einkaufsliste schreiben. Ein Kind, das sich freiwillig gemeldet hat, nimmt beide Hände auf den Rücken und erhält einen Stift zwischen die Lippen. Auf ein Plakat, das für alle gut sichtbar an der Wand hängt, schreibt es ein Wort auf die „Einkaufsliste". Das Kind, das zuerst das richtige Wort errät, darf das nächste Wort schreiben.
Material: Plakat und Stift

Keksbrösel

Die Kinder werden in mehrere Gruppen eingeteilt und erhalten beliebig viele Butterkekse, dazu ein Sieb und eine leere Schüssel, die vorher gewogen wurde. Die Gruppe hat 2 Minuten Zeit, aus beliebig vielen Keksen Brösel zu machen, die durch das Sieb gestrichen und in der Schüssel aufgefangen werden. Nach 2 Minuten wird gewogen, welche Gruppe die meisten Keksbrösel hergestellt hat.
Material: pro Gruppe 1 Sieb, 1 Schüssel, viele Butterkekse, 1 Digitalwaage, Stoppuhr, Kehrblech und Handfeger

Keks auf dem Fließband

Die Kinder werden in zwei Gruppen eingeteilt und setzen sich nebeneinander. Jedes Kind erhält einen Schaschlikspieß (aus Holz), den es zwischen die Zähne nimmt. Das jeweils erste Kind erhält einen Keks mit Loch (z. B. Kaffeekränze) auf seinen Schaschlikspieß. Auf „Los!" muss das zweite Kind mit seinem Schaschlikspieß dem ersten den Keks abnehmen und ihn so zum dritten Kind weitergeben usw. Fällt der Keks herunter, muss noch einmal von vorn begonnen werden. Welche Mannschaft bringt ihren Keks am schnellsten bis zum letzten Kind?

Material: Kekse mit Loch (z. B. Kaffeekränze), pro Kind 1 Schaschlikspieß (aus Holz)

Kekstransport

Die Kinder werden in zwei Gruppen eingeteilt und stellen sich so auf, dass zwischen den Kindern etwa 2 m Abstand sind. Das erste Kind steht an der Startlinie, das letzte an der Ziellinie. Das erste Kind erhält eine Rolle Doppelkekse, das letzte eine leere Keksdose. Nun müssen die Kekse so schnell wie möglich in die Keksdose transportiert werden und dürfen dabei nicht zerbrechen. Die Kinder dürfen sich dabei nicht vom Fleck bewegen, sondern müssen sich die Kekse zuwerfen. Welche Mannschaft ist schneller im Kekstransport und zerbricht dabei weniger Kekse?

Material: 2 Rollen Doppelkekse, 2 Keksdosen, Kehrblech und Handfeger

Kekshaus

Die Kinder werden in kleinere Gruppen eingeteilt und erhalten beliebig viele Kekse sowie einen Topf mit geschmolzener Schokolade. Sie sollen damit ein möglichst schönes und kreatives Kekshaus bauen. Das schönste Kekshaus wird prämiert und darf gegessen werden (die anderen auch).

Material: verschiedene Kekse, Schokolade, Töpfe, verschiedene Streusel, Gummibärchen, Schokolinsen usw. zur Dekoration

32. Der reiche Jüngling

Bibeltext: Matthäus 19,16-26
Zielgedanke: Besitz kann Gott den ersten Platz im Herzen wegnehmen.

Einstiegsspiel

Verkleidungen erraten

Die Kinder werden in mehrere Gruppen eingeteilt und denken sich eine Person aus, die sie mittels Verkleidung darstellen wollen. Dies kann eine berühmte Person sein oder auch eine Person mit einem bestimmten Beruf (z. B. Geschäftsmann mit Krawatte und Anzug). Aus den bereitliegenden Kleidungsstücken wählen sie die passenden aus. Anschließend muss die andere Gruppe erraten, wer dargestellt werden sollte.
Material: viele verschiedene Kleidungsstücke und Utensilien

Einstiegsfragen

- Verkleidest du dich gern? Wenn ja, als was?
- Was bedeutet dir besonders viel?

Vorlesegeschichte

Raphaels Eltern haben ein Modegeschäft. Das Geschäft läuft gut, viele Kunden kommen und lassen sich neu einkleiden. Die Familie ist damit sehr reich geworden. Raphael hat jeden Tag neue Kleider aus den edelsten Stoffen an. Nie muss er sich um seine Kleidung kümmern. Raphael ist stolz darauf, immer so schick herumzulaufen. Wie die anderen ihn beneiden! Er genießt es, mit seinen teuren Kleidern auf dem Marktplatz herumzustolzieren. Denn mit einem Ohr hört er das bewundernde Murmeln, wenn er auftaucht. Das tut ihm gut. Aber er fühlt sich auch einsam. Alle wollen seine Freunde sein und an seiner Seite durch die Stadt bummeln. Doch wenn es ihm mal schlecht geht, ist keiner für ihn da.
Raphaels Eltern sind sehr gläubig. Jeden Sabbat geht die ganze Familie in die Synagoge. Und auch sonst halten sie sich streng an alle Vorschriften, die im jüdischen Gesetz stehen. Noch nie hat Raphael eine Regel gebrochen. Manchmal ist das ziemlich schwierig, sich an alles zu halten. Aber er will ein Leben führen, das Gott gefällt. Gott ist es ihm wert, sich so anzustrengen. Doch immer hat Raphael den Eindruck, dass es nicht genug ist, was er für Gott tut. Er will mal diesen Jesus fragen, was er noch tun kann, um Gott zu gefallen. Jesus scheint sich damit gut auszukennen, denn er erzählt viel aus den alten Schriften.
Jesus zu finden ist nicht schwer. Viele Leute kennen Jesus und können Raphael sagen, wo er ihn finden kann. Jesus ist auf dem Weg nach Jerusalem. Also geht Raphael ihm nach. Er ist schon ganz aufgeregt. Wie er wohl aussieht? Was er wohl anhat? Und was er ihm antworten wird? „Hoffentlich nimmt er sich auch Zeit für mich“, denkt er, „wo ich doch so weit gelaufen bin! Und hoffentlich lacht er mich wegen meiner Frage nicht aus!“

Raphael hat Jesus gefunden. Er hört zu, wie Jesus interessante Geschichten von Gottes Himmelreich erzählt. Als er ihn so beobachtet, versteht er endlich, warum so viele Menschen von Jesus begeistert sind. Er nimmt alle Menschen an und verachtet niemanden. Sogar die Kinder hat er gern und nimmt sie auf seinen Schoß. Als Raphael das sieht, nimmt er all seinen Mut zusammen und boxt sich durch die Menge nach vorne.
Ohne lange Vorrede fragt er Jesus: „Meister, was soll ich tun, damit ich ewig mit Gott leben kann?“ „Halte alle Gebote“, antwortet Jesus. „Aber das tue ich doch“, denkt Raphael. Hatte er etwa eines der Gebote vergessen? Lieber mal nachfragen. Jesus nennt ihm einige der Zehn Gebote. „Aber daran halte ich mich schon, seit ich klein bin. Was kann ich noch tun?“ Gespannt wartet Raphael auf die Antwort. Vielleicht hat er ja doch schon genug getan und Jesus wird ihn loben?
„Wenn es dir darum geht, Gott ganz zu gehören, dann verkaufe alles, was du hast, und gib das Geld den Armen. So wirst du Gott eine Freude machen. Und dann folge mir nach.“ „Bitte?!? Alles verkaufen?!? Alles aufgeben?!?! Der spinnt wohl! Was würden da seine Eltern sagen? Und außerdem weiß Jesus ja gar nicht, was ihm das alles bedeutet! Schnell weg von hier!“, denkt Raphael. Er will allein sein. Niemanden mehr sehen.
War alles, was er bis jetzt getan hat, nichts wert? Dabei hatte er sich so bemüht. Ausgerechnet seine Kleider und sein ganzes Geld soll er abgeben! Das, was für Raphael so wichtig ist und ihn stolz macht, was andere an ihm bewundern und womit er im Mittelpunkt steht. Aber jetzt will Gott der Mittelpunkt in seinem Leben sein! Irgendwie leuchtet Raphael das ein. Gott kann ihm nicht das Wichtigste sein, wenn Kleider und sein Ansehen bei anderen Menschen eine größere Rolle spielen. Er muss sich entscheiden. Traurig und enttäuscht macht Raphael sich auf den Heimweg und denkt noch lange darüber nach.

Vertiefungsfragen

- Was denkst du, wie sich Raphael entschieden hat?
- Was musst du „verkaufen“, damit Gott in deinem Herzen Platz hat?

Spiele zur Modenschau

Design

Auf weißen Blättern sind Fotos von den Köpfen der Mitarbeitenden oder berühmter Personen aufgeklebt. Die Kinder werden in kleinere Gruppen eingeteilt. Aus Katalogen und Zeitschriften sollen sie für diese Personen eine exklusive Bekleidung zusammenbasteln. Wer erfindet die schrillste, phantasievollste oder lustigste Kleidung?
Material: Papier, Fotos der Mitarbeitenden oder berühmter Personen, Kataloge/Zeitschriften, Scheren, Kleber

Näherei

Die Kleidungsstücke sollen am Model selbst genäht werden. Dazu werden die Kinder in mehrere Gruppen eingeteilt. Ein altes Hemd wird zerschnitten, indem z. B. die Ärmel abgetrennt und der Rücken in der Mitte durchgeschnitten wird. Ein Kind der Gruppe

zieht diese „Fetzen" an, die anderen Kinder werden mit Nadel und Faden ausgestattet. Auf „Los!" müssen die Kinder so schnell wie möglich das Hemd wieder „sauber" zusammennähen.
Material: alte Hemden o. Ä., Scheren, pro Kind eine Nadel, Nähgarn

Modenschau

Models müssen bei einer Modenschau innerhalb kurzer Zeit viele Kleider an- und auszuziehen. Die Kinder werden in zwei Gruppen eingeteilt. Eine Gruppe modelt, die andere Gruppe bildet die Zuschauenden. Danach wird gewechselt. Die Models teilen sich in zwei gleich große Gruppen und stellen sich gegenüber auf. Dazwischen liegt ein schmales Brett (Laufsteg), auf dem balanciert werden muss. Es kann auch durch eine gezeichnete oder geklebte Linie ersetzt werden. Verschiedene Garnituren von Kleidungen (z. B. Schlafanzug, Sportkleidung, Anzug, Kleid usw.) liegen bei der zweiten Gruppe hinter dem Laufsteg bereit. Auf „Los!" zieht sich das erste Kind z. B. den Schlafanzug an, balanciert über den Laufsteg und zieht dort den Schlafanzug aus. Das zweite Kind zieht den Schlafanzug an und nimmt eine Garnitur Kleidung (z. B. Sportkleidung) mit über den Laufsteg und gibt sie dem dritten Kind, das die Sportkleidung anziehen muss. Das dritte Kind zieht am Ende des Laufstegs die Kleidung aus, die das vierte Kind anziehen muss, wieder eine Garnitur mitnimmt usw. Beim An- und Ausziehen darf man sich von Assistenten/Assistentinnen helfen lassen. Die Kleidung sollte dabei aber nicht zerrissen werden. Die Zeit wird gestoppt. Wer ist schneller mit der Modenschau?
Material: verschiedene Kleidungsgarnituren (z. B. Schlafanzug, Sportkleidung, Anzug, Kleid usw.), schmales Brett oder Kreppklebeband, Stoppuhr

Friseur

Der Friseurmeister muss noch einmal die Models schön machen. Die Kinder sind in Gruppen eingeteilt und erhalten einen aufgeblasenen Luftballon. Sie schäumen ihn mit Rasierschaum voll. Mit einem Einwegrasierer muss der Luftballon wieder rasiert werden, sodass kein Rasierschaum mehr zu sehen ist. Dabei darf der Luftballon nicht platzen. Welche Gruppe schafft es am schnellsten?
Material: Luftballons, Rasierschaum, Einwegrasierer

Maske

Jetzt geht es um die perfekte Maske. Die Kinder werden in kleinere Gruppen eingeteilt und schminken ein Kind, das sich freiwillig gemeldet hat, typgerecht, schön, bunt und ideenreich. Welches Kind wurde am besten geschminkt? Die Kinder dürfen selbst darüber abstimmen.
Material: Schminkutensilien, Spiegel, Make-up-Entferner und Tücher/Waschlappen

Fotograf

Fotografen sind auch in der Modebranche der Konkurrenz ausgesetzt. Sie müssen zur richtigen Zeit das richtige Foto machen. Die Kinder werden in Gruppen eingeteilt und betreten nacheinander einen dunklen Raum, in dem verschiedene Gegenstände und

Kleidungsstücke aufgebaut sind. Mit einem Stroboskop oder einer Taschenlampe werden die Gegenstände mehrmals angeblitzt. Dann muss die Gruppe den Raum wieder verlassen und notieren, was sie gesehen hat. Welche Gruppe hat mehr Gegenstände „aufgenommen“?
Material: dunkler Raum mit verschiedenen Gegenständen und Kleidungsstücken, Stroboskop oder Taschenlampe, Zettel und Stift

Moderation

Moderatoren/Moderatorinnen sind bei einer Modenschau oft im Stress und müssen spontan auf ungeplante Situationen reagieren. Einige Kinder, die sich freiwillig gemeldet haben, sollen den Auftritt eines Models moderieren. Dafür kann entweder ein Kind auf einem imaginären Laufsteg balancieren oder es wird das Bild einer berühmten Person aus einer Zeitschrift ausgeschnitten und auf eine Pappe geklebt, die für alle sichtbar präsentiert wird. Der Moderator / die Moderatorin erhält eine Moderationskarte mit fünf Begriffen, die nichts mit dem Model zu tun haben, die aber in die 90-Sekunden-Moderation eingebaut werden müssen, z. B. Wildschwein, nass, China, Fahrradlenker, Kanalisation … Wer hält die witzigste Anmoderation?
Material: Model auf Pappe, Moderationskarten mit 5 Begriffen, Stoppuhr

33. Die Berufung des Zöllners Levi

Bibeltext: Markus 2,13-14
Zielgedanke: Gott kennt die Menschen, wie sie wirklich sind, und lässt sich nicht durch eine harte Schale täuschen. Er sieht den weichen Kern im Menschen.

Einstiegsspiel

Nüsse knacken

Die Kinder werden in zwei Gruppen eingeteilt und erhalten mehrere Walnüsse und einen Nussknacker. Auf „Los!“ knackt das erste Kind jeder Gruppe die erste Nuss und legt sie in eine Schüssel. Dann reicht es den Nussknacker dem zweiten Kind, das eine Nuss knackt usw. Dafür hat die Gruppe 3 Minuten Zeit. Welche Gruppe hat die meisten Nüsse geknackt?
Material: 2 Nussknacker, viele Walnüsse mit Schale, 2 Schüsseln

Einstiegsfragen

- Über wen hast du dich einmal so richtig geärgert? Wer sollte bestraft werden?
- Wie findest du das, wenn die Lehrer/Lehrerinnen zu einem Mitschüler oder einer Mitschülerin nett sind, obwohl diese sich hinter dem Rücken der Lehrer/Lehrerinnen ungerecht verhalten?

Vorlesegeschichte

„So ein Betrüger! Uns Arme raubt er aus! Mein Gemüse wollte ich hier auf dem Markt verkaufen. Aber am Zoll hat er mir so viel Geld abgeknöpft, dass ich hier fast keinen Gewinn mehr machen kann. Von was soll ich denn meine Kinder ernähren? So ein Egoist! Er denkt nur an sich selbst! Meine hungernden Kinder sind ihm egal. Wie kann man nur so hart sein?“ Hanna, die Gemüsehändlerin auf dem Markt in Kapernaum, ist völlig aufgebracht. Mühsam pflanzt sie Jahr für Jahr auf ihrem Feld Gemüse an, um es auf dem Markt zu verkaufen. Aber das schlechte Wetter in diesem Jahr lässt nicht viel wachsen. Hanna ist froh um jeden Salatkopf, den sie verkaufen kann. Ihr Mann ist vor ein paar Jahren gestorben, sodass sie nun allein für die Familie sorgen muss.
Jedes Mal, wenn Hanna in die Stadt geht, muss sie für ihren Verkauf auf dem Markt Steuern zahlen. Levi, der Zöllner, hat ihr heute besonders viele Steuern abgenommen. Richtig gemein war das! Hanna kann sich gar nicht beruhigen: „Da müsste mal einer kommen und ihm die Meinung sagen! Ins Gefängnis müsste man ihn werfen!“ „Hanna, beruhige dich! Es hat doch alles keinen Zweck, sich darüber zu ärgern.“ Salome, die gerade ihre Einkäufe macht, redet Hanna gut zu.
„Ich habe gehört, Jesus ist in der Stadt. Der wird Levi sicher sagen, dass sein Betrug ungerecht ist. Jesus hat sich ja bis jetzt auch immer für die Armen eingesetzt“, fährt Salome

fort. „Ich gehe mal zum Stadttor und schaue, was Jesus macht, wenn er vorbeikommt." „Ich gehe mit", antwortet Hanna. „Zu verkaufen habe ich ja eh fast nichts."
Durch die Menschenmenge drängen sich die beiden Frauen vor bis zum Stadttor. Jesus ist tatsächlich in der Stadt. Er will zum See Genezareth, das haben die beiden erfahren. Gleich muss er an Levi vorbei. Hanna freut sich schon, den hochroten Kopf von Levi zu sehen, wenn Jesus ihn zurechtweist. Da, Jesus ist schon in die Straße eingebogen, die zum Stadttor führt. Mit einigen Menschen ist er ins Gespräch vertieft. Ob er Levi überhaupt bemerken wird? Hannas Herz klopft vor Spannung.
Jetzt ist Jesus am Tor angelangt – und er bleibt stehen. Er sieht Levi. Lange schaut er ihn an. „Jetzt wird gleich das Donnerwetter kommen", denkt Hanna, „er hat es ja nicht anders verdient!" Jesus geht auf Levi zu. Er sagt: „Komm, geh mit mir." „Waaas?! Das ist doch wohl die Höhe! So ein Betrüger! Und Jesus geht mit ihm um wie mit einem guten Freund. Er will ihn bei sich haben. Weiß Jesus denn nicht, wen er da vor sich hat?"
Dieser Tag ist für Hanna gelaufen. Sie hat keine Lust mehr, auf dem Markt ihr Gemüse zu verkaufen. Enttäuscht und wütend macht sie sich auf den Heimweg. Wieso hat Jesus ihn nicht verurteilt? Er musste doch wissen, dass Levi kein gutes Leben führt. Was hat Jesus dazu bewegt, so freundlich mit Levi umzugehen? Jesus ist doch sonst immer mit den Armen unterwegs und kümmert sich weniger um die reichen Menschen.
Am Abend, als sie auf ihrer Strohmatte liegt, kann sie lange nicht einschlafen. Wie Jesus mit Levi umging, beschäftigt sie sehr. Da fällt ihr der Blick wieder ein, mit dem Jesus Levi angeschaut hat. Hat Jesus in Levi mehr gesehen als nur den Betrüger? Vielleicht sieht Jesus hinter seinem ungerechten Handeln seine Not, dass keiner mit ihm spricht, dass Levi von allen gemieden wird, auch von Hanna. Vielleicht ist Levi doch ein ganz armer Mann. Jesus hat hinter seiner harten Schale den weichen Kern gesehen. Er kennt Levi wirklich. Levi ist Jesus gefolgt. Dadurch wird sich sicher sein Leben ändern. Wie gut, dass Gott sich nicht durch harte Schalen täuschen lässt. Wie gut, dass Gott die Menschen kennt, wie sie wirklich sind. Auch Hanna. Jetzt kann sie endlich einschlafen.

Vertiefungsfragen

- Welche Menschen in deiner Klasse, in deinem Umfeld sind dir ähnlich unangenehm wie Hanna Levi? Was denkt Gott vielleicht über sie?
- Was sieht Gott hinter deiner „harten Schale"?

Spiele mit Nüssen

Nüsse-Dalli-Dalli

Die Kinder werden in Gruppen eingeteilt und erhalten Zettel und Stift. Innerhalb von 2 Minuten muss jede Gruppe so viele Begriffe wie möglich aufschreiben, in denen das Wort „Nuss" vorkommt (z. B. alle Nüsse, Genuss, Kopfnuss, Nusskern, Nussschale, Nussknacker usw.).
Material: Zettel und Stifte, Stoppuhr

Nüsse schätzen

Ein Glas ist mit (vorher abgezählten) Haselnüssen und/oder Mandeln gefüllt. Die Kinder, einzeln oder in Gruppen, versuchen, die Anzahl zu schätzen. Sie schreiben ihren Tipp auf einen Zettel und geben ihn ab, um zu vermeiden, dass alle dasselbe sagen. Dann wird das Geheimnis gelüftet. Wer hat am besten getippt?

Variante: Verschiedene Nüsse (zehn Wal-, zehn Hasel- und zwanzig Erdnüsse) sind in einem Glas vermischt. Es muss geschätzt werden, in welchem Verhältnis die Nussmengen zueinander stehen, z. B.: Es sind gleichviele Wal- und Haselnüsse, aber doppelt so viele Erdnüsse.

Material: großes Glas mit Schraubdeckel, abgezählte Nüsse wie Haselnüsse, Walnüsse, Erdnüsse, kleine Zettel und Stifte

Nüsse fangen

Die Kinder werden in zwei Gruppen eingeteilt. Jede Gruppe erhält 30 Nüsse, die gleichmäßig unter den Gruppenmitgliedern verteilt werden. Die Kinder einer Gruppe stellen sich hintereinander in einer Reihe auf. Gegenüber der Gruppe steht ein Gruppenmitglied mit einem Behälter / einer Dose im Abstand von ungefähr 2 m hinter einer markierten Linie. Das erste Kind wirft eine Nuss, die das Kind gegenüber mit dem Behälter auffangen muss. Dabei darf es sich aber nicht von seinem Platz wegbewegen. Das Kind, das geworfen hat, stellt sich wieder hinten an und das nächste Kind ist an der Reihe. Sind alle 30 Nüsse geworfen, wird gezählt, wer die meisten Treffer gelandet hat.

Material: 2 Behälter/Dosen, 30 Nüsse je Gruppe, Kreide/Kreppklebeband als Linienmarkierung

Nüsse beißen

Die Kinder werden in zwei Gruppen eingeteilt und erhalten einen Würfel und zwanzig Haselnüsse ohne Schale. Auf „Los!“ wird reihum gewürfelt. Wer eine Eins würfelt, darf sich eine Nuss in den Mund schieben. Welche Gruppe hat zuerst alle Nüsse aufgegessen?

Material: 2 Würfel, 40 Haselnüsse ohne Schale o. Ä.

Nussgeschichte

Die Kinder werden in Gruppen eingeteilt. Ein Kind, das sich freiwillig gemeldet hat, steckt sich eine gewaschene Walnuss oder auch zwei mit Schale in den Mund. Dann liest es seiner Gruppe einen Text vor, den diese aufschreiben muss. Nachfragen sind nicht erlaubt. Beide Gruppen sollten einen unterschiedlichen Text mit der gleichen Wortanzahl haben. Welche Gruppe ist schneller fertig und hat den richtigen Text notiert?

Variante: So können auch Begriffe erklärt werden, die von den Gruppen so schnell wie möglich erraten werden müssen. Oder es werden zusammengesetzte Wörter wie z. B. Muskelkater, Schifffahrt gesagt und müssen erraten werden.

Material: gewaschene Walnüsse mit Schale, Text zum Vorlesen, Papier und Stifte

Nussbild

Aus halben Walnussschalen muss ein vorgegebener Gegenstand als Bild dargestellt werden. Dazu werden die Walnussschalen auf dem Tisch oder einem Tageslichtprojektor entsprechend sortiert. Wer errät den Gegenstand zuerst?

Variante: Zwei Gruppen spielen gegeneinander und müssen sich die Gegenstände gegenseitig darstellen und erraten. Mögliche Begriffe: Haus, Fahrrad, Mensch, Brille, Auto, Blume usw.

Material: halbe Walnussschalen, Tisch oder Tageslichtprojektor

Nüsse raten

Die Kinder werden in zwei Gruppen eingeteilt. Jede Gruppe erhält pro Kind drei Nüsse und einen blickdichten Becher. Die Gruppen stehen jeweils an einem Tisch mit dem Rücken zur anderen Gruppe. Nun entscheiden sie, wie viele Nüsse sie unter die Becher legen, maximal fünf Nüsse pro Becher sind erlaubt. Die restlichen Nüsse verschwinden in den Hosentaschen. Haben beide Gruppen die Nüsse unter die Becher gelegt, so müssen sie erraten, wie viele Nüsse die andere Gruppe unter den Bechern hat. Dazu dürfen die Becher auf dem Tisch hin- und her bewegt, aber nicht angehoben werden. Errät eine Gruppe die genaue Anzahl, erhält sie alle Nüsse, die unter den Bechern waren. Errät sie sie nicht, muss sie die Differenz an Nüssen an die andere Gruppe bezahlen. Es startet eine neue Runde. Die Anzahl der Runden wird vorher festgelegt. Gewonnen hat, wer am Ende die meisten Nüsse besitzt.

Variante: Es können auch mehrere Gruppen gegeneinander spielen.

Material: 3 Nüsse und ein blickdichter Becher pro Kind, 2 Tische

34. Jesus und der Sabbat

Bibeltext: Markus 2,27; 3,1-6
Zielgedanke: Gottes Gebote sollen uns ein gutes Leben möglich machen und uns nicht gängeln.

Einstiegsspiel

Rückwärts lesen

Auf einem großen Plakat sind einige Wörter geschrieben wie z. B. Eluhcs, Nethcanhiew, Edalokcohcs. Die Kinder müssen herausfinden, nach welchem System diese Wörter aufgeschrieben sind und sie entziffern. (Lösung: Die Wörter müssen rückwärts gelesen werden.)
Material: Plakat mit Wörtern

Einstiegsfragen

- Was machst du immer mit rechts und was immer mit links, z. B. mit welchem Bein steigst du in die Hose? Würdest du es auch andersherum können?
- Hat dich schon mal jemand falsch verstanden, obwohl du versucht hast, mehrmals zu erklären, wie du das meinst? Wie war das für dich?

Vorlesegeschichte

Es gab schon immer Menschen, die manche Dinge von der falschen Seite gesehen haben. Und damit verändert sich der Sinn zum Beispiel eines Wortes. So war das damals auch mit den Pharisäern, als Jesus in Israel unterwegs war. Die Pharisäer waren die jüdischen Vorbilder für das ganze Volk und befolgten die Gebote Gottes so streng, dass sie sie manchmal verkehrt herum lasen. Sie wussten wohl, wie man eine Schriftrolle hält (damals gab es noch keine Bücher). Aber sie haben die Gebote so streng befolgt, dass die Gebote nicht mehr ihren Sinn erfüllten. So war das zum Beispiel mit dem Gebot für den Sabbat. Der Sabbat ist ein heiliger Tag, so wie bei uns der Sonntag. An diesem Tag soll nicht gearbeitet werden. Gott hat diesen Ruhetag gemacht, damit sich die Menschen Zeit nehmen können, um an Gott zu denken. Damit sie nicht in die Gefahr geraten, den Sabbat nicht zu heiligen, haben die frommen Juden noch mehr Gesetze für den Sabbat gemacht, zum Beispiel durfte man nur eine bestimmte Anzahl Schritte gehen und auch kein Essen zubereiten. Das wäre so, wie wenn du die Regel „Du sollst nicht abschreiben" so befolgst, indem du einfach nicht zur Schule gehst.
Die Pharisäer ärgern sich sehr über Jesus. Sie denken: „Er bricht die Gesetze und hält den Sabbat nicht!" Darum beobachten sie ihn ständig und wollen ihn auf frischer Tat dabei ertappen, wie er sich nicht an das Sabbatgebot hält.
Und so kommt, wie es kommen muss: An einem Sabbat ist Jesus wieder in der Synagoge (das ist die Kirche der Juden). Die Pharisäer sind auch da. Sie wollen sehen, was Jesus

macht und ob er sich an die Sabbatregeln hält. In der Synagoge ist auch ein Mann, der eine gelähmte Hand hat. Jesus ruft ihn nach vorne und stellt ihn vor die ganze Gemeinde. Dann fragt er die Menschen in der Synagoge: „Was darf man nach dem Gesetz am Sabbat tun, Gutes oder Böses? Darf man das Leben eines Menschen retten oder muss man ihn sterben lassen, weil Sabbat ist?“ Stille. Niemand antwortet. Da sagt Jesus zu dem Mann mit der gelähmten Hand: „Strecke deine Hand aus!“ Er streckt sie aus und da ist sie wieder gesund. Die Menschen staunen. Jesus hat seine Hand geheilt.
Aber die Pharisäer ärgern sich sehr! Jesus hat einen Menschen am Sabbat geheilt. Das ist Arbeit! Und das ist doch verboten. Aber Jesus sagt: „Der Sabbat ist für die Menschen da und nicht der Mensch für den Sabbat.“

Vertiefungsfragen

- Die Gesetze, die Gott für die Menschen gemacht hat, sind dazu da, dass wir ein glückliches Leben mit Gott haben, und nicht dazu, um uns durch Vorschriften einzuengen. Gottes Gebote sind keine Verbote, um Gutes zu tun. Die Pharisäer in der Geschichte haben das Sabbatgebot falsch herum gelesen. Wie haben sie das Gebot verstanden?
- Was bedeutet das: „Der Sabbat ist für die Menschen da und nicht der Mensch für den Sabbat“? Wie können wir das heute leben?

Spiele mit Buchstaben und Wörtern

Rückwärts sprechen

Das Einstiegsspiel wird wiederholt, allerdings werden jetzt die Wörter nicht mehr aufgeschrieben, sondern gesprochen. Wer errät zuerst, was da gesagt wurde?
Material: Begriffe von hinten aufgeschrieben

Komische Gebote

Jedes Kind erhält Blatt und Stift und legt es hochkant vor sich. Dann schreibt jedes Kind einen Wenn-Halbsatz, z. B. „Wenn Svenja aus dem Fenster schaut ...“ Dann knickt es den Satz nach hinten und gibt das Blatt an das Kind rechts neben sich weiter. Auf das Blatt, das es vom Kind links neben sich erhält, schreibt es eine beliebige Folge, die mit „dann“ beginnt, z. B. „ ... dann gibt es keine Süßigkeiten.“ Dies kann mit demselben Blatt noch weiter fortgeführt werden. Anschließend werden die Blätter aufgefaltet und die komischen Gebote vorgelesen.
Material: Papier und Stifte

Frage und Antwort

Die Kinder werden in zwei Gruppen aufgeteilt. Eine Gruppe schreibt zehn Warum-Fragen auf, die andere zehn Weil-Antworten. Anschließend werden jeweils eine Frage und anschließend eine Antwort der Reihe nach vorgelesen. Daraus entsteht dann z. B.: Warum freust du dich bei einem Lottogewinn? Weil meine Tante mir immer Socken strickt.
Material: Papier und Stifte

Buchstabensalat

Jedes Kind erhält ein Blatt Papier und einen Stift (alle Stifte müssen dieselbe Farbe haben). Jedes Kind schreibt nun auf sein Blatt kreuz und quer die Buchstaben seines Vor- und Nachnamens auf. Anschließend werden alle Blätter verdeckt gemischt und verteilt. Jedes Kind muss nun erraten, wessen Blatt es gezogen hat.
Material: Papier und gleichfarbige Stifte

So bin ich

Jedes Kind schreibt auf ein Blatt Papier vier äußerliche Merkmale von sich selbst, die aber nicht so offensichtlich sind (z. B. Augenfarbe, Ring am Finger, weiße Schnürsenkel usw.) und vier nicht sichtbare (z. B. Ich habe zwei Geschwister, spiele Flöte, habe ein Meerschweinchen usw.). Die Merkmale sollten nicht zu viel von der Person verraten. Anschließend werden die Blätter gemischt und vorgelesen. Die Kinder müssen den Schreiber / die Schreiberin des Zettels erraten.
Material: Papier und Stifte

Lieder in der Zeitung

Die Kinder werden in zwei Gruppen eingeteilt und erhalten eine Zeitung, möglichst die gleiche z. B. eine Werbezeitung / ein Anzeigeblättchen. Die Spielleitung nennt ein kurzes und bekanntes Lied (Mein Hut, der hat drei Ecken) oder eine Liedzeile, das/die die Gruppe so schnell wie möglich aus der Zeitung ausschneiden und aufkleben muss. Dabei sind ganze Wörter und auch aus Buchstaben zusammengesetzte Wörter erlaubt.
Material: 2 gleiche Zeitungen, Scheren, Kleber, Papier

Aus eins mach viele

Die Kinder werden in mehrere Gruppen eingeteilt. Ein langes Wort wie Mondscheinmitternachtsparty wird bekanntgegeben. Nun muss jede Gruppe daraus so viele Wörter wie möglich machen. Dabei darf in jedem neuen Wort kein Buchstabe verdoppelt werden, der im Originalwort nur einmal vorkommt. Die Gruppen haben dazu 2 Minuten Zeit. Welche Gruppe findet die meisten neuen Wörter?
Material: Papier und Stifte, Stoppuhr

Luftballonlauscher

Die Kinder werden in Zweiergruppen eingeteilt. Ein Kind jeder Gruppe sitzt an einem Tisch mit Zettel und Stift, das andere ist der Nachrichtentransporteur und hat einen aufgeblasenen Luftballon in der Hand. Der Nachrichtentransporteur bekommt bei der Spielleitung ein Wort zu lesen. Dann rennt es zu seinem Schreiber, um ihm das Wort mitzuteilen. Es darf aber nur über den Luftballon geflüstert werden. Dabei hält es den Luftballon dem Schreiber an sein Ohr und flüstert ihm das Wort zu. Der Schreiber muss dieses Wort aufschreiben. Welche Gruppe zuerst eine bestimmte Anzahl an Wörtern notiert hat, gewinnt.
Material: Papier und Stifte, Luftballons, Begriffe

Bildausfall

Die Kinder werden in kleinere Gruppen eingeteilt. Mehrere Geräusche, die zuvor aufgenommen wurden (z. B. Mixer, Fernseher, Klospülung, Öffnen und Schließen einer Tür, Kindergeschrei auf dem Spielplatz o. Ä.) werden den Gruppen vorgespielt. Die Gruppe muss sich dazu eine Geschichte einfallen lassen. Anschließend werden die Geschichten mit Geräuschuntermalung vorgelesen. Wer hat die originellste Geschichte?
Material: aufgenommene Geräusche und Abspielgerät, Papier und Stifte

Buchstaben darstellen

Die Kinder werden in Gruppen eingeteilt und erhalten je einen unterschiedlichen Buchstaben, den sie pantomimisch/akrobatisch darstellen müssen. Die anderen Gruppen müssen ihn erraten.
Material: keines

Buchstaben erraten

Die Kinder werden in Gruppen eingeteilt und erhalten je einen unterschiedlichen Buchstaben. Nun müssen sie fünf Gegenstände aus dem Haus zusammentragen, die mit diesem Buchstaben beginnen. Dabei darf auch um die Ecke gedacht werden (z. B. Gras kann auch Naturmaterial genannt werden). Die anderen Gruppen müssen dann sowohl den Buchstaben als auch die Namen der Gegenstände erraten.
Material: keines

35. Die Salbung in Betanien

Bibeltext: Markus 14,3-9
Zielgedanke: Weil Jesus uns neues Leben schenkt, ist das Beste für ihn gerade gut genug.

Einstiegsspiel

Geld ertasten

Allen Kindern werden die Augen verbunden (oder alle setzen sich an einen Tisch und nehmen die Hände unter den Tisch oder hinter den Rücken). Nun wird einem Kind eine Cent- oder Euro-Münze gegeben. Das versucht, die Münze zu ertasten, behält die Lösung aber für sich und gibt die Münze weiter. Haben alle Kinder die Münze ertastet, dürfen Tipps abgegeben werden. Die Kinder dürfen die Augenbinden abnehmen und die Münze anschauen. Wer hat richtig getippt? Je nach Alter der Kinder können auch mehrere Münzen im Umlauf sein und die Kinder sollen die Geldsumme ertasten.
Material: mehrere Cent- und Euro-Münzen, wenn nötig: Augenbinden

Einstiegsfragen

- Was ist für dich besonders wertvoll?
- Was ist für dich die absolute Verschwendung?

Vorlesegeschichte

Zwei Jahre lang hat sie gespart. Immer, wenn sie von ihrem Lohn nicht alles ausgeben musste, hat sie die restlichen Münzen in einen Krug getan. Den Krug hat sie zwischen ein paar Töpfen gut versteckt. Man kann ihn zwar sehen, aber niemand ahnt, dass sich darin so viel Geld befindet. Jetzt endlich hat sie genug Geld zusammen, dass sie das kostbare Öl kaufen kann. 300 Silberstücke kostet es! So viel Geld verdient sie gerade mal in einem Jahr. Eigentlich ist es totaler Quatsch, dass sie dafür ihr Erspartes ausgibt. Andere kaufen sich davon Häuser, Äcker, Tiere oder etwas zum Anziehen. Aber doch nicht ein parfümiertes Öl! Sie macht es trotzdem. Denn sie will es jemandem schenken.
Als sie Jesus zum ersten Mal begegnet ist, war ihr klar, dass sich ab jetzt ihr Leben völlig ändern wird. Davor hatte sie sich nicht darum gekümmert, wie es den Menschen um sie herum geht. Sie war nur mit sich selbst beschäftigt und mit dem, was ihr Freude macht. Sie hatte auf Kosten anderer gelebt, viele Menschen verärgert und auch verletzt. Erst die Begegnung mit Jesus hat ihr die Augen geöffnet. Plötzlich sah sie sich in einem anderen Licht. Ihr war klar, dass ihr Leben so nicht weitergehen kann. Sie brauchte Gott. Sie brauchte einen Neuanfang. Jesus verurteilte sie nicht, er vergab ihr ihre Sünden und half ihr, ein neues Leben anzufangen.

Von diesem Tag an sparte sie, um Jesus ein Geschenk zu machen. Und jetzt endlich hat sie es kaufen können: eine kleine unscheinbare Flasche mit Nardenöl. Sie will sie Jesus schenken. Sie will ihn damit salben. Das ist die höchste Ehre, die sie ihm erweisen kann. Und sie weiß auch schon, wann und wo sie das tun will. Jesus ist bei Simon zu Gast. Simon hat Ähnliches wie sie erlebt. Er hatte schlimmen Aussatz. Aber Jesus hat ihn geheilt und sein Leben total verändert. Seitdem verbindet Jesus und Simon eine Freundschaft. Und weil Simon nahe bei Jerusalem wohnt, ist Jesus häufig dort zu Gast.
Das Haus von Simon ist leicht zu finden. Einige Menschen stehen davor und unterhalten sich über das, was Jesus gerade gesagt hat. Sie schlüpft unbemerkt zwischen den Menschen hindurch und sucht Jesus. Ah, da sitzt er am Tisch. Von hinten tritt sie an Jesus heran. Sie öffnet das Fläschchen und gießt ganz vorsichtig das Öl über seinen Kopf. Liebevoll reibt sie das Öl in seine Haare ein. Ein angenehmer Duft verbreitet sich im Haus.
„Was soll das? So ein teures Öl! Das hätte man doch verkaufen und das Geld den Armen geben können!“, ruft einer der Jünger, die mit am Tisch sitzen, verärgert. „So eine Verschwendung!“ Die Frau zuckt zusammen. Tränen steigen ihr in die Augen. War ihre Idee nicht gut? Das jahreslange Sparen – alles umsonst? Aber Jesus ergreift Partei für sie: „Lasst sie in Ruhe. Arme gibt es immer, ihr könnt ständig für sie spenden. Ich aber werde bald sterben. Diese Frau hier hat mich schon im Voraus für meine Beerdigung gesalbt. Ich sage euch: Das, was diese Frau getan hat, wird man überall erzählen, wenn man von mir erzählt!“ Liebevoll schaut Jesus die Frau an. Worte sind nicht nötig. Sie hat verstanden: Jesus hat ihr Geschenk angenommen!

Vertiefungsfragen

- Welche Sache ist für dich so wertvoll, dass sie deinen Dank Jesus gegenüber zum Ausdruck bringen würde?
- Was können wir Jesus heute schenken?

Spiele zum Riechen und Schmecken

Gerüche erraten

Allen Kindern werden die Augen verbunden. Dann werden ihnen verschiedene Gläser mit Dingen, die duften, vor die Nase gehalten. Haben alle an diesem Glas gerochen, dürfen die Kinder sagen, was das gewesen ist. Dann löst die Spielleitung das Rätsel auf und das nächste Glas wird gereicht. Man kann auch aufschreiben, wer richtig getippt hat, und so das Kind mit dem besten Riecher ermitteln.
Material: viele Gläser mit Dingen, die riechen (z. B. Pfefferminz, Salbei, Lavendel, Curry, Kakao, Kaffee, Orangenschale, Seife, Käse usw.), Augenbinde für jedes Kind, Zettel und Stift

Besser schmecken

Allen Kindern werden die Augen verbunden. Jedes Kind erhält einen Löffel, den es vor sich hält. Dann wird ihnen jeweils etwas Essbares auf den Löffel gelegt. Den Löffel schieben die Kinder in den Mund, ohne den Löffel abzutasten. Haben alle probiert, dürfen sie ihren Tipp abgeben, dann wird aufgelöst. Man kann auch aufschreiben, wer richtig getippt hat, und so das Kind mit der besten Zunge ermitteln.
Material: verschiedene Lebensmittel (z. B. Zuckerwürfel, Gummibärchen, Apfel, Zwiebel, Schokolade, Senf, Wurst, Brot usw.), Augenbinde für jedes Kind, Zettel und Stift

Geschmack beschreiben

Ein Kind, das sich freiwillig gemeldet hat, bekommt einen Zettel, auf dem ein Gericht steht, z. B. Pommes frites. Nun muss es den anderen beschreiben, wie das Essen schmeckt, ohne die Zutaten oder das Aussehen zu nennen. Es könnte vielleicht sagen: „Es schmeckt salzig und fettig und ist immer sehr heiß. Am besten schmeckt es, wenn es knackig ist. Lässt man es abkühlen, wird es matschig. Mit einer Soße kann man es aber noch gut essen." Sollten die Kinder es nicht erraten, darf nach und nach auch etwas über das Aussehen und später auch über die Zutaten erzählt werden. Wer es errät, darf das nächste Gericht beschreiben.
Material: Zettel mit verschiedenen Gerichten (z. B. Pommes frites, Spaghetti, Kartoffelbrei, Milchreis, Spinat, Eis usw.)

Riech-Memory

Auf zwei Papiertaschentücher oder Küchenkrepp wird ein Gewürz, das stark riecht, gegeben. Möglich wären auch die Blätter einer riechenden Pflanze. Anschließend werden die Tücher in der Mitte gut zusammengebunden. Auf diese Weise stellt man viele Duft-Pärchen her, die dann gemischt und in mehreren Reihen vor den Kindern aufgebaut werden. Nun beginnt ein Kind, nimmt sich zwei Taschentücher und riecht daran. Ist es der gleiche Geruch, darf es sie behalten. Ist er verschieden, stellt das Kind die Tücher zurück und das nächste Kind ist an der Reihe. Je nachdem, wie viele Taschentücher man hat, darf der Geruch beschrieben werden oder jedes Kind muss ihn selbst entdecken.
Material: viele Papiertaschentücher oder Küchenkrepp, Schnur, Schere, Gewürze oder Pflanzen, die man riechen kann (z. B. Pfefferminz, Kamille, Lavendel, Curry, Kakao, Zimt, Nelken, Thymian, Orangenschale usw.)

Streichholzschachtel-Transport

Die Nase eignet sich auch als Transportmittel. Dafür werden die Kinder in zwei Gruppen eingeteilt und setzen sich in eine Reihe nebeneinander. Das jeweils erste Kind erhält die Hülse einer Streichholzschachtel und steckt sie sich auf die Nase. Auf „Los!" muss sie die Hülse dem nächsten Kind auf die Nase stecken. Die Hände sind dabei auf dem Rücken und dürfen nicht zur Hilfe genommen werden. Fällt die Hülse herunter, wird sie dem Kind, das die Hülse gerade weitergeben wollte, noch einmal aufgesteckt. Welche Mannschaft schafft es schneller, die Hülse zu transportieren?
Material: 2 Hülsen von Streichholzschachteln

Ich kann dich gut riechen

Die Kinder werden in zwei Gruppen eingeteilt. Eine Gruppe geht vor die Tür. Die Spielleitung bringt jedem Kind ein Deo auf die Hände auf. Die Deos müssen alle unterschiedlich riechen. Dasselbe geschieht auch bei den Kindern vor der Tür. Dann kommen alle Kinder wieder zusammen und müssen ihren Partner oder ihre Partnerin erriechen. Welches Paar findet sich am schnellsten?
Material: verschiedene Deos, so viele wie die Hälfte der Kinder

Öl bewachen

Alle Kinder sitzen im Kreis, ein Kind sitzt in der Mitte auf einem Stuhl und hat die Augen verbunden. In der Hand hält es eine Zeitungsrolle. Unter dem Stuhl befindet sich eine Glasflasche (Öl). Die Kinder machen per Handzeichen aus, wer versuchen soll, die wertvolle Ölflasche, die vom Wächter bewacht wird, zu klauen. Alle Kinder müssen sehr leise sein. Ein Kind schleicht sich zum Stuhl und nimmt die Flasche. Der Wächter versucht, sobald er etwas hört, den Dieb mit der Zeitungsrolle abzuschlagen. Hat er das geschafft, wird ein anderes Kind der Wächter. Ansonsten muss er es noch einmal versuchen. Der Dieb ist in Sicherheit, wenn er wieder auf seinem Stuhl sitzt.
Material: Stühle, Augenbinde, Glasflasche, Zeitungsrolle

36. Die Segnung der Kinder

Bibeltext: Lukas 18,15-17
Zielgedanke: Für Gott spielt das Alter keine Rolle, jeder ist ihm willkommen.

Einstiegsspiel

Kindergeschrei

Ein Kind, das sich freiwillig gemeldet hat, geht vor die Tür. Alle anderen denken sich einen Satz aus, z. B. die erste Zeile eines Kinderliedes. Dann wird jedem Kind ein Wort dieses Satzes zugeteilt. Das Kind wird wieder hereingerufen. Alle Kinder rufen laut ständig ihr Wort, bis das Kind erraten hat, was die Gruppe sagen will.
Material: keines

Einstiegsfragen

- Was sind Unterschiede zwischen Kindern und Erwachsenen?
- Was dürfen Kinder nicht, was Erwachsene dürfen?

Vorlesegeschichte

Mirjam ist noch klein. Na ja, so klein ist sie auch wieder nicht. Sie ist acht Jahre alt. Jedenfalls ist sie alt genug, um auf ihre jüngeren Geschwister aufzupassen. Aber sie ist noch nicht so alt, dass sie alles darf. Wenn die Erwachsenen ein spannendes Thema besprechen, dann wird sie immer weggeschickt. Und wenn abends lang gefeiert wird, dann muss sie trotzdem früh ins Bett.
Aber heute darf Mirjam mit. Heute machen sie einen Ausflug. So genau hat sie es nicht verstanden. Sie wollen zu einem Prediger gehen. Nicht in die Synagoge wie sonst jeden Sabbat. Nein, der Prediger ist irgendwo draußen auf dem Feld. Ihre Eltern wissen das auch nicht so genau, es kann also sein, dass der Ausflug etwas länger wird. Mirjam freut sich. Denn sie hat gehört, dass auch ihre Cousins und Cousinen mit zum Ausflug kommen. Das wird toll! Die Mutter hat schon den Picknickkorb gepackt und den Wasserschlauch gefüllt. Gleich geht es los!
Sie sind schon einige Zeit unterwegs, da werden die Erwachsenen plötzlich ganz aufgeregt. „Was ist los, Vater?“, fragt Mirjam. „Ich glaube, wir haben Jesus gefunden“, antwortet ihr Vater. „Da vorne unter den Bäumen sitzen einige Männer, das ist er bestimmt!“
„Ach so, das ist also der Prediger, zu dem wir gehen. Was ist so besonders an ihm?“, fragt Mirjam wieder. „Hm ... was so besonders an ihm ist? Er kann so gut und klar von Gott reden. Er steht mit ihm in besonderer Verbindung. Er kann die alten Schriften besser auslegen als jeder Lehrer in der Synagoge. Ich glaube, er kommt von Gott.“
Mirjam hat sich so auf das Gespräch mit ihrem Vater konzentriert und dabei gar nicht gemerkt, dass sie nur noch wenige Schritte von diesem Jesus entfernt sind. Ein paar Männer,

die mit Jesus unter dem Baum sitzen, sind aufgesprungen, kommen ihnen entgegen und sagen: „Wir haben gerade Pause. Jesus muss sich ausruhen. Ihr könnt ihn jetzt nicht stören! Bitte geht wieder!“ Oh, wie enttäuschend! Jetzt sind sie so weit gelaufen und dürfen noch nicht mal zu Jesus. Mirjam will sich schon umdrehen und zurückgehen, da merkt sie, dass ihr Vater sich nicht abwimmeln lässt. „Bitte, wir sind so weit gelaufen, schickt uns nicht weg. Wir wollen wenigstens, dass Jesus unsere Kinder berührt und segnet! Dann gehen wir auch wieder.“ „Nein, nicht jetzt! Habt ihr das nicht verstanden? Verschwindet jetzt!“, werden sie sehr unfreundlich von einem anderen Mann angefahren. „Jesus kann sich nicht um jeden kümmern, schon gar nicht um Kinder. Geht endlich und lasst uns in Ruhe!“ „Nein, das ist schon okay“, hört Mirjam einen anderen sagen. Das muss Jesus sein! Aber sie kann ihn nicht sehen, weil die Männer ihr die Sicht versperren. „Lasst die Kinder zu mir kommen. Denn genau für sie ist das Reich Gottes. Wer nicht an Gott glaubt wie ein Kind, der kann nicht in Gottes Reich kommen.“ Die Männer trauen sich nichts mehr zu sagen. Sie gehen beschämt zur Seite und machen Platz. Nun kann Mirjam Jesus sehen. Er hat die Arme ausgestreckt, als wolle er sie alle umarmen. Zögernd geht sie mit ihren Geschwistern, Cousins und Cousinen auf Jesus zu. Jesus fragt sie nach ihren Namen. Er legt ihnen die Hand auf und verspricht ihnen, dass Gott sie jeden Tag begleitet. Dann umarmt er sie, jeden einzeln. Mirjam wird ganz warm ums Herz. Hier ist einer, der sie liebt. Als Kind. Der sie so nimmt, wie sie ist. Der sie nicht wegschickt, weil sie noch zu klein ist. Jesus ist wirklich von Gott geschickt, das glaubt Mirjam jetzt auch.

Vertiefungsfragen

- Jesus nimmt dich in die Arme und segnet auch dich. Kannst du das glauben?
- Was bedeutet das, an Gott zu glauben wie ein Kind?

Spiele für Kinder und andere

Babys füttern

Jeweils zwei Kinder, die sich freiwillig gemeldet haben, ziehen sich einen Müllsack über, in den Löcher für die Arme geschnitten sind. Dann werden ihnen die Augen verbunden. Ein Kind erhält einen Joghurt und einen Löffel und muss damit das andere Kind füttern. Die anderen Kinder können sich dabei amüsieren oder im Wettbewerb gegen diese beiden antreten. Wer hat zuerst seinen Becher leer gelöffelt?

Material: pro Kind einen Müllsack, Schere, pro zwei Kinder Joghurtbecher und Löffel

Fläschchen trinken

Mehrere Babyfläschchen werden mit einem Breisauger versehen und mit etwas Wasser gefüllt. Entsprechend der Anzahl der Fläschchen treten die Kinder gegeneinander an. Wer schafft es zuerst, das Fläschchen leer zu saugen?

Variante: Es können auch Trinkflaschen für Kinder mit Saugverschluss verwendet werden, dann muss die Flasche aber voll sein.

Material: Baby- oder Trinkflaschen mit Breisaugern, Wasser

Bausteine

Viele Bausteine liegen in der Mitte des Raumes. Die Kinder werden in Gruppen eingeteilt und erhalten einen Begriff, den sie nachbauen sollen. Dabei kann mit einfachen Begriffen begonnen werden, wie z. B. Tisch, Stuhl, Bett usw. Etwas schwieriger zu bauen sind Gegenstände wie z. B. Auto, Klavier, Rutsche o. Ä. Die Gruppen müssen gegenseitig erraten, was gebaut wurde.
Variante: Es können nicht nur Begriffe, sondern auch Ambiente gebaut werden (z. B. Einkaufsstraße, Wohnzimmer, Pferdestall o. Ä.)
Material: viele verschiedene Bausteine aus Holz, Begriffe

Kinderwagen-Rennen

Ein Parcours im Freien ist aufgezeichnet oder mit Pylonen und leeren Eimern abgesteckt. Am Lenkrad eines Bobby-Cars wird ein langes Seil mit zwei Enden befestigt. Die Kinder sind in Dreierteams eingeteilt. Ein Kind setzt sich auf das Bobby-Car und nimmt die Füße hoch, die anderen beiden Kinder müssen das Bobby-Car mit Kind so schnell wie möglich durch den Parcours ziehen. Welche Gruppe ist am schnellsten?
Hinweis: Es ist sicherer, wenn das Kind auf dem Bobby-Car einen Fahrradhelm trägt.
Material: Bobby-Car, Fahrradhelm, Kreide, Pylonen oder leere Eimer, Stoppuhr

Babys anziehen

Die Kinder werden in mehrere Gruppen eingeteilt. Für jede Gruppe liegt eine Puppe in einiger Entfernung bereit. Jedes Kind einer Gruppe erhält ein Kleidungsstück für diese Puppe, z. B. Windel, Pullover, Strampelanzug, Mütze. Die Kinder stellen sich hintereinander auf. Auf „Los!" rennt das erste Kind zur Puppe, zieht ihr das Kleidungsstück an, rennt zurück und klatscht das nächste Kind ab. Das darf dann starten und sein Kleidungsstück anziehen usw. Welche Gruppe zuerst fertig ist, hat gewonnen.
Variante: Die Puppe kann auch genau so wieder ausgezogen werden.
Material: mehrere Puppen und passende Kleidungsstücke, bei Bedarf: Stoppuhr

Kinderlieder erraten

Ein Kind, das sich freiwillig gemeldet hat, geht vor die Tür. Die Gruppe entscheidet sich für ein bekanntes Kinderlied. Das Kind wird wieder hereingerufen. Nun summt die Gruppe das Lied und das Kind muss dieses erraten.
Material: keines

Schokolade auspacken

Eine Tafel Schokolade wird in mehrere Lagen Zeitungspapier eingepackt und mit einer Schnur verknotet. Messer, Gabel, Schal, Mütze und Handschuhe liegen bereit. Alle Kinder sitzen um einen Tisch. Reihum wird gewürfelt. Wer eine Sechs hat, zieht sich schnell Schal, Mütze und Handschuhe an, nimmt Messer und Gabel und versucht, das Paket zu öffnen und an die Schokolade zu gelangen. Dort darf es sich ein Stück abschneiden

und so lange weiteressen, bis das nächste Kind eine Sechs würfelt. Dann müssen Schal, Mütze und Handschuhe ausgezogen und diesem Kind gegeben werden, das wiederum versucht, an die Schokolade zu kommen.
Material: eine Tafel Schokolade, Zeitung, Schnur, Schal, Mütze, Handschuhe, Messer, Gabel, Würfel

Springseil hüpfen

Die Kinder werden in kleinere Gruppen eingeteilt. Zwei Personen aus dem Mitarbeiterteam schwingen ein langes Seil, in dem die ganze Gruppe hüpfen muss. Wie oft schafft es die Gruppe, ohne hängen zu bleiben?
Material: langes Seil

Mehl schaufeln

Jedes Kind erhält einen Teller mit ungefähr vier Esslöffeln Mehl, dazu einen Teelöffel und ein kleines Schälchen. Auf „Los!“ nehmen alle Kinder den Stiel des Teelöffels zwischen die Zähne und müssen so versuchen, in 2 Minuten so viel Mehl wie möglich in das Schälchen zu schaufeln. Die Hände sind dabei hinter dem Rücken. Anschließend wird gewogen, wer das meiste Mehl transportiert hat.
Material: digitale Küchenwaage, pro Kind Teller, Teelöffel, Mehl, Schälchen

37. Zachäus

Bibeltext: Lukas 19,1-10
Zielgedanke: Jesus will mit allen Menschen Gemeinschaft haben und das wegnehmen, was uns von Gott trennt.

Einstiegsspiel

In den Kreis

Alle Kinder bis auf eines bilden einen engen Kreis und haken sich bei den Nachbarn/Nachbarinnen ein. Ein Kind steht draußen und muss nun versuchen, in den Kreis zu kommen. Kratzen und Treten ist dabei nicht erlaubt. Gelingt es ihm, kann die Rolle gewechselt werden. Gelingt es ihm nicht, sollten nach einiger Zeit die Rollen getauscht werden.
Material: keines

Einstiegsfragen

- Wie fühlt man sich als Außenseiter/Außenseiterin, wenn man nicht in den Kreis darf? Wo erlebst du dich als Außenseiter/Außenseiterin?
- Wie gehst du mit Außenseitern/Außenseiterinnen in deiner Klasse um?

Vorlesegeschichte

Zachäus ist ärgerlich. Er ärgert sich über die anderen, die ihm die Sicht versperren. Heute kommt Jesus nach Jericho. Den will er so gern sehen. Er hat schon viel von ihm gehört, aber ihn noch nie gesehen. Heute hat er endlich mal dazu die Gelegenheit. Aber die Menschen versperren ihm die Sicht. Keiner will ihn nach vorne lassen. Und das, obwohl Zachäus zu den Reichen in dieser Stadt gehört. Aber das zählt heute nicht.
Zachäus hat keine Freunde hier. Ihm gehört die Zollstation am Stadttor. Jeder, der in der Stadt etwas verkaufen will, muss an ihm vorbei und Zoll für seine Waren bezahlen. Der eine mehr, der andere noch mehr, je nachdem wie freundlich man zu Zachäus ist. Zachäus weiß, dass das nicht richtig ist. Aber so kann er etwas Geld zur Seite schaffen, das er nicht abgeben muss. Die Menschen mögen ihn nicht. Zachäus ist ungerecht, unfair und denkt nur an sich. Kein Wunder, dass ihn niemand durchlässt.
Zachäus ärgert sich aber auch über sich selbst. Er ärgert sich darüber, dass er so klein ist. Und er ärgert sich auch, dass er hier keine Freunde hat. Das hat er sich selbst zuzuschreiben und auch das ärgert ihn. Hätte er einen Freund, würde der ihn bestimmt nach vorne lassen, damit er auch etwas sehen kann.
Da hat Zachäus eine Idee: Er muss ja nicht hier auf Jesus warten, wo alle warten. Er kann ein Stück vorauslaufen. Dann steht er in der ersten Reihe. Gedacht, getan. Zachäus läuft ein Stück die Straße voraus. Da sieht er einen Maulbeerbaum, auf den er gut klettern kann. „Prima", denkt Zachäus, „dann sehe ich auch noch, wenn sich jemand vor mich stellen sollte."

Von seinem Platz im Baum aus hat Zachäus die Straße gut im Blick. Ja, jetzt sieht er Jesus kommen. Mit ihm gehen viele Menschen, es sieht fast wie ein Festzug aus. Immer mal wieder bleibt Jesus stehen, weil er mit den Menschen so ins Gespräch vertieft ist. Nur langsam kommt er voran. Als Jesus an Zachäus' Baum vorbeikommt, bleibt er stehen und schaut nach oben. „Zachäus, komm herunter, ich möchte heute gern bei dir essen und dein Gast sein." Zachäus rutscht fast das Herz in die Hose! So getroffen ist er von Jesu Blick! Da ist einer, der ihn sieht! Und noch unglaublicher ist seine Selbsteinladung! Nicht dass Zachäus das unverschämt findet. Nein, im Gegenteil, er freut sich, dass Jesus zu ihm, dem kleinen Mann, den keiner mag, kommen will. Schnell klettert er vom Baum herunter und nimmt Jesus mit nach Hause. Ein paar Menschen rufen noch beleidigende Bemerkungen hinterher, aber das stört Zachäus nicht. Er weiß, ab jetzt ändert sich sein Leben. „Jesus, ich war nicht immer ehrlich, wenn ich den Menschen den Zoll berechnet habe", sagt er. „Ich will das wieder in Ordnung bringen. Die Hälfte von allem, was ich habe, spende ich den Armen. Und denjenigen, die ich betrogen habe, will ich alles vierfach zurückgeben!"
Jesus sieht Zachäus liebevoll an. Da ist kein Vorwurf in seinem Blick, sondern eine unglaubliche Freude darüber, dass Zachäus sein Leben ändert. „Ja, heute hat sich wirklich dein Leben geändert und du hast erfahren, was es bedeutet, wenn Gott ein Leben in Ordnung bringt. Du gehörst zu Gott. Genau dafür bin ich in die Welt gekommen." Zachäus weiß noch nicht, wie die anderen darauf reagieren werden, wenn er jetzt plötzlich ehrlich ist. Ob sie ihn dann mögen werden? Vielleicht. Aber er ist sich sicher, dass Gott ihn liebt.

Vertiefungsfragen

- Warum ändert Zachäus plötzlich sein Leben?
- Wenn Jesus unter deinem Lebensbaum stehen und sagen würde: „Ich will zu dir!", was würdest du dann antworten?

Spiele zum Zielen und Treffen

Geld werfen

Auf dem Boden sind mehrere Eimer, Schüsseln o. Ä. aufgestellt, die die Armen darstellen sollen. Die Eimer, die nah bei der Startlinie stehen, erhalten die Ziffer 1, die Eimer, die dahinter stehen, die Ziffer 2 und die Eimer, die weiter weg stehen, erhalten die Ziffer 5. Die Kinder (Zachäus) stellen sich an der Startlinie auf und werfen nacheinander verschiedene Geldstücke und -scheine möglichst in die Eimer. Anschließend wird gezählt. Was im 1er-Eimer gelandet ist, wird einfach gezählt, was im 2er-Eimer gelandet ist, wird verdoppelt, und was im 5er-Eimer gelandet ist, wird fünffach gezählt. Der komplette Geldbetrag wird zusammengerechnet und notiert. Dann ist das nächste Kind an der Reihe. Welcher „Zachäus" verteilt das meiste Geld?
Material: mehrere Eimer oder Schüsseln, Zettel und Kleber für die Eimer-Markierungen, Stifte und Papier, Münzen und Geldscheine (oder Spielgeldscheine), Kreppklebeband/Kreide für die Markierung der Startlinie

Geld zählen

Die Kinder werden in kleinere Gruppen eingeteilt und erhalten viel Kleingeld, alle aber dieselbe Anzahl an Münzen. Auf „Los!" müssen alle Gruppen das Geld so schnell wie möglich zählen. Wer ist zuerst fertig und hat das Geld richtig gezählt?
Material: viel Kleingeld

Eierpaletten treffen

Vier Eierpaletten werden bemalt. Dabei werden die einzelnen Mulden in fünf verschiedenen Farben ausgemalt. Jede Farbe steht für eine Punktzahl, z. B. weiß für 10 Punkte, gelb für 20 Punkte, grün für 30 Punkte, rot für 50 Punkte und schwarz für 100 Punkte. Die Eierpaletten werden nun eng nebeneinandergestellt oder zusammengeklebt und an das Ende eines langen Tisches gestellt. Ein Kind beginnt und erhält zehn Tischtennisbälle. Nacheinander lässt es die Bälle auf dem Tisch auftreffen, sodass sie dann hüpfend in einer Mulde der Eierpaletten landen. Der Ball muss vorher den Tisch berührt haben, egal wie oft, er darf nicht direkt in die Eierpalette geworfen werden. Ein Ball, der die Eierpaletten verfehlt hat, darf nicht noch einmal geworfen werden. Anschließend werden alle Punkte zusammengezählt und notiert, dann ist das nächste Kind an der Reihe. Wer macht dabei die meisten Punkte?
Material: 4 Eierpaletten (gibt es in Großküchen oder auf dem Markt), alternativ 12 bis 16 Eierschachteln, 5 verschiedene Farben, Pinsel, 10 Tischtennisbälle, Papier und Stift

Von oben treffen

Auf dem Boden vor einem Tisch sind mehrere Zonen markiert, die unterschiedlich viele Punkte geben. Die vorderste Zone gibt z. B. 10 Punkte, die mittlere 20 und die hinterste 30 Punkte. Ein Kind stellt sich auf den Tisch und erhält einen Luftballon. Diesen Luftballon muss es von oben in eines dieser Felder schlagen oder fallen lassen. Dort, wo der Luftballon zuerst den Boden berührt, werden die Punkte gezählt. Die Punkte werden notiert und das nächste Kind ist an der Reihe. Es werden mehrere Durchgänge gespielt und dann alle Punkte zusammengezählt. Wer hat am besten von oben getroffen?
Material: Kreppklebeband oder Kreide, Tisch, Luftballon

Unterwegs treffen

Alle Kinder stellen sich hinter einer langen Startlinie auf. Ein Kind hat einen größeren Ball. Die Spielleitung rollt parallel und in einiger Entfernung zur Startlinie einen kleineren Ball, den das Kind treffen muss, während dieser rollt. Es hat nur einen Versuch, dann ist das nächste Kind an der Reihe. Es werden mehrere Durchgänge gespielt. Wer trifft am häufigsten?
Material: Kreppklebeband oder Kreide, kleiner Ball, großer Ball

Socken-Boule

Jedes Kind erhält zwei gleichfarbige Socken, die es mit trockenen Körnern wie Bohnen, Erbsen, Mais o. Ä. füllt. Dann werden die Socken zugeknotet. Die Spielleitung hat eine Babysocke ebenfalls gefüllt. Diese wird nun irgendwohin in den Raum geworfen (z. B. auf einen Stuhl, auf den Tisch, auf die Fensterbank). Alle Kinder stellen sich hinter einer Startlinie auf und werfen von dort aus ihre Socken abwechselnd so nah wie möglich an die Babysocke heran. Wer am nächsten seine Socke platzieren kann, darf in der nächsten Runde die Babysocke werfen.

Material: pro Kind ein Paar Socken, eine Babysocke, getrocknete Bohnen, Erbsen, Mais, Reis o. Ä.

38. Die Hochzeit zu Kana

Bibeltext: Johannes 2,1-12
Zielgedanke: Jesus zeigt seine Macht und schenkt im Überfluss.

Einstiegsspiel

Kellnerstaffel

Die Kinder werden in zwei Gruppen eingeteilt und stellen sich hintereinander auf. Das jeweils erste Kind erhält ein Tablett, auf dem ein Glas mit Wasser gefüllt steht. Dieses Tablett gilt es, durch einen bestimmten Parcours zu tragen. Es sollte dabei möglichst kein Wasser verloren gehen. Das Tablett wird dann an das nächste Kind der Gruppe weitergegeben. Für diese Aufgabe hat die Gruppe beliebig viel Zeit. Allerdings wird am Ende pro 20 Sekunden, die die Gruppe gebraucht hat, ein Teelöffel Wasser entnommen. Wer zum Schluss am meisten Wasser im Glas hat, gewinnt.
Material: 2 Tabletts, 2 Gläser, Wasser, Hindernisse für den Parcours, Stoppuhr, Teelöffel, Messbecher

Einstiegsfragen

- Ist dir / deinen Eltern schon einmal etwas schiefgegangen (etwas verbrannt oder verschüttet), als ihr Gäste hattet? Wie habt ihr die Situation gerettet?
- Welches große Fest hast du zuletzt besucht und was war besonders daran?

Vorlesegeschichte

„Wir haben keinen Wein mehr!“ Mirjam flüstert es David ins Ohr. „Ich war gerade in der Küche und wollte meinen Krug neu auffüllen, da hieß es: ‚Alles leer!‘“ David schaut seine Schwester überrascht an. Er hat sich gerade eine kurze Verschnaufpause gegönnt und seine schmerzenden Füße massiert. Sie beide haben einen Job als Kellner bei der Hochzeit des Kaufmannsohns bekommen. „Und das bei einem Kaufmann? Da hat er sich ja wohl richtig verrechnet. Wie peinlich! Und was passiert jetzt?“, fragt David. Mirjam zuckt mit den Schultern: „Ich weiß es nicht. Komm mit in die Küche, du wirst gebraucht!“
In der Küche hat sich in der Zwischenzeit fast die ganze Dienerschaft versammelt. „Leute“, der Speisemeister klatscht in die Hände, „wir haben ein Problem. Wir tragen jetzt erst mal das Essen auf und versuchen so, die Gäste vom fehlenden Wein abzulenken. In der Zwischenzeit werde ich das mit dem Gastgeber klären. Und bitte: kein Wort zu niemandem!“ Die Diener nicken. Sie tragen die voll beladenen Platten in den Festsaal und bedienen die Gäste. Obwohl sie mit keinem Wort das Weinproblem erwähnen, hat die Großcousine des Hausherrn davon erfahren. Wie so viele Frauen hat sie ihre Augen und Ohren überall. „Jesus“, hört David sie in aufforderndem Ton zu ihrem ältesten Sohn sagen, „sie haben keinen Wein mehr!“ David ist verwundert. Woher weiß sie das? Und was soll dieser Sohn

denn daran ändern? Er sieht nicht so aus, als ob er viel Geld besäße und eben mal ein Fass Wein kaufen könnte. Aber Jesus geht nicht so richtig auf ihre Aufforderung ein, sondern gibt ihr eine patzige Antwort. Die Mutter weiß trotzdem, dass ihr Sohn helfen kann. Sie gibt David die Anweisung: „Was er euch sagt, das tut!“
Wenig später, als David auch Jesus bedient, raunt Jesus ihm zu: „Füllt diese sechs Wasserkrüge mit Wasser.“ Er zeigt auf die Krüge, die zum Waschen von Händen und Füßen gebraucht werden, wenn die Gäste ankommen. Was soll das? Es sind doch schon alle Gäste da! Nun, David hat die Anweisung, den Wünschen der Gäste nachzukommen. Also füllt er alle sechs Krüge mit Wasser aus dem Brunnen. Die anderen Diener helfen ihm. Sie haben ja Zeit, denn zum Servieren ist nichts mehr da.
„Jetzt schöpfe etwas daraus in einen Becher und bringe es dem Speisemeister!“, sagt Jesus. Also bitte! Der wird sich bedanken, wenn ich ihm einen Becher Brunnenwasser bringe. Wozu? Aber der Blick Jesu lässt keinen Widerspruch zu. Zögernd geht David und bringt dem Speisemeister den Becher. „Ah, habt ihr doch noch etwas Wein in der Vorratskammer gefunden? Wurde ja auch Zeit!“ Energisch reißt er ihm den Becher aus der Hand. Noch bevor David eine Erklärung stammeln kann, hat er den Becher schon an den Mund gesetzt und nimmt einen tiefen Schluck. Wortlos lässt er David stehen und eilt zum Bräutigam. Völlig überrascht von dieser Reaktion folgt David ihm. „Jeder tischt zuerst den guten Wein auf. Und wenn die Gäste betrunken sind, dann lässt man den schlechteren servieren. Du aber hast es umgekehrt gemacht.“ David versteht nur Bahnhof. Ist der Speisemeister selbst schon so betrunken, dass er den Unterschied zwischen Wasser und Wein nicht mehr feststellen kann? Oder hat Jesus das Wasser tatsächlich in Wein verwandelt? Es bleibt ihm nur eines: es selbst zu testen. Schnell eilt David zurück zu den Wasserkrügen. Er nimmt einen Becher und füllt ihn mit dem Wasser aus den Reinigungskrügen. Und probiert. Tatsächlich! Es ist Wein! Und was für ein guter!
„Probiert auch! Das ist Wein! Jesus hat das Wasser zu Wein gemacht!“ „Du bist doch nicht ganz richtig im Kopf! Wie soll das denn gehen?“, antworten die anderen Diener. Doch David lässt sich nicht beirren: „Nur wenn ihr es selbst probiert, werdet ihr wissen, ob es stimmt, was ich sage!“

Vertiefungsfragen

- Muss man Gott auch erst probieren, bevor man an ihn glauben kann?
- Jesus schenkt die Fülle, besten Wein. Welche großen Geschenke hat er dir in deinem Leben gemacht? Wofür kannst du dankbar sein?

Spiele zum Kellnern und Feiern

Getränke schmecken

In unterschiedliche blickdichte Krüge oder leere Getränkedosen sind verschiedene Getränke gefüllt (z. B. Apfelsaft, Zitronenlimonade, Mineralwasser, Leitungswasser, Cola, Tee usw.). Die Krüge oder Dosen sind nummeriert. Jedes Kind erhält einen dunklen Strohhalm und muss durch Trinken herausfinden, was sich in den Krügen/Dosen befindet.

Dabei sollte jeweils nur ein kleiner Schluck getrunken werden, damit für alle etwas übrig bleibt. Die Kinder schreiben ihre Vermutung auf Zettel. Anschließend wird das Rätsel gelüftet.
Material: blickdichte Krüge oder leere Getränkedosen, verschiedene Getränke (z. B. Apfelsaft, Zitronenlimonade, Mineralwasser, Leitungswasser, Cola, Tee usw.), dunkler Strohhalm für jedes Kind

Feinschmecker

Ähnliche Produkte von unterschiedlichen Herstellern müssen geschmeckt werden, z. B. Cola, Chips, Schokolade, Schokocreme o. Ä. Es sollten jeweils drei zur Auswahl stehen. Die Teller oder Gläser sind nummeriert und die drei Produktnamen müssen genannt werden, z. B. Coca Cola®, Pepsi Cola® und River Cola®. Jedes Kind erhält einen Strohhalm oder Löffel und testet. Seine Vermutung notiert es auf einem Zettel. Anschließend wird das Rätsel gelöst.
Material: ähnliche Produkte verschiedener Hersteller (z. B. Cola, Chips, Schokolade, Schokocreme), für jedes Kind: Strohhalme und Löffel, Teller, Gläser, Papier und Stifte

Hochzeitsbegriffe erklären

Die Kinder werden in zwei Gruppen eingeteilt. Verschiedene Begriffe zur Hochzeit (z. B. Brautkleid, Ehering, Brautstrauß, Torte anschneiden, Bibel, Hochzeitsauto, Bräutigam, unterschreiben, Essen, Fotos machen, Schwiegermutter, Kerze usw.) sind auf kleine Kärtchen geschrieben. Das Kind einer Mannschaft kommt nach vorn und würfelt. Bei einer Eins und Zwei muss ein Begriff gemalt, bei einer Drei und Vier erklärt und bei einer Fünf und Sechs pantomimisch gezeigt werden. Dann zieht das Kind einen Begriff und erklärt ihn so der Gruppe. Wer ihn zuerst errät, dessen Gruppe bekommt einen Punkt. Das Kind der anderen Gruppe darf nun würfeln und den nächsten Begriff erklären.
Material: Kärtchen mit Begriffen, Würfel, Plakat und Stift

Geschenke ertasten

Verschiedene Gegenstände aus dem Haushalt (z. B. Buch, Kochlöffel, Milchpackung, Tastatur usw.) werden in Zeitungspapier eingepackt und nummeriert. Jedes Kind erhält Zettel und Stift und muss die Geschenke abtasten und seine Vermutung notieren. Anschließend werden die Geschenke ausgepackt und die Vermutungen verglichen. Wer hat die meisten Geschenke ertastet?
Material: verschiedene Gegenstände aus dem Haushalt eingepackt in Zeitungspapier (z. B. Buch, Kochlöffel, Milchpackung, Tastatur usw.), Papier und Stifte

Hochzeitsgeschenke auspacken

Ein Geschenk für alle (Kekse o. Ä.) wird in viele Lagen Zeitungspapier eingepackt. Auf jeder Lage Papier klebt ein Zettel mit einer Aufgabe. Diese Aufgabe muss erfüllt werden. Wer sie als Erstes richtig erfüllt hat, darf die nächste Lage auspacken und die neue Aufgabe laut vorlesen.

Beispiele für Aufgaben:

- Pflücke fünf Blumen für die Braut!
- Stehe auf und singe dem Brautpaar ein Lied!
- Schreibe ein vierzeiliges Gedicht über die Hochzeit!
- Bringe einen Becher mit Wasser!
- Öffne das Fenster und rufe raus: „Wir feiern heute Hochzeit!“

Die letzte Aufgabe sollte von allen Kindern gelöst werden können, z. B. „Lade deinen Nebensitzer oder deine Nebensitzerin ein, sich mit dir an den Tisch zu setzen.“ Anschließend werden die ausgepackten Kekse am schön dekorierten Tisch verzehrt!

Variante: In diese Aufgaben können auch ganze Gruppenspiele eingebaut werden, nach denen erst weiter ausgepackt werden darf, z. B. Modenschau (siehe Kapitel 32), Kekse essen (siehe Kapitel 31), Zeitungstanz (siehe Kapitel 40) o. Ä.

Material: Kekse o. Ä., Zeitungspapier, Zettel mit Aufgaben, Material für die Aufgaben

39. Die Ehebrecherin

Bibeltext: Johannes 8,1-11
Zielgedanke: Es ist nicht unsere Aufgabe, andere zu verurteilen, da wir selbst auch nicht ohne Fehler sind.

Einstiegsspiel

Steine erfühlen

Die Spielleitung gibt einen Stein herum und sagt: „Das ist Ulrich." Der Stein wird im Kreis herumgegeben. Alle dürfen den Stein betrachten und befühlen. Das Gleiche wird mit zwei weiteren Steinen gemacht, die einen anderen Namen bekommen. Ein Stein sollte „Smaragd" heißen. Dann schließen alle die Augen und nehmen die Hände auf den Rücken. Die drei Steine werden wieder im Kreis hinter dem Rücken herumgegeben, jetzt aber in einer anderen Reihenfolge. Die Kinder müssen blind erfühlen, welcher Stein zuerst, als Zweiter und zuletzt herumgegeben wurde. Die Lösung behält jedes Kind für sich. Wenn alle Steine die Runde gemacht haben, schreiben die Kinder ihre Lösung auf. Diese werden dann miteinander verglichen und das Rätsel aufgelöst.
Material: 3 unterschiedliche Steine, Zettel und Stift für jedes Kind

Einstiegsfragen

- Hast du ein Erinnerungsstück an ein bestimmtes Ereignis? Welches?
- Wie findest du das, wenn andere etwas an dir kritisieren, das sie selbst auch falsch machen?

Vorlesegeschichte

Hallo, ich bin Smaragd. Okay, ihr habt erkannt, dass ich gar kein Smaragd bin, sondern nur ein gewöhnlicher Kieselstein. Aber meine Besitzerin nennt mich so. Ich bin ihr so wertvoll, darum darf ich diesen Namen tragen. Wie das kam? Ja, das ist eine spannende Geschichte. So als Stein kommt man ganz schön weit herum. Die Menschen bleiben öfters mal an mir hängen und kicken mich vorwärts. Manche schimpfen auch über mich und werfen mich weit weg. Aber manchmal bleibe ich auch liegen, so wie damals. Um mich herum saßen viele Menschen, ein Mann redete. Es war Jesus. Er erzählte von seinem Vater, vom Himmel und viele andere schöne Geschichten. Ich war so in seine Geschichten vertieft, dass ich nicht merkte, wie mich plötzlich jemand in der Hand hatte. Er musste sehr wütend auf mich sein, denn er ballte seine Faust ziemlich fest zusammen, sodass ich nur noch ganz wenig sehen konnte. Da merkte ich, dass er gar nicht auf mich wütend war. Genau vor mir stand eine Frau, schick gekleidet. Sie war schon verheiratet, aber man hatte sie erwischt, als sie mit einem anderen Mann zusammen war. Jetzt wollte der Mann, in dessen Hand ich war, von Jesus wissen, ob man diese Frau dafür bestrafen und sie so lange mit Steinen

bewerfen darf, bis sie tot ist. Denn Mose hat das so im Gesetz vorgeschrieben. Recht hat er, dachte ich, so ein großer Fehler muss unbedingt bestraft werden. Aber dann dachte ich an die Geschichten, die Jesus uns von seinem Vater erzählt hatte. Der hat die Menschen so lieb, dass er alles für sie hergibt, sogar seinen eigenen Sohn, damit wir mit Gott leben können. Wie könnte Gott da so gemein sein?
Ich war gespannt, was Jesus sagen würde. Er sagte nichts. Der Mann, in dessen Hand ich war, wurde noch wütender. Mir wurde fast schwarz vor Augen, so sehr drückte er seine Hand zu. Erst auf die zweite Frage antwortete Jesus: „Wer von euch noch keinen Fehler gemacht hat, der soll den ersten Stein auf die Frau werfen." „Jetzt werde ich bestimmt gleich durch die Luft fliegen", dachte ich, denn der Mann hier hat bestimmt noch keinen Fehler gemacht. Sonst würde er ja nicht so wütend sein. Aber da merkte ich, wie langsam der Druck von mir wich und ich zu Boden kullerte. Ich landete direkt neben den Füßen der Frau. Ich wunderte mich ziemlich. Hatte der Mann nicht getroffen? Aber da sah ich, wie er langsam davonging. Auch die anderen, die schon meine Steinfreunde in der Hand hatten, gingen langsam weg. Jesus tat so, als ob ihn das alles nicht interessieren würde. Irgendwann waren Jesus, die Frau und ich allein. Keiner hatte sie bestrafen wollen. Alle hatten wohl schon Fehler gemacht. Und Jesus verurteilte die Frau auch nicht. Er hat ihr diesen Fehler vergeben. Und dabei schaute er sie ganz liebevoll an. Er schickte sie nach Hause mit der Bitte, so einen Fehler nicht mehr zu machen.
Ich war völlig verwirrt. So ein Ende hatte ich nicht erwartet. Aber ich fand es super, dass Jesus nicht so gemein war wie die anderen. Er kann Fehler vergeben. Und er macht es möglich, dass Menschen einen neuen Anfang machen. Ganz plötzlich wurde ich aus meinen Gedanken gerüttelt, als die Frau mich aufhob, sich von Jesus verabschiedete und ging. Sie behandelte mich liebevoll, wusch mich und gab mir einen guten Platz in ihrem Regal. Immer wenn Menschen zu Besuch kommen, fragen sie: „Was ist das für ein hässlicher Kieselstein in deinem Regal?" Dann erzählt meine Besitzerin, wie Jesus ihr Leben verändert hat. Als Erinnerung daran hat sie mich mitgenommen. Ich bin für sie wie ein wertvoller Edelstein geworden, wie ein Smaragd eben. Darum heiße ich jetzt so.

Vertiefungsfragen

- Gott vergibt die Schuld, dir und anderen. Beim wem fällt es dir schwer, das zu glauben? Auf wen bist du ärgerlich?
- Wir sind nicht besser als andere. Wie lebst du das?

Spiele mit Steinen

Stein ertasten

Verschiedene Gegenstände, die sich ähnlich wie ein Stein anfühlen (z. B. harte Zitrone, gekochtes Ei, Kartoffel usw.) und ein Stein werden nebeneinander unter ein Tuch gelegt. Die Kinder müssen nacheinander ertasten, welches davon der Stein ist.
Material: verschiedene harte Gegenstände (z. B. harte Zitrone, gekochtes Ei, Kartoffel), Stein, Tuch

Steinschlag

Mit einigen größeren Steinen wird ein Steinhaufen gebildet, der mit einem flachen Stein abschließt. Oben drauf wird ein Kieselstein gelegt. Aus 2 m Entfernung muss nun jedes Kind einen Stein werfen und versuchen, den Kieselstein vom Steinturm zu schlagen. Die Kinder werfen immer abwechselnd, bis es ein Kind geschafft hat. Dann beginnt eine neue Runde. Es ist darauf zu achten, dass niemand hinter dem Steinhaufen steht und versehentlich getroffen wird.
Material: mehrere Steine verschiedener Größe, ein flacher Stein, ein Kieselstein, Kreide/ Kreppklebeband als Markierung für die Startlinie

Stein finden

Viele kleinere Kieselsteine werden auf einem Tisch ausgelegt. Ein Kind, das sich freiwillig gemeldet hat, geht vor die Tür. Die anderen Kinder, die um den Tisch herumsitzen, wählen einen Stein aus, den sie sich gut merken. Das Kind wird von draußen hereingerufen und muss nun erraten, welchen Stein die Gruppe gewählt hat. Dabei tippt es auf einen Stein und fragt: „Habt ihr diesen gewählt?“ Wenn nicht, dann wird er auf die Seite gelegt. Ziel des Spieles ist es, so wenig Tipps wie möglich abzugeben, um den richtigen Stein zu finden.
Material: viele Kieselsteine

Mutter und Tochter

Die Kinder werden in zwei Gruppen eingeteilt. Jede Gruppe erhält einen größeren und einen kleineren Stein. Auf einen größeren Stein (Mutter) wird ein kleinerer Stein (Tochter) gelegt. Die Mutter muss reihum weitergegeben werden, ohne die Tochter zu verlieren. Dabei darf nur die Mutter angefasst werden. Welche Gruppe schafft den schnellsten Durchgang?
Variante 1: Alle Kinder stehen hintereinander und müssen die Mutter unter den Beinen durchgeben.
Variante 2: Ein Parcours wird aufgebaut (unter Tische, über Stühle usw.), den die Kinder mit der Mutter in der Hand absolvieren müssen.
Material: 2 große Steine, 2 kleinere Steine, bei Bedarf: Stoppuhr

Boccia

Die Kinder werden in kleinere Gruppen eingeteilt, jedes Kind erhält zwei Steine, die es in der Gruppenfarbe bemalt (oder die Steine sind schon im Vorfeld bemalt, dann spart man sich die Trockenzeit). Auf einer Wiese wird in einiger Entfernung ein Stein gelegt. Die Kinder stellen sich hinter einer markierten Linie auf und werfen abwechselnd ihre Steine. Welcher Stein liegt am Ende am nächsten beim großen Stein?
Material: pro Kind zwei Steine, Farben, Pinsel, Linienmarkierung (z. B. Seil)

Stein-Dart

Mit Straßenkreide werden unterschiedlich große Felder auf den Boden gemalt und mit unterschiedlichen Zahlen ausgefüllt. Alle Kinder erhalten drei Kieselsteine und müssen von einer bestimmten Linie ab ihre drei Steine werfen und auf diese Weise so viele Punkte wie möglich erreichen.
Material: Kreide, pro Kind 3 Kieselsteine

Schachteln schieben

Die Kinder werden in zwei Gruppen eingeteilt und stellen sich hintereinander an der Startlinie auf. In 2 m und 4 m Entfernung ist jeweils eine Linie gezogen. An der vorderen Linie steht pro Gruppe eine leere Schachtel. Jedes Kind bekommt einen Stein und muss versuchen, die Schachtel so zu treffen, dass sie ein Stück nach hinten rutscht. Die Gruppe, die die Schachtel zuerst über die zweite Linie bringt, hat gewonnen. Wenn alle Steine geworfen sind, machen alle Pause und sammeln die Steine für eine nächste Runde ein.
Material: Kreide, 2 leere Schachteln, pro Kind einen Stein

40. Der Einzug in Jerusalem

Bibeltext: Markus 11,1-11
Zielgedanke: Jesus wird als der König gefeiert.

Einstiegsspiel

Reise nach Jerusalem

Einige Stühle (einer weniger als Kinder) werden in zwei Reihen in die Mitte gestellt, dabei sind die Rückenlehnen der beiden Reihen zusammen. Alle Kinder laufen um diese Stuhlreihen herum, während die Spielleitung Musik abspielt oder selbst macht. Stoppt die Musik, muss sich jedes Kind einen Platz suchen. Wer keinen mehr findet, scheidet aus. Ein Stuhl wird entfernt und das Spiel geht weiter, bis nur noch ein Kind übrig ist.
Material: Stühle, Musik und Abspielgerät

Einstiegsfragen

- Wohin und mit was (Auto, Flugzeug, zu Fuß) bist du schon einmal gereist?
- Wie begrüßt du deine Freunde/Freundinnen, z. B. in der Schule oder bei Verabredungen?

Vorlesegeschichte

„Kommt mal alle her!" Jesus trommelt seine Jünger zusammen. Sie sind gerade in Betanien angekommen und legen eine Rast ein. „Es geht heute noch weiter nach Jerusalem. Dafür brauche ich aber einen Esel, um in die Stadt einzureiten." Die Jünger schauen sich fragend an. Einen Esel? Und warum reiten? Jesus ist doch sonst auch immer zu Fuß gegangen. „Ihr zwei", er zeigt auf zwei seiner Jünger, „ihr geht in das nächste Dorf. Dort findet ihr einen jungen Esel angebunden. Noch niemand ist auf diesem Esel geritten. Bindet ihn los und bringt ihn her. Und wenn euch jemand fragt, was ihr da macht, dann sagt: ‚Der Herr braucht ihn. Er bringt ihn auch wieder zurück.'"
Die beiden Jünger machen sich auf den Weg. Sie verstehen nicht, was Jesus vorhat. Aber sie haben schon so viele Wunder mit Jesus erlebt, dass sie nicht daran zweifeln, diesen Esel zu finden. Schnell sind sie im nächsten Dorf. Und tatsächlich: Sie sehen den Esel! Er ist an einer Tür angebunden. Ob sie ihn so einfach abbinden und mitnehmen können?
Ein paar Männer stehen in der Nähe und unterhalten sich. Sie beobachten, was die beiden Jünger machen. „He, wollt ihr etwa den Esel stehlen?", ruft einer herüber. Die Männer kommen langsam auf die beiden Jünger zu. „Ihr könnt doch nicht einfach diesen Esel losbinden und mitnehmen. Das ist Diebstahl!" „Ja, wissen wir", sagt einer der Jünger mit zittriger Stimme. „Wir stehlen ihn nicht. Wir leihen ihn nur. Der Herr braucht ihn. Wir bringen ihn danach auch wieder zurück!"

Angespannt warten die beiden, ob die Männer ihnen glauben würden. „Ach so." Die Männer zucken gleichgültig mit den Schultern und führen ihr Gespräch fort. Die beiden Jünger schauen sich überrascht an. Es stimmt also wirklich, was Jesus gesagt hat. Schnell machen sie sich auf den Rückweg. Ein bisschen Angst haben sie immer noch, dass die Männer es sich anders überlegen könnten.
In Betanien werden sie schon erwartet. Manche Jünger haben ihre Mäntel ausgezogen und legen sie als Satteldecke auf den Esel. Jesus setzt sich darauf und schon geht die Wanderung los. Was hat Jesus mit den anderen Jüngern gesprochen, dass sie gleich ihre Mäntel auf den Esel legen? Die beiden Jünger verstehen es nicht, trauen sich aber auch nicht zu fragen.
Es hat sich mal wieder herumgesprochen, dass Jesus nach Jerusalem kommt. Immer mehr Menschen gehen mit ihnen. Kaum haben sie das Stadttor von Jerusalem erreicht, da beginnen die Menschen zu jubeln. Sie ziehen ihre Mäntel aus und legen sie als Teppich auf den Boden. Mit Zweigen von den Bäumen wedeln und winken sie Jesus zu. Jesus zieht in Jerusalem ein wie ein König!
Na klar! Jetzt verstehen es die beiden Jünger. Jesus zeigt sich als der, der er wirklich ist. Er ist der König, den Gott geschickt hat. Er kommt, um Gottes Reich aufzubauen. Und er kommt nicht auf einem Schlachtross und erobert die Stadt mit seinem Schwert. Nein, er kommt auf einem jungen Esel als sanfter König, der Liebe bringt.

Vertiefungsfragen

- Wenn Jesus der König der Welt ist, was bedeutet das dann für alle anderen auf der Welt, die auch Macht haben, z. B. Präsidenten, Bürgermeister usw.?
- Warum legen die Menschen ihre Kleider auf den Boden? Wie können wir heute Jesus ehren?

Spiele zum Feiern und Jubeln

Reise nach Jerusalem für alle

Wie beim Einstiegsspiel werden die Stühle aufgestellt und die Kinder laufen zur Musik außen herum. Stoppt die Musik, müssen alle auf den Stühlen irgendwie Platz finden, zur Not im Stehen, niemand darf mehr den Boden berühren. Dann wird ein Stuhl weggenommen und die Musik geht weiter. Dies wird so lange gespielt, bis ein Kind den Boden berührt. Schafft es die Gruppe, nur auf einem Stuhl zu sein?
Material: Stühle, Musik und Abspielgerät

Zeitungstanz

Alle Kinder erhalten ein doppeltes Zeitungsblatt, das sie vor sich auf den Boden legen. Zur Musik müssen sie darauf tanzen und dürfen nicht auf den Boden treten. Wenn die Musik stoppt, gehen sie von der Zeitung und falten das Blatt einmal in der Mitte zusammen. Dann geht es mit Musik und Tanz weiter. Wer den Boden berührt oder nicht tanzt, scheidet aus. Wer hält es am längsten auf der immer kleiner werdenden Zeitung aus?

Variante: Je nach Vertrautheit in der Gruppe kann auch zu zweit auf dem Blatt getanzt werden.
Material: Zeitung, Musik und Abspielgerät

Tanz der Tiere

Zwei Kinder setzen sich rechts und links des Raumes, dazwischen befindet sich eine Tanzfläche. Alle anderen Kinder überlegen sich ein Tier. Sobald die Musik startet, bewegen sie sich wie das ausgedachte Tier. Die Kinder am Rand rufen das Tier laut, wenn sie es erraten haben. Das entsprechende Kind geht dann zu demjenigen Kind, das es erraten hat (nach links oder rechts). Dies geht so lange, bis alle Tiere erraten sind. Wer hat die meisten tanzenden Tiere erkannt?
Material: Musik und Abspielgerät

Huttanz

Alle Kinder tanzen zur Musik im Raum. Ein Kind hat einen Hut auf, den es einem anderen Kind auf den Kopf setzen muss. Dieses Kind gibt den Hut weiter, muss sich aber vorher einmal um sich selbst drehen. Wer den Hut berührt, wenn die Musik ausgeht, scheidet aus. Wer bleibt bis zum Schluss im Spiel?
Material: Musik und Abspielgerät, Hut

Stopptanz

Alle Kinder tanzen zur Musik. Stoppt die Musik, müssen auch die Kinder sofort erstarrt stehen bleiben. Wer sich bewegt, scheidet aus.
Material: Musik und Abspielgerät

Atomspiel

Alle Kinder tanzen zur Musik im Raum. Stoppt die Musik, ruft die Spielleitung eine Zahl, z. B. Drei. Nun müssen sich immer drei Kinder zusammenfinden. Wer keine Gruppe findet, scheidet aus.
Material: Musik und Abspielgerät

Tanzpartnersuche

Mehrere Kinder bilden sich zu Paaren und stellen sich in die Mitte, die anderen Kinder stellen sich im Kreis auf. Den Kindern in der Mitte werden die Augen verbunden. Nun beginnt die Musik zu spielen. Die „Blinden“ müssen versuchen, ihren Tanzpartner / ihre Tanzpartnerin zu finden. Die Kinder, die den Kreis bilden, dürfen keine Hilfe geben, aber dafür sorgen, dass die „Blinden“ den Kreis nicht verlassen. Wer seinen Tanzpartner / seine Tanzpartnerin gefunden hat, darf jetzt mit ihm/ihr tanzen und dann die Augenbinden abnehmen. Wer schafft es am schnellsten?
Material: Musik und Abspielgerät, Augenbinden

Flaschentanz

Im Raum werden zehn leere Flaschen in zwei Reihen aufgebaut, fünf links und fünf rechts. Die Kinder werden in Paare eingeteilt und müssen durch diese Flaschengasse tanzen. Wer eine Flasche umwirft, scheidet aus. Sind alle durch die Gasse getanzt, werden die Flaschen 5 bis 10 cm enger gestellt und alle tanzen wieder durch die Gasse, bis nur noch ein Paar übrig bleibt.

Material: Musik und Abspielgerät, 10 leere Flaschen

Luftballontanz

Jedes Kind erhält einen Luftballon und beschriftet ihn mit seinem Namen. Sobald die Musik startet, müssen alle Kinder ihren Luftballon nach oben tippen. Der Luftballon darf nicht auf den Boden fallen. Wessen Luftballon auf den Boden fällt, scheidet aus. Hier kann man sich gegenseitig behindern, den Luftballon des anderen wegschlagen usw. Wer bleibt bis zum Schluss übrig?

Variante: Jedes Kind erhält zwei Luftballons und damit zwei Leben. Die Luftballons müssen gleichzeitig in der Luft sein. Man scheidet erst aus, wenn auch der zweite Luftballon den Boden berührt hat.

Material: Musik und Abspielgerät, Luftballons

Nachtanzen

Ein Kind wird als Vortänzer bestimmt. Sobald die Musik beginnt, tanzt dieses Kind in einer bestimmten Bewegung, z. B. hüpft es auf einem Bein, winkt mit der rechten Hand, wirft die Beine abwechselnd nach vorn usw. Alle anderen Kinder müssen diese Bewegung nachmachen. Dann klatscht das Kind ein anderes Kind ab, das dann den Vortänzer macht. Jedes Kind, das gern möchte, sollte einmal abgeklatscht werden.

Material: Musik und Abspielgerät

41. Die Verleugnung des Petrus

Bibeltext: Markus 14,43-72
Zielgedanke: Obwohl wir Menschen Gott nicht treu bleiben können, bleibt Gott uns treu.

Einstiegsspiel

Mogeln

Die Kinder sitzen im Kreis an einem Tisch. Viele Zahlenkarten in vier Farben (z. B. Elfer Raus!® oder UNO®) werden gut gemischt und verteilt. Jede Karte sollte es jeweils doppelt geben. Jedes Kind nimmt seine Karten auf die Hand, sodass die Nachbarn/Nachbarinnen sie nicht sehen können. Ein Kind beginnt und legt eine Karte verdeckt in die Mitte. Es nennt Zahl und Farbe, z. B. eine rote Sechs. Das nächste Kind kann nun eine Sechs oder eine rote Karte ebenfalls verdeckt darauf legen usw. Glaubt ein Kind, dass der Vorgänger oder die Vorgängerin gelogen hat, sagt es laut: „Gelogen!" Dann dreht es die oberste Karte um. War es gelogen, bekommt der Lügner / die Lügnerin alle Karten aus der Mitte. War es aber richtig, muss der Zweifler / die Zweiflerin den Kartenstapel nehmen. Wer zuerst seine Karten loswird, hat gewonnen.
Material: Elfer Raus!®, UNO® o. Ä.

Einstiegsfragen

- Wie leicht fällt es dir zu lügen?
- Wenn du ein Versprechen nicht gehalten hast, wie fühlst du dich dann?

Vorlesegeschichte

Das Essen schmeckt heute wieder himmlisch! Frisches Brot und der beste Wein, das ist echt ein leckeres Passah-Essen, was ihnen hier aufgetischt wird. Petrus schiebt sich sein Brot in die rechte Wange, um einen Schluck Wein zu trinken. Mit vollem Mund hört er zu, was Jesus erzählt: „Ihr werdet euch alle von mir abwenden und davonlaufen. Ihr werdet alle bestreiten, dass ihr mich kennt." Petrus bleibt der Bissen fast im Hals stecken. Schnell schluckt er ihn hinunter und ruft: „Nein, Jesus, ich werde dich ganz bestimmt nicht im Stich lassen! Auch wenn alle anderen weglaufen, ich bleibe immer bei dir!" Ja, genau, das glaubt Petrus. Die Zeit mit Jesus ist so gut und wertvoll, wie könnte er da ihn, seinen besten Freund, verraten?
„Petrus, ich sage dir, heute Nacht wirst du mich verraten. Noch bevor der Hahn zweimal kräht, wirst du dreimal behaupten, mich nicht zu kennen." Petrus widerspricht: „Nein, Herr, ich würde sogar für dich sterben!" Auch die anderen Jünger stimmen ihm zu: Sie werden immer bei Jesus bleiben, egal, was kommt. Jesus schaut sie nur traurig an. Er sagt nichts mehr.

Aber ein paar Stunden später ist das meiste schon wahr geworden. Jesus wird gefangen genommen. Die Jünger haben ihn kaum beschützt. Einer hat noch versucht, mit dem Schwert zu kämpfen, aber gegen die Überzahl der Truppe, die Jesus verhaftet, ist er machtlos. Alle Jünger fliehen. Sie haben Angst um ihr Leben. Nichts von dem, was sie Jesus versprochen haben, gilt noch.
Petrus hat sich in einem Gebüsch versteckt und von dort alles beobachtet. Er mischt sich unter die aufgebrachte Menge und folgt Jesus in einigem Abstand. Er will sehen, wo sie ihn hinbringen. Vielleicht kann er ihm ja doch irgendwie helfen. In den Palast des Obersten Priesters traut er sich nicht hinein, nur bis in den inneren Hof. Dort bei den anderen Männern wärmt er sich am Feuer. Hier wird er kaum auffallen.
„Sag mal, ich habe dich hier noch nie gesehen. Bist du nicht auch ein Anhänger von diesem Jesus?“ Petrus schießt das Blut in den Kopf! Wie konnte er nur so schnell entdeckt werden? Wird er jetzt auch verhaftet, vielleicht sogar getötet? Ohne lange nachzudenken, antwortet Petrus: „Hä? Von wem? Ich habe keine Ahnung, von wem oder was du sprichst!“ Schnell steht Petrus auf und verlässt den Hof. Vielleicht hat ihn doch einer erkannt? Petrus hat Angst. In der Ferne kräht ein Hahn.
Auch vor dem Palast sind einige Menschen zusammengekommen. Hier drückt sich Petrus herum. Er will Jesus nicht ganz im Stich lassen. „Der gehört doch auch zu diesem Jesus!“ Eine Magd zeigt mit dem Finger auf Petrus. Alle starren ihn an. „Nein, ganz bestimmt nicht. Ich habe nichts mit ihm zu tun!“ Petrus streitet es wieder ab, Jesus zu kennen. Aber die anderen, die das gehört haben, bestätigen: „Natürlich, du gehörst zu diesem Jesus und seinen Jüngern. Du bist doch auch aus Galiläa!“ Jetzt will Petrus nur noch seine Haut retten: „Wenn ich es euch doch sage, ich habe nichts mit diesem Jesus zu schaffen. Ich schwöre es, dass ich ihn nicht kenne!“
In diesem Moment kräht der Hahn zum zweiten Mal. Da fällt Petrus wieder ein, was Jesus ihm vor wenigen Stunden gesagt hat. „Du wirst dreimal sagen, dass du mich nicht kennst!“ Petrus hatte es Jesus versprochen, ihm treu zu bleiben. Aber er hat es nicht geschafft. Schnell verlässt er den Hof. Er weint bitterlich. Er schämt sich. Er ist unendlich traurig über sich, dass er Jesus nicht helfen konnte und sogar seine Freundschaft zu ihm verleugnet hat.

Vertiefungsfragen

- Warum hat Petrus Jesus verleugnet?
- Wenn andere dich spöttisch fragen, ob du etwa an Jesus glaubst, was sagst du dann?

Spiele um die Wahrheit

Stimmt – Stimmt nicht

Alle Kinder stellen sich im Kreis auf und überlegen sich eine Behauptung, die wahr oder gelogen ist, z. B. „Ich war noch nie in Österreich.“, „Ich habe einen Wellensittich.“, „Mein Opa ist Jäger.“ usw. Ein Kind, das sich freiwillig gemeldet hat, geht in die Mitte und zeigt auf ein Kind. Das Kind muss seine Behauptung sagen. Das Kind in der Mitte rät nun, ob

diese Behauptung wahr oder gelogen ist. Hat es richtig geraten, tauschen die beiden die Plätze. Hat es falsch geraten, muss es auf ein anderes Kind zeigen.
Material: keines

Flaschen steigen
Sechs Flaschen werden im Abstand von ungefähr 50 cm in einer Reihe aufgestellt. Mehrere Kinder, die sich freiwillig gemeldet haben, gehen nacheinander über die Flaschen in die Zwischenräume. Dann werden sie nach draußen geschickt. Dort werden dem ersten Kind die Augen verbunden. In der Zwischenzeit werden drinnen die Flaschen leise zur Seite geräumt. Das Kind wird in den Raum geführt und soll nun über die „Flaschen" steigen, die ja nicht mehr da sind. Wenn das Kind am Ende der Reihe angekommen ist, wird ihm die Augenbinde abgenommen und das Kind merkt, dass alles nur gelogen war. So wird auch mit allen anderen Kindern vor der Tür verfahren.
Material: 6 Flaschen, Augenbinde

Ja-Nein-Stuhl
Die Kinder werden in zwei gleich große Gruppen eingeteilt, die sich auf Stühlen gegenübersitzen. Die Gasse dazwischen sollte 2 m breit sein. An jedem Ende der Gasse steht ein Stuhl. Der eine wird mit einem Ja-Schild beklebt, der andere mit einem Nein-Schild. Die Kinder erhalten eine Nummer. Alle Nummern müssen in beiden Gruppen vorkommen. Dabei sollten sich die gleichen Nummern gegenübersitzen. Die Spielleitung stellt nun eine Behauptung auf, z. B.: „Heute ist Donnerstag." Dann nennt sie eine Zahl, z. B. die 4. Die Kinder mit der Nummer 4 müssen überlegen, ob diese Behauptung stimmt oder nicht und setzen sich dann auf den entsprechenden Stuhl. Wer zuerst auf dem richtigen Stuhl sitzt, bekommt einen Punkt für seine Gruppe.
Mögliche Behauptungen:
- Gott erschuf die Welt in acht Tagen.
- An Ostern feiern wir die Geburt Jesu.
- 1 kg Äpfel wiegt mehr als 1 kg Kartoffeln.

Material: Stühle, Papier und Stifte

Für dich
Aus Pappe werden 80 kleine Karten in DIN-A7-Format ausgeschnitten und mit den Zahlen 1 bis 10 beschriftet. Jede Zahl soll achtmal vorkommen. Dann werden die Karten gut gemischt. Alle Kinder sitzen am Tisch, die Karten werden gleichmäßig unter allen Kindern aufgeteilt. Ein Kind beginnt und legt vor ein beliebiges Kind eine Karte verdeckt auf den Tisch und sagt: „Für dich – eine 8." Das Kind entscheidet nun, ob dies stimmt oder nicht und äußert seine Meinung laut. Dann dreht es die Karte um. War die Meinung richtig, muss das Kind, das die Karte gelegt hat, die Karte vor sich offen auslegen. War die Meinung falsch, muss das Kind, das falsch geraten hat, die Karte offen vor sich auslegen. Wer die Karte vor sich auslegen musste, nimmt eine Karte aus seiner Hand und legt sie vor einem anderen Kind ab usw. Wer zuerst vier Karten mit demselben Wert vor sich liegen hat, hat verloren.
Material: Pappe, Stift, Schere

Ringlein, Ringlein

Alle Kinder sitzen im Kreis, nur ein Kind, das sich freiwillig gemeldet hat, steht in der Mitte. Zwischen den Kindern wird ein Wollfaden im Kreis gespannt. Bevor er zugeknotet wird, wird ein Ring aufgefädelt. Alle Kinder halten sich mit beiden Fäusten am Wollfaden fest und schieben sie zusammen und auseinander. In einer Faust ist der Ring, der so im Kreis herumgegeben wird. Das Kind in der Mitte schließt zu Beginn die Augen und zählt bis Zehn. Dann darf es die Augen öffnen und muss nun raten, wo sich der Ring befindet. Alle Kinder tun so, als würden sie den Ring weitergeben und erschweren damit die Suche. Hat das Kind in der Mitte den Ring gefunden, werden die Plätze getauscht und ein anderes Kind kommt in die Mitte.

Material: Wollfaden, Ring

42. Jesu Kreuzigung und Tod

Bibeltext: Markus 15
Zielgedanke: Jesus stirbt am Kreuz für unsere Schuld. So wird Vergebung möglich.

Einstiegsspiel

Kreuz bewachen

Das Spielgebiet wird festgelegt und sollte gute Versteckplätze haben. Ein Bereich, der als Gefängnis dient, wird markiert. Zwei Kinder sind römische Soldaten, die anderen spielen die Jünger. Aus zwei Stöcken wird ein Kreuz gelegt, sodass es für alle gut zugänglich ist. Nun verschwinden alle Jünger im Gebüsch, während die Soldaten mit geschlossenen Augen bis 20 zählen. Die Aufgabe der Soldaten ist es, alle Jünger durch Abschlagen zu schnappen und in das Gefängnis zu bringen. Die Jünger können sich gegenseitig befreien, indem sie das Kreuz „zerstören", also die beiden Stöcke auseinanderlegen.
Gelingt es den Soldaten, alle Jünger in das Gefängnis zu bringen, haben sie gewonnen. Gelingt es nicht, können nach einiger Zeit die Rollen getauscht oder die Anzahl der Soldaten erhöht werden.
Material: 2 Stöcke

Einstiegsfragen

- Wovor hast du Angst und würdest am liebsten weglaufen?
- Wurdest du schon einmal für etwas beschuldigt, das du gar nicht getan hast? Wie war das für dich?

Vorlesegeschichte

Jesus muss weg, denn so geht das nicht mehr weiter! Jesus hetzt das Volk auf gegen die alten Traditionen, gegen den alten jüdischen Glauben. Jesus muss weg! Das haben die führenden Priester, die Ratsmitglieder und die Schriftgelehrten entschieden. Anders ist Jesus ja nicht mehr beizukommen. Sie haben es mit Argumenten versucht. Aber Jesus beharrt auf seiner Meinung. Er lässt nicht mit sich reden. Er muss weg!
Sie haben Jesus verhaftet und schicken ihn zu Pilatus. Er ist der Stellvertreter der römischen Regierung. Nur er darf die Urteile sprechen. Pilatus fragt Jesus: „Stimmt das, was die Juden über dich sagen? Bist du wirklich der König der Juden?" „Du sagst es." Mehr sagt Jesus nicht. Seine Gegner, die ihn zu Pilatus gebracht haben, tragen viele Argumente vor, warum Jesus wegmuss. Jesus schweigt. Reden macht hier keinen Sinn. Sie würden ihm ja sowieso nicht glauben.
Pilatus ist nicht wirklich glücklich. Er soll Jesus verurteilen, obwohl dieser nichts getan hat. Er weiß, die Priester wollen Jesus weghaben, weil sie neidisch darauf sind, dass er beim Volk so beliebt ist. Da kommt Pilatus eine Idee: Jedes Jahr zum Passahfest darf er einen

Gefangenen freilassen. Damit erinnern sich die Juden an die Befreiung aus der Sklaverei in Ägypten. Pilatus könnte ja Jesus freilassen. Dann wäre alles wieder in Ordnung.
„Soll ich euch Jesus freilassen, den König der Juden?“ Pilatus steht auf seinem Balkon und ruft diese Frage den vielen Menschen zu, die gekommen sind, um über den Gefangenen zu bestimmen, der begnadigt wird. „Was für eine Frage!“, denkt Pilatus. „Wen soll er denn sonst begnadigen? Die anderen Gefangenen sind doch wirkliche Verbrecher!“ Er will gerade das Urteil für Jesus zerreißen, da horcht er überrascht auf. „Lass Barrabas frei! Lass Barrabas frei!“ Was?!? Pilatus ist verwirrt. „Barrabas ist ein Mörder! Den wollt ihr doch nicht wirklich freilassen.“ Pilatus hat nicht mit den führenden Priestern gerechnet. Sie haben das Volk aufgehetzt und Lügen über Jesus verbreitet. „Doch, gib uns Barrabas!“, ruft die Menge. „Ja, aber ... “, Pilatus sucht nach Worten, „was mache ich dann mit diesem unschuldigen Jesus?“ „Ans Kreuz mit ihm, er muss sterben!“ Na gut, sonst geben sie ja doch keine Ruhe, denkt Pilatus. Er lässt den überraschten Barrabas frei. Jesus lässt er auspeitschen und kreuzigen.
Viele Menschen sind gekommen. Der einst so beliebte und bewunderte Jesus hängt am Kreuz. Seine Kleider haben die Soldaten unter sich verlost. Auf dem Weg zur Hinrichtung und auch jetzt hier oben auf dem Berg Golgatha haben die Menschen nur Spott und Hohn für Jesus übrig. Überall werden Stimmen laut: „Anderen hat er geholfen, aber sich selbst kann er nicht retten!“ „Ja genau, ein Versager bist du. Nichts als große Töne kannst du spucken. Alles nur gelogen! Das geschieht dir gerade recht.“ Nur ein paar Frauen sind noch da, die Jesus wirklich liebhaben. Sie wissen: Hier geschieht ein großes Unrecht. Aber sie können nichts dagegen unternehmen. Sie bleiben bei Jesus. Bis zum Schluss. Alle anderen sind abgehauen und aus Angst, selbst gekreuzigt zu werden, weggelaufen.
Auch Josef aus Arimathäa hält zu Jesus. Er nimmt den toten Jesus vom Kreuz und beerdigt ihn in einer Höhle. Wenigstens als Toter soll er ordentlich behandelt werden. Er verschließt das Grab mit einem großen Stein, damit ihm niemand Schaden zufügen kann. Die Frauen haben ihm geholfen. Sie wollen ihn nach dem Passahfest einbalsamieren und ihm so die letzte Ehre erweisen.

Vertiefungsfragen

- Wo sind die vielen Menschen, die vielen Geheilten, die so von Jesus begeistert waren? Warum halten sie nicht zu ihm?
- Wie muss sich Barrabas gefühlt haben? Genauso stellvertretend ist Jesus für dich gestorben!

Spiele zum Weglaufen

König und Soldaten

Unter den Kindern werden ein König und ein Soldat ausgewählt. Der Soldat versucht, die Kinder zu fangen und festzuhalten. Hat er ein Kind festgehalten, kommt der König und schlägt es ab. Dann wird das abgeschlagene Kind zum Soldaten und muss ebenfalls Kinder festnehmen. Der König kann kein Kind abschlagen, das nicht festgenommen wurde. Es darf immer nur ein Soldat ein Kind festhalten. Wer bleibt bis zum Schluss übrig?
Material: Keines

Ball in die Luft

Alle Kinder stehen in einem engen Kreis. Ein Kind hat einen Ball. Es ruft den Namen eines Kindes und wirft dann den Ball senkrecht so hoch wie möglich in die Luft. Dieses Kind muss versuchen, den Ball aufzufangen. Alle anderen laufen schnell weg. Hat das Kind den Ball gefangen, ruft es den Namen eines anderen Kindes und wirft den Ball wieder senkrecht so hoch wie möglich in die Luft. Fällt der Ball aber auf den Boden, ruft das Kind laut „Stopp!“, sobald es den Ball in den Händen hat. Alle bleiben stehen. Das Kind mit dem Ball darf nun drei Schritte auf ein Kind zugehen oder -springen und es abwerfen. Das Kind darf sich bücken, aber die Füße müssen fest am Boden bleiben. Wenn das Kind getroffen wurde, dann bekommt es einen Punkt und darf als nächstes den Ball hochwerfen. Wird das Kind nicht getroffen, bekommt der Werfer einen Punkt und wirft erneut den Ball in die Luft. Wer am Ende des Spiels die wenigsten Punkte hat, hat gewonnen.
Material: Ball

Burgfangen

Die Kinder werden in Vierergruppen eingeteilt. Drei Kinder bilden eine Burg (Kreis) und halten sich an den Händen fest, das vierte Kind steht in der Mitte. Ein Kind ist ohne Gruppe und spielt den Fänger. Es muss versuchen, die Kinder in der Mitte zu fangen. Die drei Kinder versuchen, mit ihrem Körper das Kind in der Mitte zu beschützen, aber sie dürfen dabei die Hände nicht loslassen. Gelingt es dem Fänger, scheidet diese Gruppe aus. Wer bleibt bis zum Schluss übrig?
Material: keines

Baum abschlagen

An einem dicken Baum mit viel Platz außen herum wird ein ca. 7 m langes Seil befestigt, sodass ungefähr 5 m Seil übrig bleiben. Eine Markierung in einem Abstand von ca. 5 m rund um den Baum wird mit Kreide oder mit Pylonen angebracht. Ein Kind ist der Baumwächter und hält sich am Ende dieses Seiles fest. Die anderen Kinder müssen versuchen, den Baumstamm so oft wie möglich abzuschlagen. Dabei dürfen sie weder vom Baumwächter noch vom Seil berührt werden. Haben sie den Stamm einmal abgeschlagen, müssen sie erst einmal hinter die Markierung, bevor sie den Stamm erneut abschlagen dürfen. Werden sie auf dem Weg dorthin oder zurück vom Baumwächter oder dem Seil berührt, wird der Versuch nicht gewertet. Wer schafft es am häufigsten, den Stamm abzuschlagen, ohne berührt zu werden?
Material: dicker Baum mit viel Platz außen herum, 7 m langes Seil, Kreide oder Pylonen, Maßband

Fuß ab

Alle Kinder stehen im Kreis eng beisammen. Dann rufen sie gemeinsam „Fuß ab" und drehen sich dabei einmal um die eigene Achse nach außen, sodass sie etwas Abstand zueinander haben. Nun beginnt ein Kind und macht einen Schritt auf ein anderes Kind zu. Dabei muss es versuchen, den Fuß des Kindes zu treffen. Dieses Kind darf gleichzeitig den Fuß zurückziehen. Wurde es getroffen, scheidet es aus. Wurde es nicht getroffen, darf es nun einen Schritt auf dieses oder ein anderes Kind zumachen und versuchen, einen Fuß zu treffen. Wer bleibt bis zum Schluss im Spiel?

Material: keines

Ninja Ultimate

Alle stehen im Kreis und gehen drei Schritte auseinander, während sie „Ninja Ultimate" rufen. Die Schritte können groß oder klein sein. Dann beginnt ein Kind und macht eine Bewegung auf ein anderes Kind zu. Das kann ein Schritt sein oder nur eine Bewegung mit dem Arm. Dabei muss es versuchen, die Hand des anderen Kindes zu treffen. Das andere Kind darf die Hand im selben Moment zurückziehen, muss aber so stehen bleiben. Dann müssen beide in dieser Position verharren, bis sie wieder an der Reihe sind oder ein anderes Kind versucht, ihre Hand zu treffen. Reihum darf ein Kind versuchen, eine Hand zu treffen. Wessen Hand getroffen wurde, nimmt sie auf den Rücken. Wurden beide Hände getroffen, scheidet man aus. Man darf die Hand nur mit der Hand abschlagen, nicht mit dem Fuß oder einem anderen Körperteil.

Material: keines

43. Ostern

Bibeltext: Lukas 24,1-10
Zielgedanke: Jesus hat den Tod besiegt. Er ist stärker als alle Macht der Welt!

Einstiegsspiel

Möglich oder unmöglich

Der Raum wird in zwei Hälften geteilt (bildlich). Die eine Seite heißt „möglich", die andere „unmöglich". Dann werden Fragen gestellt wie z. B.: „Kann ein Fisch außerhalb des Wassers leben?" oder „Kann der menschliche Kopf um 360 Grad gedreht werden?" (Weitere Ideen gibt es im Guinnessbuch der Rekorde.) Die Kinder müssen sich auf die entsprechende Seite des Raumes stellen, je nachdem ob sie glauben, dass dies möglich oder unmöglich ist. Dann wird die Antwort aufgelöst. Die Kinder können ihre richtigen Vermutungen zählen. Die letzte Frage lautet: „Kann ein Toter wieder lebendig werden?"
Material: Fragen aus dem Guinnessbuch der Rekorde

Einstiegsfragen

- Hast du schon einmal etwas für unwahrscheinlich gehalten und dann ist es doch passiert? Was war das?
- Wie würdest du reagieren, wenn plötzlich ein Mensch, der tot ist, wieder vor dir steht?

Vorlesegeschichte

Gestern war das schrecklichste Passahfest, das Maria je gefeiert hat. Gefeiert ist der falsche Ausdruck. Sie hat einfach nur abgewartet, bis der Tag endlich vorbei war. Am Passahfest sind alle fröhlich und erinnern sich an die Befreiung aus Ägypten, damals, als Mose noch gelebt hat. Nur Maria ist nicht fröhlich. Jesus wurde getötet. Wie einen Verbrecher haben sie ihn gekreuzigt! Dabei hat er nichts getan. Zumindest nichts, was ein Verbrechen war. Er hat vielen geholfen, hat Kranke geheilt, hat Verzweifelten Hoffnung gegeben. Viele Menschen sind Jesus gefolgt. Sie waren begeistert von ihm und dem, was er von Gott erzählt hat. Das hat den jüdischen Geistlichen nicht gepasst. Denn sie hat Jesus kritisiert. Und so haben sie ihn vor Gericht geschleppt, ihm etwas angehängt und ihn umbringen lassen. Das war vorgestern gewesen. Und dann kam das Passahfest.
Maria hatte keine Zeit mehr, sich richtig von Jesus zu verabschieden. Das will sie heute tun. Mit ihren Freundinnen will sie seine Leiche einbalsamieren. Aber wer wird ihnen den schweren Stein vom Grabeingang wegrollen? Na ja, eine Lösung wird sich schon finden. Maria nimmt ihre Öle, die sie für Jesus vorbereitet hat, und geht mit ihren Freundinnen zum Grab.
Aber was ist das? Der schwere Felsbrocken, der den Eingang zum Grab versperrt hat, ist zur Seite gerollt. Hat etwa jemand den Leichnam geklaut? Maria geht in die Grabhöhle

hinein. Jesus ist nicht mehr da. Was hat das zu bedeuten? Die Frauen sind ganz aufgeregt. Wurde Jesus geklaut? Wo könnte er nur sein? Da kommen plötzlich zwei Männer zu den Frauen. Diese Männer haben sie noch nie gesehen. Sie tragen leuchtende Kleider und sehen so anders aus. Die Frauen erschrecken und schauen schnell zu Boden.
„Warum sucht ihr den lebendigen Jesus in seinem Grab? Jesus ist nicht hier. Gott hat ihn vom Tod auferweckt. Erinnert ihr euch nicht mehr daran, dass er das alles so vorausgesagt hat? ‚Ich werde von den Menschen, die voller Schuld sind, ans Kreuz genagelt. Ich muss sterben, aber am dritten Tag werde ich wieder vom Tod auferstehen!‘ Erinnert ihr euch wirklich nicht mehr?“ Doch, klar, jetzt fällt es Maria wieder ein. Aber sie hat nicht wirklich daran geglaubt, dass das stimmt. Sie hebt ihren Blick und schaut die anderen Frauen an. „Stimmt das wirklich, dass Jesus lebt?“, fragt sie in die Runde. Die anderen schauen sie etwas unsicher an. „Möglich“, sagt Johanna. „Er hat es doch gesagt, dreimal sogar, da haben diese Männer recht!“ „Wo sind die Männer eigentlich?“, fragt Maria. „Sie sind weg!“ „Waren das Engel?“ „Hat Jesus sie geschickt?“ „Wo ist Jesus jetzt?“ „Lebt Jesus?“ „Jesus lebt!“ Aufgeregt schnattern die Frauen durcheinander. Und immer öfter wird dieser eine Satz wiederholt: „Jesus lebt!“ Irgendwann brechen sie in Jubel aus. Tränen der Freude und Erleichterung laufen über ihre Wangen. „Jesus ist nicht tot, er lebt!“ „Kommt“, sagt Maria, das müssen wir unbedingt den Jüngern erzählen. Fröhlich und laut schwatzend verlassen sie die Grabhöhle. Jesus lebt. Das verändert alles.

Vertiefungsfragen

- Was bedeutet es, dass Jesus vom Tod auferstanden ist? (Mögliche Antworten: Ich muss keine Angst mehr haben, weil Gott stärker ist als Streit, Gemeinheiten und vor allem als der Tod. Ich kann mich vertrauensvoll an ihn wenden, ich weiß mich bei ihm sicher, auch im Tod muss ich keine Angst haben, denn Gott ist da. Gott ist so mächtig, dass er auch alltägliche Situationen im Griff hat, mir bei Schwierigkeiten helfen kann ...)
- Was habe ich davon, dass Jesus lebt? (Mögliche Antworten: Ich kann mit ihm leben, habe einen Freund an meiner Seite, kann mit ihm über alles reden. Er ist so mächtig und hört doch mir kleinem Menschen zu, begleitet mich im Leben, gibt mir Mut, wenn es mal blöd läuft ...)

Spiele mit Eiern (als Symbol für das Leben)

Eiersuche

Im Raum oder Haus werden Eier aus Pappe versteckt. Auf den Eiern ist jeweils ein Symbol abgebildet, deren Bedeutung nicht verraten wird. Die Kinder werden in Gruppen eingeteilt und müssen so viele Eier wie möglich finden. Sind alle Eier gefunden, wird gezählt, z. B.: Ei mit Kreuz = 5 Punkte, Ei mit Hase = 3 Punkte, Ei mit Brot = 1 Punkt, Ei mit Blume = 1 Minuspunkt, Ei mit Fuchs = 3 Minuspunkte. Welche Gruppe hat die meisten Punkte?
Material: viele Pappeier mit Symbolen

Eiersalat

Die Kinder sitzen im Kreis auf Stühlen. Jedes Kind erhält einen Ei-Namen (z. B. Rührei, Spiegelei, Osterei, Schoko-Ei), jeder Ei-Name sollte mindestens doppelt vorkommen. Ein Kind steht in der Mitte und ruft einen oder mehrere Ei-Namen. Die Kinder mit diesem Namen müssen den Platz wechseln. Das Kind in der Mitte muss dabei versuchen, einen Platz zu ergattern. Wer keinen Platz bekommt, bleibt in der Mitte und ruft wieder einen oder mehrere Ei-Namen. Ruft das Kind „Eiersalat", müssen alle die Plätze tauschen. Um zu verhindern, dass die Kinder extra in der Mitte bleiben, kann die Ei-Sorte aufgeschrieben werden, die in der Mitte bleibt. Wer am Ende die meisten Punkte hat, verliert das Spiel.
Material: keines

Kochrezepte

Die Kinder werden in Gruppen eingeteilt. Aus jeder Gruppe sitzt ein Koch am Tisch, die anderen Gruppenmitglieder sitzen am anderen Ende des Raumes. Jede Gruppe erhält Blatt und Stift, der Koch ein Ei-Rezept aus einem Kochbuch. Es sollten unterschiedliche Rezepte sein, aber mit derselben Anzahl an Zutaten. Nun müssen die Köche ihrer Gruppe ihr Rezept zuschreien. Die Gruppe muss die Zutatenliste aufschreiben. Welche Gruppe kocht am schnellsten?
Material: Ei-Rezepte, Papier und Stifte

Eierlaufen mit Hindernissen

Die Kinder werden in zwei Gruppen eingeteilt und stellen sich an einer Startlinie hintereinander auf. In einem Staffellauf muss ein Ei auf einem Löffel eine bestimmte Strecke transportiert werden. Gleichzeitig muss mit der anderen Hand ein Teebeutel an der Schnur geschleudert werden (nicht wegwerfen). Zwischen den Knien wird ein Luftballon eingequetscht. (Diese Elemente können auch nacheinander eingeführt werden.) Es empfiehlt sich, dafür Plastikeier zu verwenden. Fällt etwas herunter, muss es an Ort und Stelle aufgehoben werden. Erst dann darf weitergespielt werden.
Material: 2 Löffel, 2 Plastikeier, 2 Luftballons, 2 Teebeutel, Kreide/Kreppklebeband für die Markierung der Startlinie

Eierfangen

Die Kinder werden in zwei Gruppen aufgeteilt. Jeweils zwei Kinder einer Gruppe stehen sich hinter zwei Linien gegenüber. Jedes Kind erhält einen Eimer. Aus dem Eimer muss ein Gummi-Ei in den anderen Eimer geworfen und dort gefangen werden. Die Kinder halten dabei die Eimer in der Hand, dürfen aber die Linien nicht übertreten. Die Treffer werden gezählt. Sobald das Gummi-Ei auf den Boden fällt, ist die andere Gruppe am Zug. Welche Gruppe schafft die meisten Würfe?
Material: 2 Eimer, Gummi-Ei, Kreide/Kreppklebeband für die Markierung der Linien

Eierwerfen

Viele Becher und Schüsseln unterschiedlicher Größe werden auf den Boden oder Tisch gestellt und erhalten unterschiedliche Punkte (große Schüsseln 1 oder 2 Punkte, kleinere Becher 3 oder 4 Punkte). Tischtennisbälle, die hier als Eier dienen, müssen von einer Linie aus durch Auftreffen auf dem Boden oder dem Tisch indirekt in die Becher oder Schüsseln geworfen werden. Jedes Kind erhält dafür fünf Tischtennisbälle, die es nacheinander in die Becher oder Schüsseln wirft. Dann wird zusammengezählt. Wer hat die meisten Punkte?

Material: verschiedene Schüsseln und Becher, 5 Tischtennisbälle, Kreide/Kreppklebeband für die Markierung der Linie

44. Die Jünger auf dem Weg nach Emmaus

Bibeltext: Lukas 24,13-35
Zielgedanke: Gott ist da, auch wenn es sich manchmal nicht so anfühlt.

Einstiegsspiel

Last ablegen

Alle Kinder stehen in einem großen Kreis. Ein Kind geht um den Kreis herum und hat ein Tuch (Last) in der Hand. Dieses Tuch legt es hinter einem anderen Kind ab und rennt schnell um den Kreis herum. Das Kind, das das Tuch hinter sich liegen hat, nimmt es auf und versucht, das Kind abzuschlagen. Ist das Kind aber bereits in der Lücke angekommen, ist es sicher. Das Kind mit dem Tuch muss es nun hinter einem anderen Kind ablegen.
Material: Tuch

Einstiegsfragen

- Mit wem redest du, wenn du traurig bist? Mit wem teilst du deine Last?
- Vor was würdest du am liebsten weglaufen?

Vorlesegeschichte

Fast wäre er über einen Felsbrocken gestolpert, der sich vom Hang gelöst hatte und auf den Weg gefallen war. So sehr ist Kleopas in Gedanken versunken, dass er seine Umgebung kaum wahrnimmt. Neben ihm geht sein Freund David. Auch er stolpert so vor sich hin. Sie sind beide ziemlich frustriert. Der Tod Jesu hat sie ganz schön mitgenommen. Wie konnte das passieren? Hätten sie ihn nicht verhindern können? Und was ist mit all der Hoffnung, die Jesus verbreitet hatte?
Kleopas war sich so sicher, dass Jesus der von Gott versprochene Retter ist. Darum hat er seine Arbeit Arbeit sein lassen und ist mit Jesus mitgegangen. David hat er auch mitgenommen. Es war eine tolle Zeit mit Jesus. Sie haben viel erlebt und gesehen. Kranke wurden gesund, Arme wurden fröhlich, Pharisäer wurden nachdenklich. Jesus hat viel aus den alten Schriften erklärt. Durch seine Geschichten wurde Gott vor ihrem inneren Auge lebendig. Gott, der liebende Vater, der gute Hirte, das Licht in der dunklen Welt. Jesus konnte einfach so gut erzählen! Durch ihn war Gott nicht mehr fern.
Aber jetzt macht es keinen Sinn, in Jerusalem zu bleiben. Jesus ist tot. Kleopas und David gehen zurück. Zurück zu ihrer Familie, zurück zu ihrer Arbeit. Was wird man dort sagen? „Na, habt ihr euch doch getäuscht? Wir haben es ja gleich gesagt, dass Jesus nur ein Spinner ist!“ Kleopas mag gar nicht daran denken, wie die Nachbarn ihn verspotten werden. Er bleibt stehen und wendet sich seinem Freund zu: „David, ich bin so enttäuscht von

Jesus." „Mir geht es genauso", antwortet David, „ich war mir so sicher, dass es mit Jesus gut ausgeht. Aber jetzt? Das kann doch alles nicht wahr sein!" „Äh, 'tschuldigung, darf ich mich euch anschließen?" Ein Fremder hat die beiden eingeholt und geht jetzt mit ihnen. „Ich habe euch schon eine Weile beobachtet. Über was redet ihr denn so aufgeregt?" Kleopas bleibt stehen. „Hast du es etwa nicht mitbekommen, was da in Jerusalem passiert ist?" „Nein", antwortet der Fremde, „was denn?" „Na, das mit Jesus von Nazareth, den sie einfach so zum Tod verurteilt haben. Wir dachten, er sei derjenige, der Israel erlösen wird. Aber jetzt ist er tot! Er soll angeblich auferstanden sein, aber keiner hat ihn gesehen. Darum sind wir so traurig", erklärt Kleopas.
„Aber das steht doch schon so in den alten Schriften, dass es genau so passieren wird." Sie setzen ihren Weg wieder fort und der Fremde erklärt die alten Schriften und wie sich die Vorhersagen daraus in Jesus erfüllt haben. David und Kleopas hören interessiert zu. Es tut ihnen gut, dass jemand ihre Traurigkeit ernst nimmt und mit ihnen redet. Sie kommen sich fast so vor wie damals, als Jesus von Gott erzählt hat.
Sie sind bei Davids Zuhause angekommen. „Lieber Fremder, es ist Abend geworden. Hier wohne ich. Willst du nicht noch mit uns zu Abend essen?" David lädt den Fremden und Kleopas zu sich nach Hause ein. Der Tisch ist schnell gedeckt, Brot, Käse und Oliven sind aus der Speisekammer geholt und frisches Wasser aus dem Brunnen geschöpft. Als sie beim Essen sitzen, nimmt der Fremde das Brot, spricht ein Dankgebet und teilt es in Stücke. Da bleibt David und Kleopas der Mund offen stehen. Genau so hat es Jesus immer gemacht. In diesem Moment ist der Fremde verschwunden. „David, das ist wirklich Jesus gewesen!", ruft Kleopas. „Ja, stimmt. Mir war schon so warm ums Herz, als er uns die alten Schriften erklärt hat. Jesus lebt!" David ist vor Freude aufgesprungen. „Komm, wir müssen zurück nach Jerusalem und es den anderen sagen!"

Vertiefungsfragen

- Woran haben Kleopas und David Jesus erkannt? Wie können wir ihn heute erkennen?
- Kleopas und David gehen zurück, um den anderen von Jesus zu berichten. Wem kannst oder willst du heute von Jesus erzählen?

Spiele zum Weitersagen und Weitergeben

Geschichte erzählen

Vier Kinder, die sich freiwillig gemeldet haben, gehen vor die Tür. Die Kinder denken sich eine Geschichte aus und notieren sie, z. B.: „Die kleine Frau Meier und die dicke Frau Müller treffen sich beim Einkaufen. Frau Meier kauft 20 Kartoffeln und Frau Müller 15 Eier. Als sie gerade an der Kasse bezahlen wollen, entdecken sie einen Mann mit einer grünen Jacke, der sich vom Süßigkeitenregal fünf Tafeln Schokolade in die Hosentasche schiebt und den Laden verlässt. ‚Haltet den Dieb!', ruft Frau Müller. Aber da ist es schon zu spät. Der Dieb ist auf seinem blauen Fahrrad geflohen." In der Zwischenzeit können sich die Kinder vor der Tür ebenfalls eine Geschichte ausdenken und notieren, um die Wartezeit zu verkürzen und eine zweite Runde zu ermöglichen.

Dann wird das erste Kind von draußen hereingerufen und ihm wird die Geschichte vorgelesen oder erzählt. Dann wird das zweite Kind hereingerufen und das erste Kind erzählt dem zweiten Kind die Geschichte. Dann erzählt das zweite Kind dem dritten die Geschichte und das dritte dem vierten Kind. Anschließend wird die Originalgeschichte vorgelesen und verglichen, was davon noch übriggeblieben ist.
Material: Papier und Stifte

Reifen weitergeben
Alle Kinder stehen im Kreis und halten sich an den Händen. Zwischen zwei Händen wird ein Reifen eingefädelt. Auf „Los!“ müssen alle Kinder nacheinander durch den Reifen schlüpfen, ohne die Hände loszulassen. Die Zeit wird gestoppt, bis der Reifen wieder an der Ausgangsposition angekommen ist. Schafft es die Gruppe noch einmal schneller?
Variante: Zwei Gruppen lassen gegeneinander die Reifen im Kreis wandern. Welche Gruppe ist schneller?
Material: 2 Reifen, Stoppuhr

Signal weitergeben
Alle Kinder sitzen im Kreis und legen die Hände auf den Tisch der Nachbarn. Dabei liegt die rechte Hand zwischen den Händen des rechten Kindes auf dem Tisch (der Arm geht über dessen Arm), die linke Hand liegt zwischen den Händen des linken Kindes auf dem Tisch (der Arm liegt unter dessen Arm). Ein Kind beginnt und klatscht einmal mit der Hand auf den Tisch. Nun ist die Hand rechts daneben an der Reihe und klatscht ebenfalls einmal usw. Klatscht jemand zweimal schnell hintereinander, geht das Signal in die entgegengesetzte Richtung. Wer einen Fehler macht, muss diese Hand vom Tisch nehmen. Dies geht so lange, bis nur noch zwei Hände auf dem Tisch liegen.
Material: keines

Dreibein-Lauf
Immer zwei Kinder stellen sich nebeneinander. Ihnen werden die jeweils inneren Beine mit einem Tuch zusammengebunden. Alle stellen sich an einer Startlinie auf. Auf „Los!“ müssen sie eine bestimmte Strecke laufen und so schnell wie möglich wieder die Startlinie erreichen.
Variante 1: Mit einem Softball wird Fußball gespielt. Dabei darf nur mit dem verbundenen Fuß geschossen werden.
Variante 2: Ein Kind muss eine Kartoffel auf einem Löffel transportieren, das andere ein Glas Wasser. Fällt die Kartoffel herunter, muss das Paar sie wieder aufnehmen und von dort weiterlaufen. Wer ist zuerst wieder über der Startlinie und hat am wenigsten Wasser verloren?
Material: Tücher, Softball und Tore, Löffel, Kartoffeln, Gläser, Wasser, Kreide/Kreppklebeband für die Markierung der Startlinie

Ball weitergeben

Die Kinder werden in zwei Gruppen oder mehrere Zweierteams eingeteilt und stellen sich (in zwei Reihen) nebeneinander in genügend Abstand vor einer großen Wand auf. Das erste Kind wirft einen Ball an die Wand. Wenn er zurückkommt, muss er erst einmal auf den Boden aufkommen, bevor das Kind aus der anderen Gruppe ihn fangen und wieder an die Wand werfen darf. Wer den Ball nicht fängt, scheidet aus. Wer bleibt bis zum Schluss übrig?

Material: Gummiball

Zurück nach Jerusalem

Zwei gleiche Linien mit vielen Kurven werden mit Kreide auf den Boden gemalt. Die Kinder werden in zwei Gruppen eingeteilt und stellen sich je zur Hälfte am Anfang und am Ende einer Linie hintereinander auf. Das jeweils erste Kind dreht sich mit dem Rücken zur Linie und erhält einen Handspiegel, den es über dem Kopf hält. Auf „Los!" muss das Kind rückwärts die Linie entlanglaufen, darf dabei aber nur in den Spiegel schauen. Ist es am Ende der Linie angelangt, gibt es den Spiegel an das nächste Kind weiter, das dann den Weg wieder zurückgeht usw. Welche Gruppe schafft es schneller, alle Kinder über die Linie laufen zu lassen?

Material: Kreide, zwei gleich große Handspiegel

45. Das erste Pfingstfest

Bibeltext: Apostelgeschichte 2,1-41
Zielgedanke: Gott schenkt seinen heiligen Geist, der ermöglicht, dass Menschen aller Völker und Nationen ihn verstehen.

Einstiegsspiel

Fliegender Teppich

Die Kinder werden in zwei oder drei Gruppen eingeteilt. Jedes Kind erhält einen Strohhalm, jede Gruppe ein Blatt Zeitungspapier. Auf „Los!" müssen die Kinder beider Gruppen durch Ansaugen mit dem Strohhalm das Zeitungspapier gemeinsam über eine bestimmte Strecke transportieren. Beim Atmen müssen sich die Kinder darum gut absprechen. Fällt das Papier herunter, muss es an Ort und Stelle wieder aufgenommen werden. Erst dann darf die Gruppe weiterlaufen. Wer ist zuerst am Ziel?
Material: Zeitung, pro Kind 1 Strohhalm, Markierung für Start- und Ziellinie

Einstiegsfragen

- Was unterscheidet Wind von allen anderen Elementen?
- Wie klingt es für dich, wenn jemand in einer fremden Sprache spricht, die du nicht verstehst?

Vorlesegeschichte

„Ich glaube, ein Sturm zieht auf!" Magdalena zieht ihr Tuch enger um den Hals. „Ich bringe die Kinder ins Haus, kümmere du dich um die Schafe." Energisch schiebt sie ihren Mann Jeremias Richtung Weide und macht sich auf die Suche nach ihren Kindern, die sich irgendwohin zum Spielen verdrückt haben. „Komisches Wetter", denkt Magdalena. Gerade war noch blauer Himmel und Sonnenschein, jetzt plötzlich rauscht es so laut, als würde gleich ein Sturm aufziehen. Aber irgendetwas ist seltsam. Was bloß? Es fällt ihr nicht ein.
Magdalena findet die Kinder hinter dem Haus. Dort haben sie sich eine Festung gebaut und spielen, dass sie zwei verfeindete Völker sind, die gegeneinander kämpfen. „Kinder, kommt ins Haus, es gibt Sturm! Draußen ist es zu gefährlich." „Ach nein, Mama, jetzt nicht!", rufen sie. „Doch, schnell, ich will nicht, dass euch etwas passiert", antwortet Magdalena und nimmt die beiden Jüngsten an die Hand. „Mama, das kann doch gar nicht sein. Schau mal, die Wäsche, die du zum Trocknen aufgehängt hast, bewegt sich kein Stück. Das ist doch kein Sturm!" Jetzt fällt es Magdalena auch auf. Das war es, was sie eben bemerkt hat, aber nicht fassen konnte. Irritiert bleibt Magdalena stehen. Stimmt, ein Sturm kann es nicht sein. Aber was rauscht dann so laut? Wo kommt das her? „Ja, du hast recht", stimmt sie ihrem Kind zu, „ihr könnt weiterspielen. Ich schaue mal nach, wo dieses Rauschen herkommt."

Vor dem Haus trifft sie auf Jeremias. Auch er hat bemerkt, dass kein Sturm aufzieht, sondern etwas anderes Merkwürdiges im Gange ist. „Wo kommt das Rauschen her?“, fragt Magdalena. „Es muss irgendwo in der Stadt sein“, vermutet Jeremias. „Komm, lass uns gehen und nachsehen, was da los ist.“ Gefolgt von ihren Kindern, die neugierig geworden sind, gehen sie dem Geräusch nach. Sie sind nicht allein. Immer mehr Menschen sind auf demselben Weg. Aufgeregt schnattern sie durcheinander. Und dann scheint es, als haben sie das Haus gefunden, aus dem dieses Rauschen kommt.
Durch das Fenster kann Magdalena einen Blick auf die Bewohner des Hauses werfen. Es sind die Jünger, die damals mit Jesus unterwegs waren. Es sieht so aus, als hätten sie eine Feuerflamme auf ihrem Kopf. Und sie sprechen wirres Zeug durcheinander. Sind sie betrunken? Mitten am Tag? Das hätte Magdalena nicht von ihnen erwartet. Aber nein, was hört sie da? Da spricht einer in der Sprache ihres Vaters. Von ihm hat sie einen Dialekt gelernt, den nur ganz wenige Menschen hier in Jerusalem sprechen. Einer lobt Gott in ihrem Dialekt! Wie kann das gehen?
Auch die anderen, die vor dem Haus stehen, haben etwas von dem Stimmengewirr verstanden. „Was hat das alles zu bedeuten?“, ruft einer. „Ja, genau, was macht ihr da drinnen? Kommt raus!“, rufen andere. Da öffnet sich die Tür und Petrus tritt vor das Haus. Magdalena kennt ihn gut, denn sie war damals auch ein paar Mal dabei, als Jesus mit seinen Jüngern unterwegs war. „Leute“, ruft Petrus, „ich erkläre euch, was da drinnen vor sich geht. Es ist genau das, was schon der Prophet Joel vorhergesagt hat: Gott wird seinen Geist über alle Menschen ausgießen. Dann werden Menschen als Propheten reden, Visionen haben oder Gott im Traum sehen. Das hat auch Jesus gesagt, bevor er in den Himmel aufgenommen wurde. Das ist heute passiert.“
Petrus erzählt, was er mit Jesus erlebt hat und warum er glaubt, dass Jesus der Sohn Gottes ist. Dieser heilige Geist, den sie heute bekommen haben, ist die Bestätigung dafür, dass Jesus keinen Quatsch erzählt hat. Plötzlich versteht Magdalena die Zusammenhänge. Sie versteht die Geschichten, die Jesus erzählt hat. Alles wird ihr so klar. Und ihr wird ganz warm ums Herz. Ja, mit Jesus will sie leben, an ihn will sie glauben. Petrus fordert alle auf, ihre Schuld vor Gott zu bekennen, ihr Leben zu ändern und sich taufen zu lassen. Magdalena, Jeremias und ihre Kinder sind dabei. Mit ihnen noch viele andere, mindestens 3.000 Menschen! Etwas Neues hat begonnen.

Vertiefungsfragen

- Was tut der Heilige Geist?
- Willst du auch mit Jesus leben?

Spiele mit verschiedenen Sprachen

Begriffe raten

Die Kinder werden in Gruppen eingeteilt und erhalten einen Zettel mit zehn Wörtern in unterschiedlicher Sprache, die alle dasselbe bedeuten, z. B. singen: ènekelni (ungarisch), pjevati (kroatisch), syngja (isländisch), spievat (slowakisch), zingen (niederländisch),

ötmek (türkisch), chàng (chinesisch), rannama (arabisch), saraahna (hindi), imba (swahili). Die zehn Wörter werden links notiert, die verwendeten Sprachen rechts. Nun sollen die Kinder in 3 Minuten die richtigen Sprachen den Wörtern zuordnen. Anschließend wird aufgelöst. Wer hat die meisten Wörter richtig erraten?
Material: für jede Gruppe eine Liste mit Wörtern, Auflösung, Stifte, Stoppuhr

Märchen dolmetschen

Einem Kind, das sich freiwillig gemeldet hat, werden Kopfhörer mit lauter Musik aufgesetzt, sodass es nicht mehr hören kann, was gesprochen wird. Zwei andere Kinder stellen sich nun vor die Gruppe. Das eine Kind erzählt ein bekanntes Märchen (z. B. Schneewittchen, der Wolf und die sieben Geißlein o. Ä.). Das andere Kind mimt den Taubstummen-Dolmetscher und macht zu jedem erzählten Satz ein paar Bewegungen. Ist das Märchen grob erzählt, setzt das Kind die Kopfhörer ab und muss erraten, um welches Märchen es sich gehandelt hat.
Material: Kopfhörer mit Musik, wenn nötig: Märchentexte

Sprache erfinden

Die Kinder werden in kleinere Gruppen eingeteilt und denken sich eine neue Sprache aus, die ein System hat und auf der deutschen Sprache beruht, z. B. werden alle Buchstaben durch den Buchstaben ersetzt, der im Alphabet drei Stellen weiter hinten steht (A = D), oder nach jedem Vokal wird etwas eingefügt oder die Buchstaben werden durch Symbole ersetzt usw. Dann schreiben sie in dieser Sprache einen einfachen Satz auf (z. B. „Heute scheint die Sonne"). Je nach Anzahl der Gruppen erhalten alle von allen Gruppen einen Zettel in der neuen Sprache oder nur von einer Gruppe. Die Gruppen müssen nun die Geheimschrift der anderen Gruppen entschlüsseln.
Material: Papier und Stifte

Sätze bilden

Alle sitzen im Kreis. Ein Kind beginnt einen Satz mit einem Wort, z. B. „der". Das nächste Kind sagt ein Wort, das dazu passt, z. B. „Mann". So sind auch alle anderen Kinder an der Reihe. Die Wörter der anderen Kinder werden nicht wiederholt, jedes muss den angefangenen Satz im Kopf behalten. Der Satz sollte möglichst nicht beendet werden. Wer ihn beendet, erhält einen Punkt und beginnt einen neuen Satz. Wer am Ende die wenigsten Punkte hat, gewinnt.
Material: keines

Wörter aufzählen

Die Kinder werden in mehrere Gruppen eingeteilt. Die Spielleitung nennt eine Kategorie (z. B. Kleidungsstücke, Vornamen mit S, Länder in Europa, Tiere mit A usw.). Abwechselnd muss die Gruppe ein dazu passendes Wort sagen. Dafür hat sie jeweils 10 Sekunden Zeit. Fällt ihr nichts ein, bekommt sie einen Punkt und die nächste Kategorie wird gespielt. Vielleicht ist es sinnvoll, dass sich die Spielleitung die genannten Dinge notiert, denn es darf nichts doppelt genannt werden.
Material: Papier und Stift, Stoppuhr

Wörter erraten

Die Kinder werden in Gruppen eingeteilt und erhalten kleine Notizzettel und einen Stift. Die Spielleitung nennt einen Begriff aus einer Sprache, die kein Kind kennt (z. B. chinesisch, hindi usw.) Nun müssen sich die Kinder überlegen, was dieses Wort bedeuten könnte. Ihre Idee schreiben sie auf einen Notizzettel, auch den Namen ihrer Gruppe. Den Notizzettel geben sie der Spielleitung. Haben alle Gruppen ihren Tipp abgegeben, werden die Notizzettel gemischt, unter denen sich auch die richtige Lösung befindet. Die Spielleitung liest die Übersetzungen vor. Nun darf jede Gruppe einen Tipp abgeben, was richtig ist. Die Gruppe erhält einen Punkt, wenn sie die richtige Übersetzung gewählt hat und wenn ihre Übersetzung von einer anderen Gruppe als richtig getippt wurde. Wer am Ende die meisten Punkte hat, gewinnt.

Material: Liste mit ausländischen Wörtern, Notizzettel und Stifte

46. Die Heilung eines Gelähmten

Bibeltext: Apostelgeschichte 3,1-10
Zielgedanke: Was Gott schenkt, lässt sich nicht mit Gold oder Silber kaufen.

Einstiegsspiel

Kleines Börsenspiel

Die Kinder werden in kleinere Gruppen eingeteilt und erhalten ein Startkapital von 10 Euro Spielgeld. Auf einem Tisch sind sechs verschiedene Dinge aufgebaut (z. B. Glasnuggets, Nudeln, Bonbons, Kieselsteine, Streichhölzer und Kronkorken), die die Spielleitung verkauft. Alle Dinge kosten zu Beginn 1 Euro. Haben sich alle Gruppen eine Erstausstattung zugelegt, werden die Dinge bewertet, z. B. die Glasnuggets mit dem Euro-Wert 1, die Nudeln mit dem Euro-Wert 2, die Bonbons mit dem Euro-Wert 3, die Kieselsteine mit dem Euro-Wert 4, die Streichhölzer mit dem Euro-Wert 5 und die Kronkorken mit dem Euro-Wert 6. Dann würfelt die Spielleitung. Entsprechend der Augenzahl rücken alle Werte nach links, z. B. bei einer gewürfelten Zwei wird die 3 zur 1, die 4 zur 2, die 5 zur 3, die 6 zur 4, die 1 zur 5 und die 2 zur 6. Das sind jetzt die neuen Euro-Werte der Dinge. Jede Gruppe muss nun eine Transaktion machen, also verkaufen und/oder einkaufen. Die Anzahl der Dinge, die verkauft oder eingekauft werden, ist beliebig. Nach sechs Runden ist das Spiel beendet. Wer hat dann am meisten Geld verdient?
Material: 6 Gegenstände in ausreichender Zahl (z. B. Glasnuggets, Nudeln, Bonbons, Kieselsteine, Streichhölzer, Kronkorken), Spielgeld aus Papier oder Dominosteine, Würfel, Papier und Stifte

Einstiegsfragen

- Was kann man nicht mit Geld kaufen?
- Was wünschst du dir am allermeisten?

Vorlesegeschichte

Seit 40 Jahren sitzt er nun schon hier am Tor zum Tempel. Dorthin wird Jonas jeden Morgen von seinen Brüdern getragen. Er soll um Geld betteln. Zu was anderem können sie ihn nicht gebrauchen. Seit er als kleines Kind bei der Reparatur des Daches abgestürzt ist, kann er seine Beine nicht mehr bewegen. Jonas wäre bestimmt ein geschickter Zimmermann geworden. Aber aus diesem Traum ist nichts geworden. Jonas kann nur betteln. Er ist traurig. Dieser Jesus, der da die letzten Jahre unterwegs war, hätte ihm sicher helfen können. Aber seine Brüder haben das nie geglaubt und keinen Versuch unternommen, ihn zu Jesus zu bringen. Dafür hatten sie keine Zeit und keine Lust. Jetzt ist es zu spät. Jesus ist tot, er kann ihm nicht mehr helfen.

Gleich beginnt das Nachmittagsgebet. Viele Juden kommen in den Tempel, um zu Gott zu beten. Diese Zeit gehört zu den besten des Tages, denn da bekommt Jonas die meisten Spenden. „Eine milde Gabe! Eine milde Gabe!“, spricht Jonas jeden an, der an ihm vorbei durch das Tor geht. Einige geben ihm eine kleine Münze, andere laufen hastig an ihm vorbei und werfen ihm noch nicht einmal einen Blick zu.
„Eine milde Gabe! Eine milde Gabe!“ Jonas tut der Nacken weh vom ständigen nach oben blicken. Er schaut zur Entspannung auf den Boden. Seinen Becher aber hält er fest in der Hand und streckt ihn nach oben. Da sieht er vier Füße, die vor ihm stehen bleiben. „Eine milde Gabe! Eine milde Gabe!“ Aber es klappert nicht in seinem Becher. „Sieh uns an!“, hört er einen der beiden Männer sagen, zu dem eines der Fußpaare gehören muss. Jonas hebt den Kopf. Vor ihm stehen zwei Männer. Sie sind einfach gekleidet, aber sehen zufrieden aus. Was wollen sie von ihm?
Der eine zeigt seine leeren Taschen und sagt: „Silber und Gold habe ich nicht. Aber das, was ich habe, gebe ich dir gern. Im Namen von Jesus Christus, dem Mann aus Nazareth, sage ich dir: Steh auf und geh umher!“ Er fasst Jonas bei seiner rechten Hand und zieht ihn mit Schwung nach oben. Im selben Moment spürt Jonas, dass wieder Kraft in seine Beine kommt. Das ist ja unglaublich! Etwas wacklig macht Jonas ein paar Schritte. Er kann wieder gehen!
„Wer seid ihr?“, fragt Jonas. „Ich bin Petrus und das ist Johannes. Wir sind Freunde Jesu. Jesus ist nicht tot, sondern lebendig. Er ist vom Tod auferstanden und jetzt bei Gott. Uns hat er seinen heiligen Geist geschickt. Darum können wir in seinem Namen sein Werk hier fortsetzen.“ Gemeinsam gehen sie in den Tempel zum Mittagsgebet. Jonas ist überglücklich. Er kann laufen! Jesus, den er verpasst hat, hat ihn doch noch gesund gemacht. Er ist also wirklich der Sohn Gottes!
Jonas springt und tanzt im Tempel herum. Die Menschen, die das sehen, wundern sich. Ist das nicht der Gelähmte, der immer am Tor sitzt und bettelt? Ja, das ist er. Und er kann wieder gehen! Jonas lobt Gott für seine Heilung. Er lobt ihn, weil er auch heute noch Wunder tut. Er weiß jetzt, Gott ist da, auch wenn er ihn nicht sehen kann.

Vertiefungsfragen

- Wo erlebst du heute, dass Gott wirklich lebt?
- Was kann Gott geben, das nicht mit Gold oder Silber zu bezahlen ist?

Spiele mit Geld, Gold und anderen Schätzen

Schatzsuche mit Pfeilen

Die Kinder werden in kleine Gruppen eingeteilt oder spielen einzeln. Zuerst malen sie auf ein Blatt Papier etwas, das ihnen besonders viel wert ist (einen Gegenstand, eine Tätigkeit oder eine Person). Dann erhält jedes Kind oder jede Gruppe eine Straßenkreide (möglichst in unterschiedlicher Farbe) und gestaltet vom Startpunkt aus eine Schatzsuche mit Pfeilen (rechts, links, geradeaus). Sackgassen enden an einem durchgestrichenen Kreis. Ein großes Dreieck zeigt an, dass im Umkreis von 10 m der Schatz versteckt ist. Das Kind oder alle in der Kleingruppe verstecken dort seinen/ihren Zettel mit dem aufgemalten

Schatz. Haben alle Kinder ihre Schatzsuche vorbereitet, werden nacheinander alle Schätze geborgen. Wenn der Zettel eines Kindes gefunden wurde, kann es kurz erläutern, warum ihm dieser Gegenstand, die Tätigkeit oder die Person so wertvoll ist.
Material: Papier und Stifte, Straßenkreide in unterschiedlichen Farben

Perlenschatz finden

Zehn leere Überraschungsei-Kapseln werden mit klappernden Gegenständen (z. B. Münzen, Reis, Murmeln, Glasnuggets, Bügelperlen, Büroklammern, Reißnägel usw. – auch alles gemischt), gefüllt und sollten ähnlich klingen. In einer Kapsel befindet sich auch eine kleine Perle, die es zu finden gilt. Ein Kind darf alle Kapseln schütteln und sich dann für eine entscheiden. Sie wird geöffnet. Befindet sich darin die Perle, hat es die Suche erfolgreich absolviert. Hat es die Perle nicht gefunden, stellt es sich wieder hinten an und darf dann noch einmal suchen. Die Kapsel wird wieder verschlossen, alle werden gemischt und das nächste Kind darf schütteln und einen Tipp abgeben.
Material: 10 Überraschungsei-Kapseln, klappernde Gegenstände (z. B. Münzen, Reis, Murmeln, Glasnuggets, Bügelperlen, Büroklammern, Reißnägel), eine kleine Perle

Schatzsuche mit Bilderrätsel

Ein Schatz wird versteckt, z. B. an der Garderobe. Die Kinder werden in Gruppen eingeteilt und erhalten ein Bilderrätsel (Rebus), das sie lösen müssen. Das Bilderrätsel kann für die Lösung „Garderobe“ z. B. so aussehen: Giraffe (die 2 ist durchgestrichen, 3 und 4 werden getauscht, 5 bis 7 ist durchgestrichen), Kinder (1 bis 3 ist durchgestrichen), Rabe (a = o). Wer das Rätsel gelöst hat, sucht den Schatz, z. B. Süßigkeiten für alle.
Variante: Die Kinder werden in Gruppen eingeteilt und erhalten eine kleine Schatzkiste/ Dose, die sie für eine andere Gruppe verstecken müssen. Dann erstellt jede Gruppe ein entsprechendes Bilderrätsel, tauscht es aus und macht sich auf die Suche.
Material: Papier und Stifte, Schatzkisten oder Dosen, Süßigkeiten

Schatzsuche in Gedanken

Dieses Spiel funktioniert nur, wenn sich alle im Ort gut auskennen. Alle Kinder schließen möglichst die Augen und dürfen nicht mehr miteinander sprechen. Die Spielleitung beschreibt einen Weg von diesem Raum aus durch den Ort bis zum Schatz. Dabei werden keine Straßennamen genannt, sondern nur rechts, links und geradeaus, z. B.: „Wir verlassen diesen Raum und gehen nach rechts. Nach der nächsten Tür gehen wir nach links. An der zweiten Häuserecke gehen wir wieder rechts ...“. Nachfragen der Kinder werden nicht beantwortet. Die Wegbeschreibung sollte vorher abgegangen und aufgeschrieben werden, damit sich keine Fehler einschleichen. Ist die Wegbeschreibung beendet, machen sich alle auf die Suche nach dem Schatz. Das können unterschiedliche Orte sein, je nachdem wie man den Weg in Gedanken verfolgt hat.
Material: Wegbeschreibung, Schatz

Münzen andrehen

Jedes Kind erhält eine 1-Euro-Münze und muss sie auf „Los!“ andrehen. Wessen Münze sich am längsten dreht, hat gewonnen.

Material: pro Kind eine 1-Euro-Münze

Münzenakrobatik

Eine Münze wird auf den Handrücken gelegt. Nun muss das Kind die Münze hochwerfen und mit derselben Hand wieder fangen. Wem gelingt das?

Variante: Der Arm wird angewinkelt, sodass der Ellenbogen nach vorne zeigt. Dann wird die Münze auf den Unterarm gelegt. Der Arm wird schnell gestreckt und die Münze muss gefangen werden. Wem gelingt dies?

Material: Münzen

47. Petrus und Johannes vor dem Hohen Rat

Bibeltext: Apostelgeschichte 5,12-42
Zielgedanke: Man muss Gott mehr gehorchen als den Menschen.

Einstiegsspiel

Wer wird König?

Auf den Boden wird ein Kreis gemalt oder geklebt. Alternativ kann auch ein Reifen oder ein festgeklebtes Seil verwendet werden, je nach Anzahl der Kinder. Alle Kinder stehen um den Kreis und halten sich an den Händen fest. Sie versuchen durch Schieben und Ziehen die anderen Kinder in den Kreis zu bekommen. Der Einsatz der Füße ist nicht erlaubt. Wer in den Kreis tritt, scheidet aus. Wer bis zum Schluss übrig bleibt, ist der neue König.
Variante bei vielen Kindern: Alle stehen in einem großen Kreis und müssen versuchen, sich nach draußen über die Linie zu schieben.
Material: Kreide, Kreppklebeband, Reifen, Seil o. Ä.

Einstiegsfragen

- Wenn du König/Königin von Deutschland wärst, was würdest du dann ändern?
- Wem gehorchst du mehr: deinen Eltern, deinen Geschwistern, deinen Lehrern/Lehrerinnen, deinen Freunden/Freundinnen?

Vorlesegeschichte

Die Säulenhalle ist bis auf den letzten Platz belegt. Nur mühsam quetschen sich Alexander und Diana zwischen den vielen Menschen hindurch. Sie wollen auf den Sockel einer Säule klettern, um etwas zu sehen, und vor allem, um besser hören zu können. Die Botschaft von dem lebendigen Jesus hat sich wie ein Lauffeuer verbreitet. Allein in den letzten Wochen sind über 2.000 Menschen zur Gruppe der Freunde Jesu dazugekommen.
Auch Alexander und Diana gehören zu ihnen. Sie sind mehrere Monate im Jahr in Jerusalem, um die Tücher ihres Vaters zu verkaufen. Alexander und Diana stammen aus Griechenland. Dort gibt es zwar genug Götter, aber keinen, der sie so begeistert wie Jesus. Jesus ist lebendig! Man kann ihn zwar nicht sehen, aber Alexander und Diana haben schon erlebt, was Jesus kann. In seinem Namen heilen Petrus und die anderen Jünger, die damals mit dem sichtbaren Jesus unterwegs waren, viele Kranke. Manchmal genügt es schon, wenn nur der Schatten von Petrus auf einen Kranken fällt. Jesus lebt! Das glauben die beiden.
Heute wird Petrus wieder etwas von Gott erzählen. Niemand will etwas verpassen. Gestern hat Petrus die Geschichte vom barmherzigen Samariter erzählt. Ja, sie wollen alle

für ihren Nächsten sorgen. Die Gemeinschaft derjenigen, die zu Jesus gehören, ist wirklich toll! Man hilft sich gegenseitig. Das finden auch manche Juden gut, auch wenn sie nichts von Jesus halten.
Petrus ist gerade dabei, die Geschichte von einem Sämann zu erzählen, da marschieren ein paar Tempelwachen herbei. „Ihr seid verhaftet!" Grob fassen sie Petrus, Johannes und die anderen Jünger Jesu an den Armen und führen sie ab. „So eine Gemeinheit!", rufen die Menschen durcheinander. „Nur weil sie eifersüchtig auf den Erfolg von Petrus sind, lassen sie ihn gleich verhaften!" Die Menschen schimpfen. Aber sie wollen keinen Aufstand machen, einer nach dem anderen geht nach Hause. Am nächsten Tag wollen sie sich wieder treffen. Auch Alexander und Diana werden kommen.
Doch am nächsten Morgen staunen sie nicht schlecht. Alle Jünger sind wieder da. Petrus berichtet: „Ein Engel kam in der Nacht und hat uns die Türen des Gefängnisses aufgeschlossen. Jetzt können wir euch weiter von Jesus erzählen, der das Leben bringt. Die führenden Priester haben es uns zwar verboten. Aber wir gehorchen Gott mehr als den Menschen." Und so erzählt Petrus die Geschichte vom Sämann zu Ende und noch viele andere Geschichten, die Jesus ihm beigebracht hat.
Aber wieder marschieren die Tempelwachen heran und nehmen die Jünger mit. Sie führen sie in das Ratsgebäude, wo über sie geurteilt werden soll. Alexander und Diana laufen hinterher. Sie wollen hören, was mit den Jüngern passiert. „Wir haben euch doch verboten, von Jesus zu erzählen! Warum tut ihr es trotzdem?", so werden sie von einem der Männer gefragt. Petrus muss nicht lange überlegen: „Wir gehorchen Gott mehr als den Menschen. Gott hat Jesus vom Tod auferweckt. Durch ihn können alle die Vergebung ihrer Schuld erfahren und ein neues Leben beginnen. Wir sind Zeugen für diese Botschaft, das können wir nicht verschweigen."
Die führenden Priester werden zornig und wollen sie schon töten, weil sie ihnen nicht gehorcht haben. Da meldet sich ein gelehrter Mann zu Wort. Er heißt Gamaliel und ist sehr beliebt. „Ich habe einen Vorschlag, sagt er, erinnert euch doch an Theudas. Er hatte von sich behauptet, etwas Besonderes zu sein. Schnell hatte er 400 Anhänger. Aber Theudas wurde umgebracht und seine Anhänger sind alle verschwunden, so als hätte es sie nie gegeben. Genauso war es doch auch bei Judas aus Galiläa, der zum Aufstand aufrief. Auch er wurde umgebracht und niemand mehr würde zugeben, dass er einmal sein Freund war." Gamaliel macht eine kurze Pause. „Wenn also dieser Jesus ein ganz normaler Mensch war, dann erledigt sich die Sache bald von allein. Denn schließlich haben ja alle gesehen, dass er am Kreuz gestorben ist. Wenn er aber tatsächlich Gottes Sohn ist, dann können wir das nicht aufhalten. Und vor allem: Wollt ihr euch etwa gegen Gott stellen?"
Fragend schaut er die anderen Priester an. Ja, Gamaliel hat recht. Es wird sich von allein erledigen. Aber Strafe für ihren Ungehorsam muss trotzdem sein. Sie lassen die Jünger auspeitschen und verbieten ihnen noch einmal, von Jesus zu erzählen. Dann lassen sie sie frei. Aber Petrus, Johannes und die anderen erzählen weiter von Jesus. Sie erzählen im Tempel und in allen Häusern, dass Jesus neues Leben schenkt. Sie folgen Gott und nicht den Menschen.

Vertiefungsfragen

- Hättest du den Mut, dich gegen das Verbot zu stellen, nicht mehr von Gott zu erzählen?
- Würdest du dich zu Gott bekennen, auch wenn das Strafe für dich bedeuten würde?

Spiele für Könige und Nachfolger

Zusammenhalten

Die Kinder stellen sich im Kreis auf und drücken ihre Handflächen auf die der Kinder rechts und links, so als würden sie sich abklatschen. Zwischen die Handflächen wird ein Stift geklemmt, der aber nicht festgehalten werden darf. So versuchen die Kinder, eine Strecke zu laufen, ohne dass irgendwo der Stift herunterfällt. Kann die Gruppe auch so in die Knie gehen, wieder aufstehen, sich auf den Boden setzen usw.?
Variante: Die Kinder werden in Vierergruppen eingeteilt und laufen mit den Stiften zwischen den Händen einen Parcours. Fällt ein Stift herunter, muss er aufgehoben und wieder eingeklemmt werden. Erst dann darf die Gruppe weiterlaufen. Wer schafft den Parcours am schnellsten?
Material: Stifte, falls nötig: Kreide oder Kreppklebeband für den Parcours

Stöckchen weitergeben

Immer vier Kinder bilden ein Spielteam. Jedes Kind malt im Abstand von 2 m zu den anderen Kindern einen Kreis mit 1 m Durchmesser und an den Rand einen kleinen Kreis an der von den anderen Kreisen abgewandten Seite. In den kleinen Kreis werden zehn Kieselsteine gelegt. Die Kinder stellen sich in ihren Kreis. Ein Kind beginnt und versucht, ein Stöckchen in den Kreis eines anderen Kindes zu werfen. Dieses Kind kann das Stöckchen abwehren, indem es mit dem Fuß das Stöckchen wegkickt, solange es noch in der Luft ist. Landet es in oder an seinem Kreis, muss es das Stöckchen nehmen und versuchen, es in den Kreis eines anderen Kindes zu werfen. Landet das Stöckchen außerhalb eines Kreises oder wird es weggekickt, muss der Werfer das Stöckchen wieder zurückholen. Sobald er dabei seinen Kreis verlässt, dürfen alle anderen Kinder schnell zu seinem Kreis rennen und sich einen Kieselstein holen. Der Werfer kann, sobald er das Stöckchen geholt hat, die Kinder abschlagen, die noch nicht wieder in ihrem Kreis sind, und erhält den Kieselstein zurück. Wer zuerst keine Steine mehr hat, verliert das Spiel.
Material: Kreide, pro Kind 10 Kieselsteine, mehrere Stöckchen

Regierungsbank

Die Kinder sitzen im Stuhlkreis und werden in zwei Gruppen eingeteilt. Wer zu welcher Gruppe gehört, sollte sichtbar sein (z. B. durch eine Kappe, hochgekrempelte Ärmel, eine farbige Armbinde o. Ä.). Jedes Kind schreibt seinen Namen auf einen kleinen Zettel und wirft ihn in eine Schüssel. Die Spielleitung mischt alle Zettel, jedes Kind zieht einen Zettel, liest den Namen so, dass niemand anderes ihn sehen kann, und behält den Zettel in der Hand. Je nach Anzahl der Kinder werden drei bis vier Stühle als Regierungsbank gekennzeichnet. Im Stuhlkreis ist ein Stuhl frei. Ziel des Spieles ist es, alle Stühle der Regierungsbank mit Kindern aus der eigenen Mannschaft zu besetzen. Das Kind, das links des leeren Stuhles sitzt, beginnt und wünscht sich ein anderes Kind herbei. Dazu sagt es den Namen. Das Kind, das diesen Namen auf seinem Zettel stehen hat, setzt sich auf den Stuhl. Nun ist ein anderer Stuhl frei geworden und das linke Kind nennt einen Namen. Derselbe Name darf nicht zweimal hintereinander genannt werden. Mit der Zeit weiß man, wer welchen Namen hat und kann so gezielter dafür sorgen, dass die Kinder der gegnerischen Gruppe die Regierungsbank verlassen und die eigenen dort Platz nehmen. Welche Gruppe schafft dies zuerst?

Variante: Hat ein Kind den Platz getauscht, tauscht es auch den Zettel mit dem Kind, das ihn gerufen hat. Es kostet etwas Konzentration, damit man sich merken kann, wer welchen Namen trägt, sorgt aber auch für Spannung.

Material: Stühle, Zettel und Stifte, Kappen, farbige Armbinden o. Ä.

48. Stephanus

Bibeltext: Apostelgeschichte 6 – 7
Zielgedanke: Nicht überall auf der Welt und zu jeder Zeit dürfen sich Christen frei zu ihrem Glauben bekennen.

Einstiegsspiel

Diskussionsrunde

Ein Quatsch-Diskussionsthema wird festgelegt (z. B. „Ab wann soll es Weihnachtsmänner/Osterhasen in den Supermärkten geben?" „Es soll nicht nur hitzefrei, sondern auch schneefrei und regenfrei geben." „Auf dem Bürgersteig darf man ab jetzt nur noch rückwärtsgehen."). Die Kinder werden in zwei oder mehr Gruppen eingeteilt und erhalten eine Rolle (z. B. Elternvertreter, Schülerschaft, Supermarktleitung, Käufer usw.). Sie haben ein paar Minuten Zeit, um sich ihre Argumente zu überlegen und wenn nötig zu notieren. Dann treffen sich alle wieder im Kreis. Drei Stühle stehen extra, darauf nimmt je ein Kind pro Gruppe Platz, das die Argumente der Gruppe vertritt. Die Moderation wird von der Spielleitung übernommen. Nun versucht jede Gruppe, die anderen in Grund und Boden zu reden. Wer keine Antwort weiß, verlässt den Stuhl und wird von einem anderen Kind aus der Gruppe ersetzt. Welche Gruppe hat bis zum Schluss die schlagkräftigsten Argumente?
Material: Diskussionsthemen, wenn nötig: Papier und Stifte

Einstiegsfragen

- Wie reagierst du, wenn dir andere widersprechen, weil sie eine andere Meinung vertreten?
- Welche Argumente überzeugen dich? Oder wer überzeugt dich? Von wem lässt du dir etwas sagen?

Vorlesegeschichte

Hananja fühlt sich nicht ganz wohl in seiner Haut. Er ist Mitglied im jüdischen Rat. Der Rat kümmert sich darum, dass alle Juden die Gebote Gottes richtig einhalten, dass der Gottesdienst korrekt gefeiert wird und dass die Opfer so dargebracht werden, wie es in den alten Schriften steht. Immer mal wieder kommt es dabei zu Streit, weil manche das Gesetz anders auslegen. Dann trifft sich der jüdische Rat, um darüber zu urteilen. Meist ist das eine eindeutige Sache. Aber heute?
Heute sitzt Stephanus auf der Anklagebank. Ein paar Männer haben ihn hierher geschleppt und behauptet, er würde über Gott und über Mose lästern. Ein paar Männer sind als Zeugen aufgetreten und sagen, Stephanus hält Reden gegen den Tempel. Außerdem fordere er die Menschen auf, das Gesetz des Mose nicht mehr zu befolgen, so wie das auch dieser

Jesus aus Nazareth getan hat. Hananja kommt das seltsam vor. Es ist so unlogisch. Man könnte meinen, die Männer haben von jemandem Geld bekommen, damit sie dies alles behaupten.

Denn Stephanus macht einen ganz vernünftigen Eindruck. Hananja hat gehört, dass Stephanus unter den Anhängern Jesu eine große Rolle spielt. Er kümmert sich um die Versorgung der Witwen. Aber nicht nur das, er kann auch unglaublich gut von Jesus erzählen und in seinem Namen Wunder und Zeichen tun. Alle sind von ihm begeistert. Und jetzt das? Irgendwie passt das nicht zusammen. Jemand, der sich um die Witwen kümmert, der wird doch nicht gegen den Tempel und die alten Ordnungen wettern, oder? Hananja will hören, was Stephanus selbst dazu zu sagen hat.

Stephanus beginnt ganz von vorn. Er erzählt von Abraham und dem versprochenen Land. Von Isaak, Jakob und Josef, von der Sklaverei in Ägypten und der Befreiung. Von Mose und dem Volk in der Wüste und wie sie das Land Israel in Besitz nehmen konnten. Er erzählt von König David und dem verlorenen Krieg gegen die Babylonier. Hananja kann Stephanus gut zuhören. Was er erzählt, klingt vertraut, denn Hananja kennt die alten Geschichten. Stephanus spricht so begeistert von seinem Gott, dass es ansteckend wirkt. Und er sieht dabei fast aus wie ein Engel.

Hananja ist mit seinen Gedanken etwas abgeschweift. Aber jetzt hört er wieder zu, denn Stephanus blickt ihm und den anderen Mitgliedern des jüdischen Rats direkt in die Augen: „Gott hat Propheten geschickt, die das Volk immer wieder zu Gott zurückbringen wollten. Aber das hat schon damals den Menschen nicht gepasst. Sie wollten nicht auf die Stimme Gottes hören und haben den Propheten das Leben schwer gemacht. Die Propheten haben vorausgesagt, dass Gott seinen Retter schickt. Aber auch ihr habt ihnen nicht geglaubt, sondern ihn ans Kreuz nageln lassen. Ihr habt Gottes Sohn umgebracht!“ Empört springt Hananjas Nebensitzer auf. „So eine Frechheit!“, ruft er erbost. „Was glaubst du, wer du bist?“ Auch andere haben sich von ihren Sitzplätzen erhoben und rufen Stephanus ihren Zorn entgegen. Ein Tumult bricht aus. Aber Stephanus steht ganz ruhig da und schaut nach oben: „Seht doch, ich sehe den Himmel offen und Jesus an der rechten Seite Gottes sitzen. Er ist wirklich Gottes Sohn!“

Also, das ist wirklich die Höhe! „Er lästert Gott!“, rufen einige. Voller Wut stürzen sie auf Stephanus und treiben ihn vor sich aus der Stadt wie einen Verbrecher. Hananja weiß nicht so recht, was er davon halten soll. Ob Stephanus vielleicht doch recht hat? Seine Rede war einleuchtend. Und Stephanus selbst sieht so erleuchtet aus, als ob er Gott wirklich begegnet ist. Hananja geht hinter den anderen her. Schließlich gehört er auch zum jüdischen Rat. Aber er nimmt keinen Stein wie die anderen, die voller Wut Stephanus mit Steinen bewerfen. „Herr Jesus, nimm mich zu dir. Und vergib ihnen, dass sie mich umbringen werden“, spricht Stephanus mit letzter Kraft. Dann bleibt er tot am Boden liegen. Hananja ist schockiert. Diese Wut über einen, der an Jesus von Nazareth glaubt, ist ihm neu. Wollen sie jetzt etwa alle umbringen, die ihm folgen? Haben sie denn gar nichts von dem verstanden, was Stephanus erklärt hat? Hananja trifft für sich eine Entscheidung: Er wird sein Amt im jüdischen Rat niederlegen. Er will mehr von diesem Jesus erfahren.

Vertiefungsfragen

- Was glaubst du, wer Jesus ist?
- Warum haben die Juden Stephanus getötet? Auch heute noch werden viele Christen wegen ihres Glaubens an Jesus eingesperrt und getötet. Vielleicht wollt ihr euch über sie informieren, z. B. unter www.opendoors.de (letzter Zugriff am 29.04.2025). Ihr könnt für sie beten.

Spiele zum Diskutieren und Theater spielen

Nacht in Palermo

Aus einem UNO®-Kartenspiel werden zwei rote, eine blaue und einige gelbe Karten ausgewählt, sodass jedes Kind eine Karte bekommen kann. Die Kinder sitzen im Kreis, die Karten werden gemischt und verteilt. Jedes Kind darf seine Karte anschauen, aber nicht die der anderen Kinder. Die Karten werden unter den Stuhl gelegt. Die Kinder mit der roten Karte sind die Mörder, das Kind mit der blauen Karte ist der Detektiv, alle anderen Kinder sind Stadtbewohner. Die Spielleitung übernimmt die Moderation.
„Es wird Nacht in Palermo und alle schlafen ein." Die Kinder schließen die Augen, niemand darf blinzeln. „Nun wacht der Detektiv auf." Der Detektiv öffnet die Augen. „Die Mörder heben die Hand." Jetzt weiß nur der Detektiv, wer die Mörder sind. „Dann schläft der Detektiv wieder ein. Nun erwachen die Mörder und suchen sich ihr erstes Opfer." Dann erst öffnen die Mörder die Augen und zeigen auf eine Person. „Die Mörder schlafen wieder ein. Jetzt erwacht ganz Palermo bis auf ... (Name des Kindes, auf das die Mörder gezeigt haben), der (oder die) ist tot." Alle Kinder öffnen die Augen. Nun stellen sie Vermutungen an, wer die Mörder sein könnten (z. B. da hat es geraschelt, der oder die grinst so komisch ...). Nach einigen Diskussionen wird über zwei Kinder, die unter Verdacht stehen, abgestimmt. Das Kind mit den meisten Stimmen scheidet ebenfalls aus und muss seine Karte zeigen. Ist es der Mörder, muss die Gruppe nur noch einen fangen. Der Detektiv gibt sanfte Hinweise, darf sich aber nicht zu sehr verraten, sonst wird er möglicherweise in der nächsten Nacht getötet. Das Spiel endet, wenn entweder alle Stadtbewohner ausgeschieden sind, dann haben die Mörder gewonnen, oder wenn die beiden Mörder gefasst wurden.
Material: UNO®-Kartenspiel

Willensstärke

Die Spielleitung plant mit den Kindern eine Aktion, z. B. eine Radtour. Jedes Kind erhält dazu einen Zettel mit einem Argument, das es verteidigen soll (z. B. Du willst nur auf ebenen/bergigen Strecken fahren! Du willst zu einem See / auf einen Berg radeln!) Die Argumente sollen jeweils gegensätzlich sein. Kein Kind darf verraten, welches Argument es zu verteidigen hat. Alle Kinder entscheiden gemeinsam, wie die Radtour durchgeführt wird. Die Ergebnisse, die durch Mehrheitsentscheidung herbeigeführt wurden, werden auf einem Plakat festgehalten. Wer konnte sein Argument verteidigen?
Material: Zettel mit Argumenten, Plakat, Stift

Alte Geschichten

Die Spielleitung erzählt eine bekannte biblische Geschichte, ohne dabei irgendwelche Namen zu nennen. Z. B.: „Mit ein bisschen Fell an den Armen und der richtigen Verkleidung konnte er ihn gut täuschen. Jetzt hat er alles bekommen, was ihm eigentlich nicht zusteht. Der andere wird sicher wütend sein. Aber schließlich hat er es ihm selbst versprochen, damals als er die Linsensuppe gekocht hatte ...“ Die Kinder müssen erraten, von wem die Rede ist. Wer zuerst die richtige Lösung nennt, bekommt 1 Punkt. Wer die meisten Punkte hat, gewinnt.

Material: keines

Aufmerksame Zuhörer

In der Mitte liegen Tischtennisbälle, einer weniger als Kinder. Die Spielleitung beginnt und erzählt eine ausgedachte Geschichte. Immer wenn ein vorher verabredetes Wort, z. B. „grün“, in der Geschichte vorkommt, müssen sich alle Kinder so schnell wie möglich einen Tischtennisball schnappen. Da die Bälle meist durch die Gegend springen, haben auch diejenigen Kinder eine Chance, die nicht sofort reagiert haben. Wer keinen Tischtennisball ergattert hat, erzählt die Geschichte weiter.

Material: Tischtennisbälle

49. Der Kämmerer aus Äthiopien

Bibeltext: Apostelgeschichte 8,26-40
Zielgedanke: Gott schlägt keinem die Tür vor der Nase zu.

Einstiegsspiel

Weitersagen

Drei Kinder, die sich freiwillig gemeldet haben, gehen vor die Tür. Die Gruppe überlegt sich eine Tätigkeit, die ein Kind pantomimisch vormacht, z. B. Wäsche an eine Leine hängen, eine Flasche öffnen und sich etwas einschenken. Dann wird das erste Kind hereingerufen und ihm wird diese Tätigkeit vorgemacht. Dann wird das zweite Kind hereingerufen und das erste Kind macht ihm die Tätigkeit vor. Das zweite Kind macht dem dritten Kind die Tätigkeit vor. Das dritte Kind muss nun erraten, was vorgemacht wurde. Ist es noch dieselbe Tätigkeit oder hat sie sich verändert?
Material: keines

Einstiegsfragen

- Wie fühlt es sich an, wenn man in einen Raum kommt und alle lachen und wissen Bescheid, nur man selbst nicht? Wo hast du das schon mal erlebt?
- Zu welchen „Menschengruppen" gehörst du und wo bist du Außenseiter/Außenseiterin? Woran liegt das?

Vorlesegeschichte

Philippus sitzt in der flimmernden Mittagshitze. Um ihn herum nur Wüste, Steine und Sand. Kein Mensch, kein Strauch, kein gar nichts. Was war das schon wieder für eine Schnapsidee? Da hat der Heilige Geist ihm gesagt: „Geh auf die Straße, die von Jerusalem nach Gaza führt und die menschenleer ist." Und weil Philippus schon einiges mit dem Heiligen Geist erlebt hat, gehorcht er. Aber jetzt zweifelt er an seiner Mission, ja, sogar an seinem Verstand. Hat er sich das alles nur eingebildet? Was soll er hier mitten in der Wüste? Philippus nimmt einen Schluck aus seinem Wasserbeutel. Bewegt sich dort hinten nicht etwas? Oder ist es nur eine Fata Morgana? Nein, da scheint etwas näher zu kommen. Philippus hält die Hand über die Augen, um besser sehen zu können. Ja, da kommt ein Wagen auf ihn zu, gezogen von Pferden. „Folge diesem Wagen!" Wieder hört er die Stimme des Heiligen Geistes. „Okay, Gott scheint mich hier für jemanden ganz besonders zu gebrauchen", denkt Philippus. Als der Wagen nicht mehr weit entfernt ist, steht Philippus auf. Der Wagen ist reich verziert, er wird von Wachen begleitet und die Pferde sehen gut gepflegt aus. Es muss sich um eine wichtige Person in diesem Wagen handeln.
Philippus hält Schritt mit dem Wagen, der auf der holprigen Straße nur langsam vorankommt. Er kann einen Mann erkennen, der in dem Wagen hin- und hergerüttelt wird. Er

sieht afrikanisch aus. Und sehr reich. Auf seinem Schoß hat er eine Schriftrolle liegen, aus der er laut vorliest. Philippus erkennt diesen Text. Es ist ein Abschnitt aus dem Buch des Propheten Jesaja, in dem Jesus angekündigt wird, auch sein Tod am Kreuz, seine Auferstehung und die Möglichkeit für alle Menschen, mit Gott zu leben. Der Mann liest stockend, macht Pausen und fängt immer wieder von vorne an. „Verstehst du überhaupt, was du da liest?" Ohne nachzudenken spricht Philippus diesen fremden Mann an. War das zu frech? „Wie soll ich es verstehen, wenn es mir niemand erklärt!" Der Mann ist nicht beleidigt, sondern eher hilflos. Doch da taucht ein Hoffnungsschimmer in seinen Augen auf. „Komm, setz dich zu mir und erkläre mir, was das alles bedeutet. Von wem wird hier geredet?" Er rückt zur Seite, Philippus steigt ein. Der Mann stellt sich vor. Er lebt in Äthiopien und ist dort einer der höchsten Beamten am Hof der Königin. Er verwaltet ihre Schätze. Er glaubt aber schon immer an den Gott der Juden. Sein Großvater hat ihm davon erzählt und seitdem sehnt er sich danach, einmal nach Jerusalem zu kommen, um Gott im Tempel anzubeten. Aber das hat leider nicht geklappt. Denn kaum hatte er den Vorhof betreten, wurde er von Neugierigen umringt, die wissen wollten, wer er sei. Als er sich vorstellte, war schnell klar, dass er nicht weiter in den Tempel darf. Denn als hoher königlicher Beamter ist er kastriert. In Äthiopien verschafft ihm das Ansehen, in Israel dagegen Ablehnung. Er darf nicht in den Tempel.
Dafür ist er so weit gereist, um dann zu erleben, dass Gott ihm die Nase vor der Tür zuschlägt? Seine Enttäuschung ist verständlich. Jemand hat ihm dann diese Schriftrolle verkauft. Jetzt kann Philippus erzählen. Er erzählt von Jesus, wie er mit ihm und den anderen Jüngern unterwegs war, wie Jesus den Menschen begegnet ist und sich auch für die Ausländer interessiert hat. Wie er am Kreuz gestorben und nach drei Tagen auferstanden ist. Dass durch Jesus die Vergebung der Schuld möglich ist, einfach so. Und dass er, Philippus, und die anderen Jünger beauftragt sind, diese gute Nachricht allen Menschen zu erzählen, sie zu einem Leben mit Jesus einzuladen und sie zu taufen. Der Äthiopier hört ihm aufmerksam zu. Tränen der Erleichterung laufen ihm über das Gesicht. Gott schlägt ihm doch nicht die Tür vor der Nase zu. Sein Weg war nicht umsonst. Er will mit Jesus leben.
Da kommt eine Oase in Sicht. „Wenn es dort Wasser gibt, was spricht jetzt noch dagegen, dass ich mich taufen lasse?", fragt er Philippus. Nichts. Tatsächlich gibt es dort Wasser. Die beiden steigen aus, Philippus tauft den Äthiopier und verschwindet ganz plötzlich. Der Äthiopier hat ein neues Leben begonnen. Er jubelt laut vor Freude und setzt seinen Heimweg fröhlich fort. Gott hat ihm durch Jesus eine Tür geöffnet. Und der Äthiopier hat ihm die Tür seines Herzens geöffnet.

Vertiefungsfragen

- Warum hat der Äthiopier so große Ablehnung im Tempel erlebt? Wie ist das heute?
- Was hindert dich daran, mit Jesus zu leben?

Spiele zum Begreifen mit allen Sinnen

Kopfball

Alle Kinder bekommen einen Luftballon, den sie aufblasen und zuknoten. Auf „Los!“ versuchen alle Kinder, ihren Luftballon so lange wie möglich in der Luft zu behalten. Er darf aber nur mit dem Kopf nach oben gestoßen werden. Wer schafft es am längsten?
Material: pro Kind 1 Luftballon

Kopfbalance

Die Kinder werden in zwei Gruppen eingeteilt und stellen sich hintereinander an der Startlinie auf. Das jeweils erste Kind erhält mehrere Zeitungen (Schriftrollen), die es auf seinen Kopf legt. So muss eine bestimmte Strecke hin- und wieder zurückgelaufen werden. Die Zeitungen müssen auf dem Kopf bleiben. Wenn sie herunterfallen, muss das Kind dort stehenbleiben, alles aufheben, wieder auf den Kopf legen und darf dann erst weiterlaufen. Ist es wieder am Ausgangspunkt angelangt, gibt es die Zeitungen an das nächste Kind weiter usw. Welche Gruppe hat am schnellsten die Zeitungen transportiert?
Material: mehrere Zeitungen, Kreide oder Kreppklebeband für die Startlinie

Langsam unterwegs

Ein oder mehrere Fahrräder, je nach Größe der Kinder, stehen bereit. Eine Strecke von ca. 10 m ist markiert. Mit dem Fahrrad muss diese Strecke gefahren werden. Es geht dabei aber darum, diese Strecke so langsam wie möglich zu fahren, ohne dabei abzusteigen oder mit den Füßen den Boden zu berühren. Wer schafft es am längsten, die Balance zu halten?
Material: Fahrrad entsprechend der Größe der Kinder, Kreide, Stoppuhr

Füße verknoten

Auf den staubigen Straßen kommt die Kutsche nur langsam voran. Die Kinder werden in zwei Gruppen eingeteilt und stellen sich an einer Startlinie auf. Alle Kinder überkreuzen die Beine, sodass das hintere Bein nur kleine Schritte machen kann. Auf „Los!“ muss so ein Parcours gelaufen werden. Ist das erste Kind im Ziel, darf das zweite Kind loslaufen usw. Welche Gruppe schafft es schneller, die „Wüste“ zu durchqueren?
Material: Kreide oder Kreppklebeband für Startlinie und Parcours

Geschickte Hände

Eine breite Schüssel oder ein großer Eimer ist gut mit Wasser gefüllt. Auf dem Boden liegen mehrere Geldstücke mit unterschiedlichem Wert, z. B. 5 Cent, 20 Cent, 1 Euro, 2 Euro. Alle Kinder bekommen fünf kleine Kieselsteine, die sie nacheinander von der Wasseroberfläche aus nach unten fallen lassen. Nur die Kieselsteine, die auf einem Geldstück liegen bleiben, werden entsprechend des Geldwertes gezählt. Wer kann so am meisten Punkte machen?
Material: großer Eimer oder breite Schüssel, Wasser, Geldstücke mit unterschiedlichem Wert, pro Kind 5 kleine Kieselsteine

Hörende Ohren

Ein Kind wird vor die Tür geschickt. Die anderen drehen eine Küchenuhr auf, die möglichst laut tickt, und verstecken sie irgendwo im Raum. Das Kind wird hereingeholt und muss die Uhr finden. Die Zeit wird gestoppt, bis es die Uhr gefunden hat. Alle anderen Kinder müssen dabei natürlich sehr leise sein. Wer findet am schnellsten die Uhr?
Material: Küchenuhr, Stoppuhr

Gute Augen

Im Raum sind möglichst schon vor Beginn der Stunde viele 1-Cent-Münzen versteckt (pro Kind mindestens fünf). Auf „Los!" müssen alle Kinder so viele Münzen wie möglich finden. Wer findet die meisten?
Material: viele 1-Cent-Münzen

Mit dem ganzen Körper umdrehen

Immer vier Kinder erhalten einen Müllsack, auf den sie sich stellen. Auf „Los!" müssen sie versuchen, den Müllsack umzudrehen, sodass nachher die untere Seite oben liegt (vorher markieren). Dabei darf aber niemand den Müllsack verlassen oder auf den Boden treten. Welche Gruppe schafft es zuerst?
Material: pro Gruppe einen Müllsack, Edding

50. Die Bekehrung des Paulus

Bibeltext: Apostelgeschichte 9,1-19a
Zielgedanke: Wer Gott begegnet, kann nicht anders, als an ihn zu glauben.

Einstiegsspiel

Kerze finden

Einem Kind, das sich freiwillig gemeldet hat, werden die Augen verbunden. Eine Kerze (kein Teelicht) wird im Raum aufgestellt und angezündet. Das „blinde" Kind muss diese Kerze finden und ausblasen. Dabei helfen natürlich alle Kinder mit, indem sie Anweisungen geben, aber das Kind nicht berühren.
Material: Kerze, Streichhölzer/Feuerzeug, Augenbinde

Einstiegsfragen

- Wie fühlt es sich an, als Blinder nach einer brennenden Kerze zu suchen, die man nicht tasten kann?
- Wo gibt es im übertragenen Sinne Blinde, die nicht sehen, was Wirklichkeit ist?

Vorlesegeschichte

„Jetzt werde ich die Geschichte der Anhänger von diesem Jesus ein für alle Mal auslöschen!" Paulus reibt sich hämisch die Hände. „Mit diesem Schrieb hier kann ich sie alle verhaften und nach Jerusalem bringen. Dort bekommen sie ihren Prozess, den haben sie sich verdient!" Er prüft noch einmal, ob die Schriftrolle auch wirklich sicher in seiner Satteltasche verstaut ist, und steigt auf sein Pferd. Das hat ihm der Oberste Priester geliehen, der ihn in seiner Mission, alle Christen auszurotten, sehr unterstützt. Von ihm stammt auch die Vollmacht, mit der er die Christen ohne Anklage festnehmen darf.
Paulus haben sich einige andere Männer angeschlossen, die wie er treue Juden sind und die Anhänger des neuen Weges, so nennen sich die Christen, hassen und vernichten wollen. Gemeinsam reiten sie nach Damaskus und wollen dort in der Synagoge mal richtig aufräumen. „Diese Gotteslästerer! Zu behaupten, Jesus sei der Sohn von Gott, ist schon eine Frechheit. Aber jetzt auch noch überall zu erzählen, dass er durch seinen Tod am Kreuz Schuld vergeben kann, auferstanden ist und den Tod besiegt hat, das ist der Oberhammer!", ruft einer der Reiter den anderen zu. Ja, sie geben ihm recht. Diese Christen bringen alles durcheinander. Und vor allem bringen sie viele Juden dazu, nicht mehr so an den Gott Israels zu glauben, wie es schon seit Jahrhunderten für ihr Volk üblich ist.
In ihrer Wut stacheln die Reiter ihre Pferde an. Sie kommen schnell vorwärts. Bald haben sie Damaskus erreicht. Da schreit Paulus plötzlich auf. Er hält sich die Hände vor die Augen, als würde ihn ein helles Licht blenden. Dabei verliert er den Halt und stürzt vom Pferd. Er bleibt auf dem Boden liegen. Alle anderen Reiter bleiben abrupt stehen. „Paulus, Paulus, warum verfolgst du mich?" Sie hören eine Stimme, die von irgendwoher kommt.

„Wer bist du, Herr?“, ruft Paulus. Seine Stimme zittert. Seine Selbstsicherheit hat er mit dem Sturz von seinem hohen Ross verloren. „Ich bin Jesus. Ich bin der, den du verfolgst. Steh auf und gehe nach Damaskus. Dort wirst du erfahren, was du tun sollst.“
Die Begleiter sind stumm vor Schreck. Was war das? Wer war das? Hat hier wirklich Jesus gesprochen? Langsam versucht Paulus aufzustehen. Aber er kann nichts mehr sehen. Hilflos und mit ausgestreckten Armen tappt er umher. Da endlich kommt Bewegung in die Gruppe. Einer springt von seinem Pferd und nimmt Paulus an der Hand. Ein anderer eilt ihm zur Hilfe. Alle steigen jetzt von ihrem Pferd. Niemand hat noch Lust zu reiten, um möglichst schnell nach Damaskus zu kommen. Etwas Merkwürdiges ist geschehen und hat sie alle verändert. Sie führen Paulus an der Hand und ihre Pferde am Zügel nach Damaskus. Bei einem Mann namens Judas finden sie noch freie Betten. Dort quartieren sie sich ein. Paulus spricht kein Wort mehr. Er isst nichts und trinkt nichts. Den ganzen Tag kniet er in seinem Zimmer und betet. Niemand traut sich, ihn anzusprechen. Nach drei Tagen klopft es an der Tür. Ein Mann steht vor der Tür und wünscht Paulus zu sehen. Er heißt Hananias. Sie lassen ihn ein, denn so langsam machen sie sich Sorgen um Paulus. Paulus hat ihn scheinbar schon erwartet. Ohne große Vorrede legt Hananias Paulus die Hände auf den Kopf und sagt: „Paulus, Bruder, der Herr hat mich geschickt, Jesus, der dir auf dem Weg nach Damaskus erschienen ist. Du sollst wieder sehen können. Gott wird dich mit dem Heiligen Geist erfüllen. Denn er hat dich dazu auserwählt, dass du seinen Namen bekannt machst bei allen Menschen, bei Juden und bei Nichtjuden, bei einfachen Menschen und vor Königen.“
Paulus schlägt die Augen auf. Er kann wieder sehen. Es ist, als habe Hananias ihm eine Decke weggezogen. Er sieht jetzt auch Jesus in einem anderen Licht. Er ist nicht mehr derjenige, den er verfolgt. Sondern er ist derjenige, dem er folgen will. Jesus ist wirklich von den Toten auferstanden. Er ist der Sohn Gottes. Das glaubt Paulus jetzt. Er lässt sich von Hananias taufen und beginnt ein neues Leben.

Vertiefungsfragen

- Warum ändert Paulus seine Meinung über Jesus?
- Wo erleben wir heute, dass Menschen verfolgt werden, weil sie an Jesus glauben?

Spiele mit Licht und Schatten

Schatten erraten

Die Kinder werden in mehrere Gruppen eingeteilt und erhalten Papier und Stifte. Auf einen Tageslichtprojektor (oder eine ähnliche Lichtquelle), den/die die Kinder nicht einsehen können, werden Gegenstände gelegt, deren Schatten erraten werden muss. Dafür eignet sich z. B. eine Gabel, ein LEGO®-Stein, ein Kreuz, eine Tasse, eine Banane usw. Die Gruppen notieren sich den Gegenstand. Wurden alle Gegenstände gezeigt, wird aufgelöst. Wer die meisten richtig erraten hat, gewinnt.
Material: Tageslichtprojektor, Gegenstände (z. B. Gabel, LEGO®-Stein, Kreuz, Tasse, Banane usw.), Papier und Stifte

Schatten schneiden

Jedes Kind erhält einen Zettel mit einem Begriff, den es niemand anderem zeigen darf. Nun zeichnet jedes Kind den Begriff und schneidet die Umrisse der Zeichnung aus. Anschließend legen alle Kinder nacheinander ihr Papier auf den Tageslichtprojektor. Die Gruppe muss erraten, was dargestellt ist.
Material: Zettel mit Begriffen (z. B. einfachere Begriffe wie Haus, Auto, Blume, Mann, Frau, Apfel, Birne, Schuh, Stuhl, Tisch oder schwierigere wie Schulranzen, Vogel, Hund, Pflanze, Schneeflocke usw.), Scheren, Bleistifte, Papier, Tageslichtprojektor

Den Schatten finden

Im komplett verdunkelten Haus oder draußen in der Dunkelheit verstecken sich mehrere Mitarbeitende und/oder Kinder. Sie haben etwas, das Geräusche macht, z. B. Topfdeckel und Löffel, Blockflötenkopf, Pfeife usw. Die anderen Kinder erhalten Papier und Stifte sowie eine Taschenlampe und müssen nun alle versteckten Personen finden. Sie erhalten von ihnen dann eine Unterschrift als Beweis. Wer findet zuerst alle Personen?
Material: Gegenstände, die Geräusche machen (z. B. Topfdeckel und Löffel, Blockflötenkopf, Pfeife usw.), pro Kind eine Taschenlampe, Papier und Stifte

Das Licht finden

Im komplett verdunkelten Haus oder draußen in der Dunkelheit verstecken sich mehrere Mitarbeitende und/oder Kinder. Sie haben eine Taschenlampe, mit der sie in längeren Abständen blinken. Die anderen Kinder müssen sie in ihrem Versteck finden. Sie erhalten von ihnen dann eine Unterschrift als Beweis. Wer findet zuerst alle Personen?
Material: für jede versteckte Person eine Taschenlampe, Papier und Stifte

Kerzen anzünden

Viele Stabkerzen sind in einer Reihe aufgestellt und gut auf dem Untergrund in Kerzenständern oder leeren Glasflaschen befestigt. Ein Kind, das sich freiwillig gemeldet hat, erhält eine Streichholzschachtel und hat 1 Minute Zeit, um so viele Kerzen wie möglich anzuzünden. Gestoppt wird die Zeit, wenn das erste Streichholz brennt. Es kann jederzeit ein neues Streichholz angezündet werden. Wie viele Kerzen schafft das Kind? Wer traut sich, den Rekord zu brechen? Es sollte dabei darauf geachtet werden, dass alle Kerzen schon einmal gebrannt haben, um gleiche Bedingungen für alle Kinder zu schaffen.
Material: viele Stabkerzen, Kerzenständer / leere Glasflaschen, volle Streichholzschachteln, Stoppuhr

Kerzen auspusten

Viele angezündete Stabkerzen stehen in einer Reihe. Ein Kind, das sich freiwillig gemeldet hat, muss mit nur einem Atemzug so viele Kerzen wie möglich ausblasen. Es darf keine Luft geholt oder anders Wind gemacht werden. Wer bläst so die meisten Kerzen aus?
Material: viele Stabkerzen, Kerzenständer, Streichhölzer/Feuerzeug

Kerzen blind anzünden

Einem Kind, das sich freiwillig gemeldet hat, werden die Augen verbunden. Es soll eine Kerze anzünden, ohne etwas zu sehen. Die anderen Kinder geben ihm dabei mündliche Hilfestellung. Wie lange braucht das Kind, um das Streichholz zu entzünden und den Docht der Kerze zu finden?

Material: Stabkerze, Kerzenständer, volle Streichholzschachtel, Stoppuhr

51. Der Hauptmann Kornelius

Bibeltext: Apostelgeschichte 10,1-48
Zielgedanke: Gott macht keine Unterschiede. Es ist für ihn nicht wichtig, woher jemand kommt oder an was oder wen er vorher geglaubt hat.

Einstiegsspiel

Tiere erraten

Ein Kind denkt sich ein Tier aus. Die Gruppe stellt Fragen, die nur mit „Ja" oder „Nein" beantwortet werden können, bis sie das Tier erraten hat. Dann ist ein anderes Kind an der Reihe. Wer die meisten „Neins" gegeben hat, gewinnt dieses Spiel.
Material: keines

Einstiegsfragen

- Was findest du eklig?
- Welche Menschen findest du nicht so sympathisch? Woran liegt das?

Vorlesegeschichte

„Seltsam", denkt Petrus, „habe ich etwa so großen Hunger, dass mir schon beim Beten nur noch Essen in den Kopf kommt?" Petrus schüttelt den Kopf, so als will er seine Gedanken abschütteln. Er ist auf dem Dach, um in Ruhe mit Gott zu beten, bis das Mittagessen zubereitet ist. Da sieht er vor seinem inneren Auge, wie ein großes Leinentuch vom Himmel herabkommt. In diesem Tuch sind alle möglichen Tiere, solche, die er essen darf, und auch solche, die den Juden verboten sind zu essen. Petrus hört eine Stimme: „Petrus, steh auf, schlachte und iss!" Aber Petrus widerspricht: „Nein, ich esse doch keine unreinen Tiere, die wir Juden nicht essen sollen!" Die Stimme antwortet: „Was Gott geschaffen und rein gemacht hat, das kannst du doch nicht als unrein bezeichnen." Derselbe Dialog wiederholt sich noch zweimal, dann ist das Tuch verschwunden. „Was hat das zu bedeuten?", fragt sich Petrus.
Da klopft es unten an der Tür. Drei Männer fragen nach Petrus. „Geh mit ihnen, ich habe sie geschickt!", so hört Petrus die Stimme Gottes in seinem Ohr. Petrus öffnet ihnen die Tür und lässt die Männer ein. Zwei sind Soldaten, einer ist Diener bei Kornelius, einem römischen Hauptmann in Cäsarea. Sie sind 50 km hierher gelaufen, um Petrus zu bitten, mit zu Kornelius zu kommen. Kornelius ist zwar kein Jude, aber er glaubt an den Gott Israels, er betet, geht in die Synagoge und spendet für die Armen. Er will von Petrus mehr über Gott erfahren. Am nächsten Morgen brechen sie gemeinsam mit einigen Begleitern des Petrus auf.
Kornelius hat bereits einige Vorbereitungen getroffen und seine Verwandten und engsten Freunde zu sich eingeladen. Auch sie sollen hören, was Petrus zu erzählen hat. Kaum hat Petrus sein Haus erreicht, läuft Kornelius ihm entgegen und fällt ehrfürchtig vor ihm auf

die Knie. Petrus weiß erst nicht recht, wie ihm geschieht. Dann aber zieht er Kornelius wieder nach oben und sagt: „Steh auf! Ich bin doch auch nur ein Mensch. Vor mir musst du nicht niederfallen.“ Gemeinsam betreten sie das Haus, in dem schon viele Menschen auf ihn warten. „Eigentlich ist es uns Juden ja nicht erlaubt, das Haus eines Fremden zu betreten, der nicht Jude ist. Aber vor ein paar Tagen hat Gott mir gezeigt, dass wir Menschen nicht das Recht haben, jemanden unrein oder unwürdig zu nennen. Darum bin ich hier. Aber jetzt will ich doch mal von dir, lieber Kornelius, wissen, warum ich überhaupt eingeladen worden bin.“

Da erzählt Kornelius, wie er vor ein paar Tagen gebetet hat und ihm dabei ein Engel erschienen ist. Der Engel sagte: „Gott hat deine Gebete gehört und sieht deine Spenden. Schicke jemanden und lass Petrus holen.“ Dann folgte eine genaue Wegbeschreibung. Kornelius hat die Anweisungen des Engels befolgt. Und darum ist Petrus hier. Alle schauen erwartungsvoll auf Petrus. „Jetzt verstehe ich, dass Gott wirklich keinen Unterschied zwischen den Personen macht“, sagt Petrus. „Es ist für ihn gleich, ob wir Juden oder Heiden sind, ob wir aus Israel, aus Italien oder von sonst woher stammen. Wichtig für Gott ist, dass wir ihn ehren und nach seinen Geboten handeln.“ Und dann erzählt Petrus von Jesus, was er mit ihm erlebt hat, wie Jesus gestorben und auferstanden ist. „Allen wird die Schuld vergeben, die an Jesus glauben“, so beendet Petrus seine Rede.

Die Gäste in Kornelius’ Haus haben ihm gespannt zugehört. Sie werden vom heiligen Geist erfüllt, Freude macht sich breit und sie loben Gott in verschiedenen Sprachen. Auch einige Juden, die dabei sind, sehen, dass Gottes Geist keine Grenzen kennt. Petrus tauft alle und für sie beginnt ab jetzt ein neues Leben.

Vertiefungsfragen

- Bei Gott gibt es keine Voraussetzungen, um an ihn glauben zu dürfen. Egal ob katholisch oder evangelisch, getauft oder nicht, jeder darf zu Gott kommen. Das bedeutet auch, dass diejenigen, die dir unsympathisch sind, bei Gott willkommen geheißen werden. Was denkst du darüber?
- Wo erlebst du heute noch, dass Menschen ausgegrenzt werden?

Spiele mit vielen Tieren

Tag der offenen Tür im Zirkus

Die Kinder sitzen im Kreis und werden einem Tier zugeordnet (Elefant, Pferd, Seelöwe usw.), mindestens drei Kinder dem gleichen. In der Mitte steht ein Kind und ist Zoodirektor. Es nennt ein Tier. Alle Kinder, die dieses Tier sind, müssen die Plätze tauschen. Das Kind in der Mitte versucht, einen freien Platz zu ergattern. Wer keinen Platz findet, ist neuer Zoodirektor.

Variante: Die Kinder dürfen die Plätze nicht einfach so tauschen, sondern müssen dabei das Tier nachmachen (Elefant mit Armen als Rüssel, Pferd im Sprung, Seelöwe zieht sich nur mit den Armen auf dem Boden nach vorn usw.).

Material: keines

Stumme Tiere

Alle Kinder sitzen im Kreis. Jedes Kind denkt sich ein Tier aus. Kein Tier darf doppelt vorkommen. Jedem Tier wird eine bestimmte Bewegung zugeordnet (z. B. Elefant mit Armen als Rüssel, Vogel mit den Armen als Flügelschlag, Krokodil mit Armen nach vorne als Maul usw.). Ein Kind beginnt und macht die Bewegung eines anderen Tieres nach. Das Kind, das dieses Tier gewählt hat, muss schnell reagieren und wieder die Bewegung eines anderen Tieres nachmachen. Wer „schläft", bekommt einen Punkt. Wer am Ende die meisten Punkte hat, verliert.
Material: keines

Tiergeflüster im Zoo

Alle Kinder sitzen im Kreis. Jedes Kind denkt sich ein Tier aus. Kein Tier darf doppelt vorkommen. Jedem Tier wird ein bestimmter Laut zugeordnet (z. B. Elefant „Töröö", Vogel pfeift, Krokodil „schnapp" usw.). Die Tiere unterhalten sich von ihren Käfigen aus, indem ein Kind beginnt und den Laut eines anderen Tieres nachmacht. Das Kind, das dieses Tier gewählt hat, muss schnell reagieren und wieder den Laut eines anderen Tieres nachmachen. Wer „schläft", bekommt einen Punkt. Wer am Ende die meisten Punkte hat, verliert.
Material: keines

Vögel verjagen

Die gefräßigen Vögel haben sich im Kirschbaum eingenistet und klauen die leckeren Früchte. Es gilt, sie so schnell wie möglich zu verjagen. Dazu werden die Kinder in zwei gleich große Gruppen eingeteilt. Die Kinder setzen sich nebeneinander in eine Reihe und erhalten jeweils einen Luftballon. Auf „Los!" bläst das jeweils erste Kind den Luftballon auf, hält die Öffnung zu und setzt sich darauf. Ist der Luftballon geplatzt, darf das zweite Kind mit Aufblasen beginnen usw. Welche Gruppe hat zuerst alle Luftballons platzen lassen und damit die Vögel verjagt?
Material: pro Kind ein Luftballon

Drachenschwanz abjagen

Die Kinder werden in zwei Gruppen eingeteilt und halten sich an den Händen. Das jeweils letzte Kind erhält ein Geschirrtuch, das hinten in die Hose / den Rock gesteckt wird. Nun versuchen beide Gruppen, der jeweils anderen Gruppe das Geschirrtuch zu entreißen und gleichzeitig zu verhindern, dass das eigene Geschirrtuch geklaut wird. Dabei darf aber die Gruppe die Hände nicht loslassen. Wem es gelingt, der hat den Drachen besiegt.
Material: 2 Geschirrtücher

Alle Vögel fliegen hoch

Alle Kinder sitzen im Kreis und legen die Hände auf die Oberschenkel. Die Spielleitung oder ein Kind, das sich freiwillig gemeldet hat, sagt: „Alle Vögel fliegen hoch: die Amseln ..." Dabei streckt es beide Arme nach oben. Wenn die Kinder der Meinung sind, dass Amseln fliegen können, dann strecken sie ebenfalls die Arme nach oben. „... die Meisen ..." Die Arme werden wieder nach oben gestreckt. Es können alle Dinge genannt werden,

die fliegen können, also auch Drachen, Flugzeuge, Hubschrauber usw. Nennt die Spielleitung oder das Kind etwas, das nicht von allein fliegen kann, z. B. Schuhe, Schildkröten o. Ä., darf natürlich kein Kind die Arme hochnehmen. Die Spielleitung oder das Kind kann verwirren, indem sie/es die Arme bei etwas hochnimmt, das nicht fliegen kann, und sie unten lässt, obwohl es fliegen kann. Die Dinge sollten schnell genannt werden, sodass die Kinder spontan reagieren müssen. Wer falsch seine Arme hebt oder zu lange zögert, bekommt einen Punkt. Wer am Ende die meisten Punkte hat, verliert.
Material: keines

Käfer würfeln

Jedes Kind erhält ein Blatt Papier und einen Stift. Auf das Blatt malt es sechs Kreise und nummeriert sie von 1 bis 6. Dann wird reihum gewürfelt. Wer eine Eins gewürfelt hat, darf dem ersten Marienkäfer ein Bein malen, bei der zweiten Eins das zweite Bein usw. Jeder Marienkäfer hat sechs Beine und einen Kopf. Ist der erste Marienkäfer fertig, darf der zweite begonnen werden. Jetzt müssen lauter Zweier gewürfelt werden. Wer zuerst alle Marienkäfer fertig hat, gewinnt.
Variante: Es dürfen alle Marienkäfer gleichzeitig gemalt werden. Wer die Zahl eines Marienkäfers würfelt, der schon fertig ist, darf nicht noch einmal würfeln.
Material: Papier und Stifte, Würfel

52. Die Befreiung des Petrus

Bibeltext: Apostelgeschichte 12,1-19
Zielgedanke: Gott kümmert sich um seine Freunde, er lässt sie nicht im Stich.

Einstiegsspiel

Immer zu zweit-Memory

Zwei Kinder, die sich freiwillig gemeldet haben, gehen vor die Tür. Alle anderen Kinder bilden Paare und erhalten ein Wort (oder denken sich eines aus), das aus zwei Hälften besteht (z. B. Gefängnis-Wärter, Oster-Hase, Mandarinen-Schale, Tür-Schloss usw.) Jedes der Kinder merkt sich einen Teil des Wortes. Dann gehen die Paare wieder auseinander und die beiden Kinder vor der Tür werden hereingerufen. Ein Kind beginnt und zeigt wie bei Memory auf zwei Kinder, die ihr Wort sagen. Passt beides zusammen (im ursprünglichen Sinn), geht das Paar auf seine Seite. Passen die Wörter nicht zusammen, darf das andere Kind auf zwei Kinder zeigen. Wer am Ende die meisten Paare hat, gewinnt.
Material: keines

Einstiegsfragen

- Wann ist es gut, einen Freund / eine Freundin an der Seite zu haben?
- Hast du dich schon einmal ganz allein und verlassen gefühlt? Wann und warum? Magst du das jetzt erzählen?

Vorlesegeschichte

Es läuft nicht wirklich gut für die Boten der guten Nachricht. Aber für die gute Nachricht läuft es super! Viele Menschen kommen zum Glauben an Jesus Christus. Es werden immer mehr, die sich taufen lassen und in den Häusern zusammenkommen, um von den Jüngern zu hören, was Jesus gelehrt und getan hat. Nur König Herodes findet das nicht so toll. Er will, dass die Menschen in Israel ihn als König und Herrscher anbeten, nicht diesen Jesus, der scheinbar vom Tod auferstanden und jetzt im Himmel ist. Herodes verfolgt die Boten der guten Nachricht. Die Juden finden das in Ordnung, denn sie halten diese neue Glaubensbewegung für falsch.

„Wenigstens die Juden finden mich gut", denkt Herodes. Darum lässt er auch Petrus verhaften und will ihn nach dem Feiertag, dem Passahfest, öffentlich verurteilen. Das soll ihm Ansehen bei den Juden bringen und die anderen davon abhalten, Christen zu werden. Und so landet Petrus im Gefängnis. Er wird von vier Soldaten streng bewacht wie ein Schwerverbrecher. Nachts ist er rechts und links an zwei Soldaten gekettet. Vor seiner Zellentür sitzen zwei weitere Wachen. Vielleicht hat Herodes Angst, dass er abhauen könnte. Aber wie soll das gehen, wo Petrus keine Sekunde aus den Augen – oder sollte man sagen – aus den Ketten gelassen wird?

Es ist bereits die zweite Nacht, die Petrus im Gefängnis verbringt. Morgen früh soll ihm der Prozess gemacht werden. Trotzdem kann Petrus schlafen. Denn die Christen beten Tag und Nacht für ihn. Er weiß sich von ihnen unterstützt. Und er glaubt auch, dass Gott ihn nicht im Stich lässt. Mitten in der Nacht wacht er auf. Jemand tritt ihm in die Seite. „He, was soll ...?“ Petrus reibt sich verwirrt die Augen. Die Zelle ist richtig hell. Da steht ein Mann, der ganz bestimmt kein Soldat ist. „Schnell, steh auf!“, raunt er Petrus zu. „Aber ...“ Sein Widerspruch bleibt ihm im Hals stecken, denn im selben Moment lösen sich die Ketten, mit denen er an die Soldaten gefesselt ist. „Zieh dich an!“, sagt der Mann. Wer auch immer das ist, der da einen Fluchtplan für Petrus hat, er hat jedenfalls so viel Zeit, dass Petrus seinen Gürtel, seine Sandalen und seinen Mantel anziehen kann. Die Soldaten, an die er gefesselt war, machen keinen Mucks.
Petrus folgt dem Mann durch die Zellentür. Was ist mit den Wachen, die davorstehen? Auch sie leisten keinen Widerstand. Und auch durch die nächste Tür kommen die beiden unbehelligt hindurch. Petrus denkt: „Das ist ein schöner Traum! In Wirklichkeit würde das ja leider nicht funktionieren.“ Dann stehen sie vor dem großen, eisernen Haupttor. Wie sollen sie da durchkommen? „Ob der Mann einen Schlüssel hat?“, fragt sich Petrus. Nein, das Tor geht ganz von allein auf! Sie treten beide ins Freie und laufen die Straße entlang. An der nächsten Kreuzung ist der Mann verschwunden.
Petrus schaut sich verwirrt um. Wo bin ich? Wie bin ich hierhergekommen? Es war also doch kein Traum? Petrus zwickt sich in den Arm. Aua! Er schaut an sich hinunter und entdeckt die Abdrücke der Fußfesseln. Nein, es ist Wirklichkeit! Gott hat seinen Engel geschickt, um ihn aus dem Gefängnis zu befreien! Er hat ihn vor dem ungerechten Urteil beschützt, das ihn morgen erwartet hätte! Gott ist groß! Schnell läuft Petrus zu seinen Freunden, die sich bei Maria im Haus versammelt haben, auch in der Nacht. Dort angekommen klopft er an das Tor. Ob wohl noch jemand wach ist? Natürlich, sie wollten doch Tag und Nacht für ihn beten.
Da kommt auch schon Rhode. „Wer ist da?“, fragt sie durch die verschlossene Tür. „Ich bin es, Petrus!“ Rhode ist von den Socken. Sie läuft schnell zu den anderen und will es ihnen erzählen. Sie freut sich so sehr, dass sie vergessen hat, das Tor zu öffnen. „Petrus ist wieder da. Er steht vor dem Tor! Gott hat unser Gebet erhört!“, ruft sie den anderen zu. „Ja, ja, träum weiter!“ Keiner will sie ernst nehmen. Aber Petrus klopft weiter an das Tor. Endlich machen sie ihm auf. Es ist tatsächlich Petrus! Sie sind außer sich vor Freude! Gott hat ihr Gebet erhört und das Unmögliche möglich gemacht! Es ist gut, dass sie nicht allein sind.

Vertiefungsfragen

- Wofür traust du dich kaum zu beten, weil du nicht glauben kannst, dass Gott dieses Wunder tut?
- Auch heute noch werden über hundert Millionen Christen verfolgt. Ihr könnt als Gruppe für sie beten. Vielleicht wollt ihr euch über ein Land besonders informieren, z. B. unter www.opendoors.de (letzter Zugriff am 29.04.2025).

Spiele mit Verfolgern

Rückendeckung

Die Kinder werden in zwei gleich große Gruppen eingeteilt. Eine Gruppe spielt die Christen, die anderen ihre Verfolger. Ein Startfeld und ein Zielfeld von mindestens 3 m Durchmesser wird markiert. Im Startfeld befindet sich ein Eimer mit „Bibeln" (z. B. Dominosteine, Bauklötze, Kronkorken o. Ä.). Die „Bibeln" sollten so klein sein, dass man sie in die Hosentasche stecken kann. Im Zielfeld befindet sich ein leerer Eimer, in den die „Bibeln" gebracht werden sollen. Die Christen haben die Aufgabe, möglichst viele „Bibeln" auf die andere Seite zu bringen. Die Verfolger versuchen, sie auf dem Weg abzuklatschen. Wer erwischt wurde, muss seine „Bibel" herausgeben und kehrt dann wieder zum Startfeld zurück, um sich neu mit einer „Bibel" auszustatten. Pro Kind darf immer nur eine „Bibel" transportiert werden. Die Verfolger dürfen weder das Startfeld noch das Zielfeld betreten. Es darf auch nie mehr als ein Verfolger direkt an der Markierung der Felder lauern. Die Kinder können sich gegenseitig unterstützen, indem sich Kinder ohne „Bibel" fangen lassen und so die Verfolger beschäftigen.
Nach ungefähr 10 Minuten wird das Spiel gestoppt und die transportierten „Bibeln" sowie die abgenommenen „Bibeln" gezählt. Dann werden die Rollen getauscht. Welche Gruppe kann mehr „Bibeln" transportieren bzw. abnehmen?
Hinweis: Je nach Gruppe kann hier noch einmal darüber gesprochen werden, warum Bibeln auch heute noch geschmuggelt werden.
Material: 2 Eimer, viele Dominosteine, Bauklötze, Kronkorken o. Ä., Kreide zur Markierung der Felder

Bibel schützen

Die Kinder werden in zwei oder mehrere gleich große Gruppen eingeteilt und erhalten eine Kappe o. Ä. in der Gruppenfarbe. Jede Gruppe erhält ein größeres Spielgebiet, in dem sie eine Bibel versteckt. Zwischen den Spielgebieten sollte es eine neutrale Zone geben. Haben alle Gruppen ihren Schatz versteckt, treffen sich alle in der neutralen Zone. Nun gilt es, die Bibel im Gebiet der anderen zu finden und gleichzeitig zu verhindern, dass die eigene Bibel gefunden wird. Die eigene Bibel darf nicht mit stehenden Wachen bewacht werden. Um zu verhindern, dass die eigene Bibel gefunden wird, können Kinder aus anderen Gruppen im eigenen Spielgebiet abgeschlagen werden. Dazu muss die Kappe vom Kopf heruntergezogen werden. Das Kind muss dann erst wieder in das eigene Spielgebiet, bevor es sich wieder in das fremde Gebiet auf Bibelsuche begeben kann. Wer zuerst die Bibel einer anderen Gruppe findet, gewinnt das Spiel.
Material: pro Kind eine Kappe, möglichst in unterschiedlichen Farben oder angemalt (gibt es oft als Werbegeschenk), Markierungen für die Spielgebiete (z. B. Absperrband), pro Gruppe eine (alte) Bibel

Gefängnisausbruch

Das Spielgebiet wird festgelegt und sollte gute Versteckplätze haben. Ein Bereich, der als Gefängnis dient, wird markiert. Zwei Kinder sind römische Soldaten, zwei Kinder sind Gefangene und im Gefängnis, die anderen Kinder spielen die Gemeinde bei Maria. Drei Stöcke werden zu einem Tetraeder aufgestellt, sodass es für alle gut zugänglich ist. Die Gemeinde muss versuchen, das Tetraeder umzuwerfen. Dann sind die Gefangenen frei und dürfen das Gefängnis verlassen. Die Soldaten versuchen, dies zu verhindern, indem sie die Kinder abklatschen. Wer abgeklatscht wurde, kommt ebenfalls ins Gefängnis. Gelingt es den Soldaten, die ganze Gemeinde in das Gefängnis zu bringen, haben sie gewonnen. Gelingt es nicht, können nach einiger Zeit die Rollen getauscht oder die Anzahl der Soldaten erhöht werden.

Material: drei Stöcke, Kreide/Kreppklebeband als Markierung für das Gefängnis

53. Lydia wird Christin

Bibeltext: Apostelgeschichte 16,1-15
Zielgedanke: Die gute Nachricht Jesu verbreitet sich in der ganzen Welt. Sie gilt für alle Menschen.

Einstiegsspiel

Meerüberquerung

Die Kinder werden in zwei Gruppen eingeteilt und stellen sich jeweils hinter der Startlinie auf. Jede Gruppe erhält drei Teppichfliesen oder Putzlappen (Boote), mit denen sie das Meer bis zur Ziellinie überqueren muss. Dabei darf niemand den Boden berühren. Die Ziellinie sollte mindestens 10 m entfernt sein. Welche Gruppe schafft es zuerst, alle Kinder auf die andere Seite des Meeres zu bringen?
Material: 6 Teppichfliesen oder Putzlappen, Kreide oder Kreppklebeband

Einstiegsfragen

- Was war deine weiteste Reise?
- Wie fühlt es sich an, in einem fremden Land zu sein und alles ist anders?

Vorlesegeschichte

„Und was machen wir jetzt hier?" Silas blickt sich enttäuscht um. Er hat eine große jüdische Gemeinde erwartet, die sie mit offenen Armen empfängt. Aber davon ist hier nichts zu sehen. Nur ein paar Frauen, die sich am Sabbat zu einem Schwätzchen am Fluss treffen, sieht Silas. Hat Paulus sich geirrt?
Silas ist nun schon seit einigen Monaten mit Paulus unterwegs. Sie haben sich persönlich auf dem Apostelkonzil in Jerusalem kennengelernt. Silas war dort als Abgesandter seiner Gemeinde. Auf dem Apostelkonzil haben sie über die Frage diskutiert, ob jemand erst Jude werden muss, bevor er Christ werden kann. Paulus hat von seinen Reisen berichtet. Er hat erlebt, dass Nichtjuden vom Heiligen Geist erfüllt wurden. Nach längeren Diskussionen haben sie die Frage also mit Nein beantwortet. Jeder kann Christ werden. Nur ein paar Vorschriften haben sie beim Apostelkonzil aufgestellt, den Gemeinden gebracht und erklärt. Dafür wurde auch Silas ausgewählt. Als er wieder zurück nach Jerusalem gekommen war, hatte Paulus ihn gefragt, ob er mit ihm auf Reisen gehen würde. Er möchte gern die Gemeinden besuchen, die er gegründet hat, und schauen, wie es ihnen geht. Silas hatte eingewilligt. Das klang spannend. Und so war es auch die ersten Monate. Aber dann ging eine Tür nach der anderen zu. Sie wollten eigentlich nach Asien, aber Gott machte ihnen deutlich, dass sie dort nicht hinsollen. Dann wollten sie nach Bithynien, aber auch dort wollte Gott sie nicht haben. Schließlich waren sie in Troas angelangt.

In einer Nacht träumte Paulus von einem Mann aus Mazedonien, der ihm zurief: „Komm herüber nach Mazedonien und hilf uns!“ Paulus war sich sicher, dass das ein Ruf von Gott ist. Also haben sie das nächste Schiff genommen und sind nun hier gelandet – in Philippi, weit weg von zu Hause. Sie sind in einem anderen Land, sogar auf einem anderen Kontinent. Alles ist fremd, laut und bunt. Und diese Götterstatuen überall! Silas fühlt sich nicht besonders wohl. War das richtig? Was machen sie hier eigentlich? Hat Gott sie wirklich hierher geschickt?

„Komm, wir setzen uns zu den Frauen. Es scheint so, als würden sie sich über ein ernsthaftes Thema unterhalten“, fordert Paulus Silas auf. Dieser ist skeptisch, aber er folgt Paulus. Sie kommen mit den Frauen ins Gespräch. Lydia ist die Wortführerin der Gruppe. Sie hat hier einen Tuchladen und handelt mit wertvollen Stoffen. Ein Händler hat ihr mal von dem Gott der Juden erzählt und ihr ein paar Schriftrollen dagelassen. Seitdem glaubt sie an ihn, betet und erzählt den anderen Frauen, was sie selbst erfahren hat. Als sie hört, dass Paulus und Silas aus Jerusalem kommen, ist sie wie elektrisiert. Sie will alles über diesen Gott wissen.

Paulus beginnt zu erzählen, dass Gott seinen Sohn Jesus auf die Welt geschickt hat. Er erzählt, unter welchen Umständen Jesus geboren wurde, was er als Erwachsener gepredigt und welche Wunder er vollbracht hat. Wie das den Oberen nicht gefallen hat und er verhaftet und gekreuzigt wurde. Wie er vom Tod wieder auferstand und auch ihm, Paulus, begegnet ist. Wie sich dadurch sein Leben verändert hat und er nun in der Welt herumreist und von Jesus erzählt. Wer an Jesus glaubt, dem kann die Schuld vergeben werden. So ist ein neues Leben mit Gott möglich.

Die Frauen hören aufmerksam zu. Lydia hat Tränen in den Augen. Sie hat endlich den Gott kennengelernt, der sie unendlich liebt. Nichts hält sie mehr auf den Beinen. Sie springt auf: „Taufe mich, Paulus, ich will auch zu Jesus gehören!“ Mit ihr werden auch ihre ganze Familie und ihre Dienerschaft getauft. Auch einige andere Frauen steigen ins Wasser und beginnen ein neues Leben.

„Es sieht so aus, als wäre hier gerade eine neue Gemeinde entstanden“, denkt Silas. „Die erste Gemeinde in Europa. Dann hat sich Paulus doch nicht geirrt.“ Und in seinem Herzen dankt er Gott für diese Menschen, für Lydia, die diese Gemeinde nun leiten wird, und bittet um Gottes Segen für sie.

Vertiefungsfragen

- Die gute Nachricht von Jesus will in die Welt hinaus. Wem hast du schon mal von Jesus erzählt? Wem würdest du gern mal von ihm erzählen? Was fällt dir dabei schwer?
- Gott hat Paulus und Silas geführt. Wie können wir heute merken, was Gott von uns will?

Spiele auf dem Weg

Hausspiel

Auf einem großen Plakat werden ca. 30 Kreise gezeichnet, die miteinander verbunden sind. Es gibt weder Anfang noch Ziel. Die Kreise sind nummeriert. Zu jeder Nummer gibt es einen Zettel, der irgendwo im Haus oder im Freien sichtbar aufgehängt ist, indem er nur am oberen Rand festgeklebt ist. Auf der Vorderseite des Zettels steht die Zahl in großen Ziffern, auf der Rückseite steht ein Begriff oder eine Frage/Tätigkeit. Die Rückseite muss so beschriftet sein, dass man sie lesen kann, wenn man den Zettel nach oben klappt. Nun werden die Kinder in Gruppen eingeteilt und stellen ihre Figur auf dem Spielplan auf, möglichst in großem Abstand zur nächsten Figur. Die Startfelder werden farblich markiert. Nun beginnt eine Gruppe und würfelt. Sie geht mit ihrer Figur diese Augenzahl vor und muss den Zettel mit der Zahl suchen, auf dessen Feld sie steht. Dort klappt sie den Zettel nach oben und erfüllt die Aufgabe, überlegt sich die Antwort auf die Frage oder merkt sich einfach den Begriff, der dort steht. Dann kommt sie zurück zur Spielleitung. Die Spielleitung besitzt eine Liste mit diesen Begriffen, Fragen und Antworten sowie Tätigkeiten. Die Gruppe muss dort die Lösung nennen, dann darf sie wieder würfeln und weiterziehen. Dies tun alle Gruppen parallel. Das Spiel endet, wenn eine Gruppe wieder an ihrem Ausgangspunkt angelangt ist (das kann unter Umständen sehr schnell gehen) oder wenn sie alle Zahlen gefunden und „abgearbeitet“ hat.
Mögliche Begriffe: Blume, Schneemann, Boot, Lydia, Buch
Mögliche Fragen: Wer ist Bundeskanzler/Bundeskanzlerin in Deutschland? An welchem Wochentag beginnt in diesem Jahr der Juli? Wer gewann dieses Jahr den Wettbewerb XY?
Mögliche Tätigkeiten: Bringt fünf Blätter! Singt ein Lied vor! Macht eine Menschenpyramide aus allen Gruppemitgliedern!
Material: großes Plakat, bunte Stifte, Spielfiguren, Würfel, kleine Zettel, Edding, Kreppklebeband, Liste für die Spielleitung

Bibeln transportieren

Die Bibel muss in die ganze Welt gebracht werden. Dazu werden die Kinder in zwei gleich große Gruppen eingeteilt und stellen sich je zur Hälfte an der Start- und an der Ziellinie auf. Auf verschiedene Art muss so schnell wie möglich eine Bibel (oder ein anderes altes Buch mit einem entsprechenden Umschlag, das auch mal runterfallen darf) transportiert werden. Ein Kind startet an der Linie, bringt die Bibel zur Ziellinie und gibt sie dort dem nächsten Kind, das die Bibel wieder auf die andere Seite transportiert. Welche Gruppe schafft dies am schnellsten? Nachdem alle Kinder die Bibel auf die eine Art transportiert haben, wird der nächste Kontinent genannt und neu gestartet.

Afrika: Die Kinder balancieren die Bibel auf dem Kopf. Fällt sie herunter, müssen sie stehen bleiben, die Bibel wieder aufnehmen, dann dürfen sie erst weiterlaufen.

Asien: Die Kinder bekommen zwei Stöcke, zwischen die sie die Bibel einklemmen und sie so über die Strecke transportieren.

Australien: Die Kinder steigen in einen Jutesack, halten die Bibel in einer Hand und den Sack in der anderen Hand und hüpfen so über die Strecke.

Nordamerika: Die Kinder ziehen eine dicke Winterjacke, Stiefel, Schal und Mütze an und laufen so über die Strecke. Dort müssen sie Kleidung und Bibel an das nächste Kind abgeben.

Südamerika: Ein Kind wird als „Schubkarre" verwendet. Ein Kind geht in den Vierfüßlerstand, das andere legt ihm die Bibel auf den Rücken und nimmt dessen Beine in die Hand. Das Kind läuft dann mit den Händen und bringt so die Bibel über die Strecke.

Europa: Die Bibel wird in einen Rollkoffer gelegt, mit dem ein Hindernisparcours absolviert wird.

Material: 2 Bibeln oder alte Bücher mit einem „Bibeleinband", 4 Stöcke, 2 Jutesäcke, 2 Winterjacken, 2 Paar Stiefel, 2 Mützen, 2 Schals, 2 Rollkoffer, Kreide oder Kreppklebeband für den Parcours

54. Paulus und Silas im Gefängnis

Bibeltext: Apostelgeschichte 16,16-40
Zielgedanke: Gott lässt uns nie im Stich und ist besonders in schweren Situationen da. Darum können wir ihn immer loben.

Einstiegsspiel

Gefangen

Die Kinder werden in Zweierteams eingeteilt, ein Kind bleibt übrig. Alle stellen sich im Kreis auf, wobei sich die Paare immer hintereinander aufstellen. Das hintere Kind (Wächter) nimmt die Hände hinter den Rücken. Es muss das vordere Kind (Gefangener) bewachen, damit es nicht das Gefängnis verlassen kann. Ein Kind ist allein und muss versuchen, ein anderes Kind zu befreien, indem es den Namen seines Wächters ruft. Der Wächter versucht, das Kind festzuhalten, der Gefangene versucht zu fliehen. Gelingt es ihm, stellt es sich hinter seinen Befreier, der jetzt Gefangener wird. Gelingt es nicht, muss es stehen bleiben und das Kind muss jemand anderen rufen.
Material: keines

Einstiegsfragen

- Bist du schon einmal für etwas bestraft worden, das du gar nicht getan hattest? Wie war das?
- Stell dir vor, du bist zu Unrecht verurteilt, was würdest du tun?

Vorlesegeschichte

„Diese Gefangenen sind wirklich komisch“, denkt Miriam. Sie hat ja schon viele Gefangenen kennengelernt, aber diese zwei? Alle Gefangenen klagen, beteuern ihre Unschuld und versuchen, sich zu wehren. Sie rütteln an den Türen, treten gegen die Wände und schreien laut um Hilfe. Das tun diese beiden Männer nicht, die heute in die hinterste, unterste Zelle gesperrt wurden. Sogar ihre Füße hat man in einen Holzblock gesperrt und vor der Zelle steht eine Wache. Sie müssen schwere Verbrecher sein. Aber sie jammern nicht. Im Gegenteil, sie bedanken sich sogar für das Essen, das Miriam ihnen vorhin gebracht hat. Und sie singen. Schon die ganze Zeit singen sie für einen Gott, der Jesus heißt und den Miriam nicht kennt. Es sind fröhliche Lieder, keine Klagelieder. Komische Gefangene.
„Vater, was sind das für zwei Männer, die wir heute in die sicherste Zelle gesperrt haben? Was haben sie getan?“ Miriam schaut ihren Vater fragend an. Er ist der Chef des Gefängnisses. Miriam hilft ihm beim Verteilen des Essens und kann sich so ein paar Münzen verdienen. „Das sind zwei Männer aus Asien. Paulus und Silas heißen sie. Sie sind vor einer Woche hier angekommen. Seitdem spielt die Stadt verrückt. Lydia und alle anderen

Frauen, die sich immer mit ihr treffen, haben sich taufen lassen und glauben jetzt an diesen Jesus", erklärt ihr Vater. „Und", fragt Miriam, „ist das verboten?" „Nein", der Vater schüttelt den Kopf, „verboten ist das nicht. Aber dann ist das mit der Wahrsagerin passiert." „Was ist denn passiert?", will Miriam wissen. „Na ja, die Wahrsagerin ist mehrere Tage hinter Paulus und Silas hergelaufen und hat immer gerufen: ‚Diese Männer sind die Diener des höchsten Gottes. Sie sagen euch, wie ihr gerettet werden könnt!' Irgendwann hat das Paulus so genervt, dass er im Namen seines Gottes den Wahrsagergeist aus der Frau getrieben hat. Jetzt kann sie nicht mehr wahrsagen. Und die Männer, die mit ihrer Wahrsagerei viel Geld verdient haben, sind natürlich stocksauer. Sie haben Paulus und Silas auspeitschen und dann in diese Zelle bringen lassen." „Ach so." Miriam gibt sich erst einmal mit der Antwort zufrieden. Komische Sache, das mit diesem Jesus.

Mitten in der Nacht wird Miriam wach. Was ist das für ein Lärm? Was quietscht und scheppert da so laut? Etwa ein Erdbeben? Nein, das kann nicht sein, denn ihr Bett bewegt sich keinen Millimeter. Auch die Eltern sind wach geworden. Sie stürmen alle nach draußen, um zu sehen, was da los ist. Ihr Vater hat als Erster den Hof erreicht. Abrupt bleibt er stehen und starrt zum Gefängnis hinüber: Alle Tore sind sperrangelweit offen! Das gibt es doch nicht! „Alle Gefangenen sind geflohen! Ich bin am Ende! Man wird mich dafür hinrichten!", ruft er voller Verzweiflung. Er will schon sein Schwert ziehen und seinem Leben ein Ende setzen, da hören sie eine Stimme aus dem Gefängnis rufen: „Nein, tu es nicht, wir sind doch alle noch hier!"

Das kann der Gefängniswärter kaum glauben. Mit einer Lampe geht er hinein. Tatsächlich! Die Gefangenen sind noch da. Er nimmt Paulus und Silas mit in seine Wohnung und will wissen, was passiert ist. Sie erzählen von Jesus, dem Sohn Gottes, der die Freiheit bringt. Wer an ihn glaubt, dem wird die Schuld vergeben und er kann ein neues Leben beginnen. Jesus ist so stark, dass sie immer auf ihn vertrauen. Auch im Gefängnis. Sie haben ihm Loblieder gesungen, da gab es ein Erdbeben und die Türen gingen auf. Während die beiden erzählen, wäscht der Gefängniswärter ihnen die Wunden der Peitschenhiebe aus. Er ist berührt und bewegt. Dass dieser Jesus seine Freunde auch im Gefängnis nicht im Stich lässt, beeindruckt ihn. Zu diesem Jesus will er auch gehören.

Noch in dieser Nacht lässt er sich von Paulus taufen. Und mit ihm auch seine ganze Familie und alle Diener. Sie feiern ein fröhliches Fest. Morgen werden sie zu Lydia gehen und sich ihrer Gruppe anschließen. Sie wollen noch so viel mehr von diesem wunderbaren Jesus erfahren.

Vertiefungsfragen

- Wenn es dir schlecht geht, denkst du dann daran, mit Gott darüber zu reden? Was kann helfen, ihn nicht zu vergessen?
- Paulus und Silas loben Gott, obwohl es eigentlich nichts zu loben gibt. Warum hilft Loben, auch wenn es dir nicht so gut geht und du gerade nicht glücklich bist?

Spiele zur Musik

Lieder raten

Die Kinder werden in Gruppen eingeteilt. Aktuelle Hits, bekannte Kinder- und Kirchenlieder werden abgespielt. Sobald ein Kind meint, das Lied zu kennen, ruft es „Stopp!“ Sofort wird die Musik gestoppt und das Kind nennt die Lösung. Stimmt es, wird die Zeit notiert, die das Lied bisher gelaufen ist. Ist es falsch, läuft das Lied weiter und die anderen haben die Chance zu raten. Am Ende wird zusammengezählt, wer die meisten Lieder und in welcher Zeit erraten hat. Die Gruppe mit den meisten Liedern und der wenigsten Zeit gewinnt.
Material: aktuelle Hits, Kinder- und Kirchenlieder, Abspielgerät mit Spielzeitanzeige, Papier und Stift

Lieder malen

Die Kinder werden in Gruppen eingeteilt. Ein Kind einer Gruppe muss ein Lied malen, das ihm vorgegeben wird, z. B. „O Tannenbaum“, „Alle meine Entchen“, „Macht hoch die Tür“ usw. Alle Gruppen raten gleichzeitig. Wer es zuerst errät, verschafft seiner Gruppe einen Punkt. Welche Gruppe hat am Ende die meisten Punkte?
Material: Lieder, Plakat und Stifte

Liedworte finden

Ein Kind, das sich freiwillig gemeldet hat, geht vor die Tür. Alle anderen entscheiden sich gemeinsam für ein Lied und verteilen die Worte der ersten Liedzeile reihum, (z. B. erstes Kind = alle, zweites Kind = meine, drittes Kind = Entchen usw.). Dann wird das Kind hereingerufen und man zeigt ihm das erste Kind. Ihm stellt es eine Frage, die nicht mit „Ja“ oder „Nein“ beantwortet werden kann, z. B. „Was machst du in den Sommerferien?“ Das Kind beantwortet die Frage, indem es sein „Liedwort“ in die Antwort einbindet, z. B. „Alle von meiner Familie wollen an den Bodensee, aber ich will an die Nordsee. Darum fahren wir an den Bodensee.“ Das Kind muss sich diese Antwort merken und stellt dem zweiten Kind eine Frage. Auch hier wird es noch nicht deutlich sein, spätestens aber beim dritten Kind fallen die „Entchen“ in der Antwort auf. Das Spiel bedarf etwas Übung, macht aber dann großen Spaß.
Material: keines

Lied gurgeln

Die Kinder werden in Gruppen eingeteilt. Ein Kind, das sich freiwillig gemeldet hat, kommt nach vorn. Ihm wird ein Lied genannt, das alle kennen. Dann nimmt es einen Schluck Wasser und muss so die Melodie gurgeln. Die Gruppe, die das Lied zuerst erkennt, erhält einen Punkt.
Material: Lieder, Wasserglas, Schüssel, falls ausgespuckt werden muss, Papier und Stift

Flaschenlieder

Die Kinder werden in Gruppen eingeteilt und erhalten acht leere Glasflaschen. Diese Flaschen sollen die Kinder so mit Wasser füllen, dass acht unterschiedliche Töne zu hören sind, wenn sie mit einem Löffel die Flaschen anschlagen. (Je nach Kenntnisstand der Kinder sollten die Flaschen schon vorher mit Wasser gefüllt sein.) Dann entscheidet sich die Gruppe für ein bekanntes Lied, das sie gemeinsam einstudieren und anschließend den anderen Gruppen vorspielen. Wird es erraten, erhalten sie und die Gruppe, die es erraten hat, einen Punkt.
Material: pro Gruppe 8 leere Glasflaschen, Wasser, Löffel

Lieder erfinden

Die Kinder werden in Gruppen eingeteilt und erhalten fünf Begriffe, die sie in einen Text auf eine vorgegebene Melodie einbauen müssen. Die Begriffe können entweder von der gegnerischen Mannschaft oder von der Spielleitung vorgegeben werden. Nach einer „Komponierzeit“ werden die neuen Lieder präsentiert.
Material: Begriffe, Papier und Stifte

Zeitungssingen

Die Kinder werden in Gruppen eingeteilt und erhalten einen Teil einer Zeitung. Sie haben nun 5 Minuten Zeit, um für eine Zeitungsnotiz eine Melodie einzuüben und den anderen vorzutragen.
Material: Zeitungen, Stoppuhr

55. Paulus in Athen

Bibeltext: Apostelgeschichte 17,16-34
Zielgedanke: Gott hat sich in Jesus persönlich vorgestellt. So können wir ihn kennenlernen.

Einstiegsspiel

Prominentenraten

Entsprechend der Anzahl der Kinder werden Kreppklebebandstreifen vorbereitet, auf die mit Edding jeweils ein Name einer berühmten oder bekannten Person notiert wird. Dies können Comic-Figuren, Menschen des öffentlichen Lebens, Personen aus dem Ort oder biblische Personen sein. Dann wird jedem Kind ein Kreppklebebandstreifen auf die Stirn oder auf den Rücken geklebt, sodass es nicht sehen kann, was darauf steht. Sind alle mit einem Namen ausgestattet, gehen sie umher und stellen sich gegenseitig Fragen über die Person an ihrer Stirn oder auf ihrem Rücken, die nur mit „Ja“ oder „Nein“ beantwortet werden können. Wer seine Person erraten hat, darf das Klebeband abnehmen. Wer hat sich zuerst erraten?
Material: Kreppklebeband, Edding

Einstiegsfragen

- Was fällt dir besonders auf, wenn du jemanden zum ersten Mal triffst? Auf was achtest du?
- Wie begegnest du jemandem, den du nicht kennst? Bist du interessiert oder eher zurückhaltend? Warum?

Vorlesegeschichte

Paulus schaut sich verärgert um. „Das sind ja unendlich viele Götterstatuen. Mindestens 3.000!“, denkt er. „Aber den einzigen und lebendigen Gott kennen sie nicht.“ Paulus setzt seinen Stadtspaziergang fort. In Thessalonich und Beröa gab es große Aufregung unter den Juden, weil er dort von Jesus erzählt hat. Die Menschen waren so aufgebracht, das hätte schlecht für Paulus ausgehen können. Er ist nach Athen geflüchtet und wartet jetzt auf seine Reisebegleiter. Auch hier in Athen kann er nicht schweigen, sondern erzählt in der Synagoge und auf dem Marktplatz von Jesus. Die Menschen sind sehr interessiert an allem, was religiös ist. Sie haben unglaublich viele Götter, die sie anbeten. Und sie haben sogar einen Altar für den unbekannten Gott. Es könnte nämlich sein, dass sie einen Gott vergessen haben. Und damit der nicht beleidigt ist, haben sie ihm einen Altar gebaut.
„Was will dieser Angeber eigentlich?“, fragt einer der Männer, die Paulus zugehört haben. „Also ich finde das ganz interessant. Ich lerne gern neue Gottheiten kennen“, antwortet

ihm ein anderer Zuhörer. „Dass ein Gott vom Tod aufersteht, das habe ich ja noch nie gehört.“ Inzwischen haben sich viele Menschen auf dem Marktplatz versammelt und wollen Paulus hören. „Komm, wir gehen zum Areopag, da können dich alle Menschen sehen und besser hören. Dann kannst du uns noch einmal ganz genau erklären, an welche neue Lehre du glaubst.“ Sie führen Paulus auf den Felsen, die Menschen setzen sich und hören ihm zu.
Paulus erzählt von Gott, der als Herr über Himmel und Erde die Welt geschaffen hat. Gott wohnt nicht in Tempeln und muss nicht von Menschen mit Essen versorgt werden. Ganz im Gegenteil: Gott gibt uns die Luft zum Atmen. Gott ist uns nicht fern, sondern lässt sich von jedem entdecken, der an ihm interessiert ist. Gott ist nicht aus Gold, Stein oder Holz. Sondern lebendig. Er lädt uns ein, unser Leben mit ihm zu leben, Schuld bei ihm abzuladen, seine Hilfe und Kraft für jeden Tag in Anspruch zu nehmen. Eines Tages wird Gott alles ins rechte Licht rücken. Dann wird deutlich, dass er der einzige Gott ist. Das wird durch Jesus geschehen. Und dass Jesus der Sohn Gottes ist, hat Gott dadurch gezeigt, dass er ihn vom Tod auferweckt hat.
Da beginnen einige, laut zu lachen. „Ha ha ha, vom Tod auferweckt, ich lach' mich krumm! So einen Quatsch habe ich ja noch nie gehört. Kommt, wir gehen nach Hause, der erzählt nur Unsinn!“ Es kommt Bewegung in die Zuhörer, denn viele stehen auf, einige gehen. „Klingt interessant, das würde mich doch schon interessieren. Aber heute passt es gerade gar nicht. Ich muss noch den anderen Göttern das Essen bringen und dann bin ich auch noch verabredet. Wie die Zeit wieder läuft. Tschüss dann!“
Auch Paulus verlässt den Felsen. Aber er geht nicht allein. Dionysius, Damaris und einige andere gehen mit ihm. Für sie haben sich alle Fragen geklärt. Der unbekannte Gott ist Jesus. Er braucht keinen Tempel oder Altar. Sondern er wohnt in ihren Herzen. Und weil er der einzige Gott ist, braucht es auch die 3.000 anderen Götter nicht mehr. Sie sind froh, Paulus kennengelernt zu haben. Ab heute ändert sich ihr Leben, denn mit diesem Gott wollen sie leben.

Vertiefungsfragen

- Was sind heute die 3.000 Götter, denen wir Glauben schenken und für die wir alles tun?
- Paulus hat allen von Jesus erzählt, auch denen, die ihn ausgelacht haben. Wie machst du das? Wie findest du das, wenn andere dich auslachen, weil du von Jesus erzählst?

Spiele zum Rätseln und Entdecken

Bibelgeschichten erraten

Zwei Kinder, die sich freiwillig gemeldet haben, erhalten einen Zettel, auf dem eine bekannte biblische Person steht, z. B. Adam und Elisabeth (Mutter von Johannes dem Täufer). Beide erhalten ein Telefon (z. B. altes Telefon, Löffel als Hörer oder Handy) und telefonieren miteinander. Dabei dürfen sie sich nicht beim Namen nennen. Ein Gespräch zwischen Adam und Elisabeth könnte folgendermaßen klingen: „Mir ist ganz schön kalt. Aber seit ich diesen Rock aus Blättern trage, ist es schon etwas wärmer geworden.“

„Ja, ja, die Mode. Mein Sohn läuft immer mit so einem Kamelhaarmantel herum. Das sieht vielleicht aus!“ Die Kinder müssen erraten, wer die beiden sind. Dann werden neue biblische Personen vorgestellt.
Material: Liste mit bekannten biblischen Personen, zwei Telefone oder Ersatz

Makrobilder erraten

Alltägliche Gegenstände werden in einer guten Auflösung fotografiert und so bearbeitet, dass nur ein kleiner Ausschnitt zu sehen ist. Die Kinder werden in kleine Gruppen eingeteilt und erhalten Papier und Stift. Nun wird ihnen der Bildausschnitt gezeigt. Sie notieren sich, was sie vermutet haben. Das Bild wird im Original gezeigt. Wer es erraten hat, erhält einen Punkt.
Material: Fotos von Alltagsgegenständen (bearbeitet), Laptop und Beamer, Papier und Stifte

Dalli Klick

Fotos von Alltagsgegenständen oder bekannten Personen werden mit einer Powerpoint-Präsentation bearbeitet, indem vor das Bild mehrere Quadrate gelegt werden, die das Foto komplett verdecken. Die Quadrate sind so animiert, dass sie einzeln verschwinden und stückweise das Foto freigeben. Gut wäre es, wenn zuerst unwesentliche Bilddetails gesehen werden können. Die Kinder werden in kleine Gruppen eingeteilt und erhalten Papier und Stift. Nun wird ihnen die Powerpoint-Präsentation gezeigt. Wer meint, das Foto erkannt zu haben, ruft laut „Stopp!“ und darf seinen Tipp abgeben. Ist er richtig, erhält die Gruppe einen Punkt. Ist er falsch, darf diese Gruppe nicht mehr weiter mitraten. Es werden weitere Quadrate aufgedeckt, bis eine andere Gruppe das Foto errät.
Material: Fotos von Alltagsgegenständen oder bekannten Personen, Laptop und Beamer, Papier und Stifte

Quiz- und Scherzfragen-Schlange

Auf ein großes Plakat werden 25 (bei zwei Gruppen) oder 36 (bei drei Gruppen) Kästchen gezeichnet und für alle sichtbar aufgehängt. Die Kinder werden in zwei oder drei Gruppen eingeteilt. Sie wählen eine Farbe und ein Startfeld, das in ihrer Farbe bemalt wird. Nun müssen sie abwechselnd Fragen beantworten. Eine Fülle von Fragen findet man z. B. unter www.praxis-jugendarbeit.de/spielesammlung/spiele-quiz-scherzfragen-raetsel.html (letzter Zugriff am 29.04.2025). Haben sie die Frage richtig beantwortet, wird ein Feld in ihrer Farbe angemalt. Das Feld muss waagrecht oder senkrecht an eines ihrer Felder angrenzen (zu Beginn an das Startfeld). Können sie die Frage nicht beantworten, wird eine neue Frage der nächsten Gruppe gestellt. Ziel des Spieles ist es, so viele Kästchen wie möglich in der eigenen Farbe anzumalen und den anderen Gruppen möglichst viel Platz wegzunehmen. Das Spiel endet, wenn eine Gruppe kein weiteres Kästchen mehr anmalen kann.
Material: großes Plakat, Eddings in verschiedenen Farben, ca. 50 Quiz- und Scherzfragen

Drudel

Drudel sind Bilderrätsel, die mit einfachen Strichen gezeichnet sind und Gegenstände oder Situationen aus sehr außergewöhnlichen Perspektiven zeigen. Bekannt ist der Mexikaner mit seinem Sombrero. Im Internet ist eine Fülle von Drudeln zu finden, z. B. unter www.raetselstunde.de/bilderraetsel/bilder-drudel-022.html (letzter Zugriff am 29.04.2025). Die Kinder raten in Gruppen oder einzeln. Auf ein Plakat wird ein Drudel gemalt. Wer es zuerst errät, erhält einen Punkt.
Material: Plakate, Edding, Drudel-Vorlagen

Teekesselchen

Zwei Kinder, die sich freiwillig gemeldet haben, erhalten einen Zettel, auf dem ein Gegenstand steht, den sie abwechselnd beschreiben müssen. Beide Gegenstände tragen denselben Namen, bedeuten aber etwas unterschiedliches (sogenannte Homonyme), z. B. Birne (Glühbirne und Obst), Krone (auf dem Kopf des Königs und Baumkrone/ Zahnkrone), Ampel (für Blumen und im Verkehr), Bank (zum Sitzen und Geldinstitut), Brücke (Turnübung und Bauwerk) usw. Eine Fülle von Teekesselchen findet man z. B. unter www.kribbelbunt.de/artikel/news/teekesselchen (letzter Zugriff am 29.04.2025). Ein Kind beginnt und sagt: „Mein Teekesselchen kann man essen." Das andere Kind sagt: „Mein Teekesselchen ist an der Zimmerdecke.", usw. Wer das Rätsel löst, darf mit einem anderen Kind das nächste Teekesselchen beschreiben.
Material: Liste mit Teekesselchen

Spielefinder

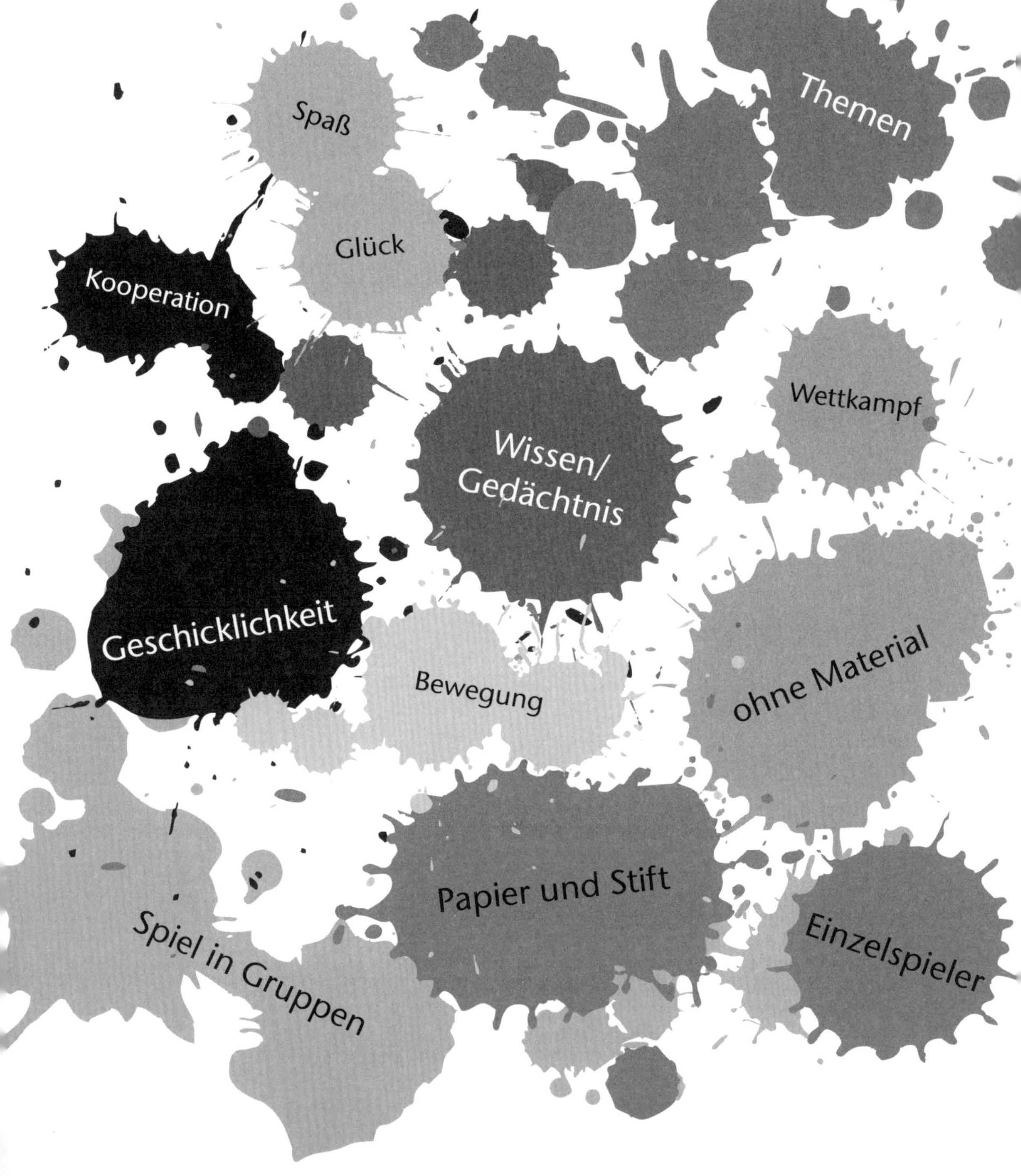

Spiele von A bis Z

Spiel	Bewegung	Geschicklichkeit	Glück	Wissen/Gedächtnis	Spaß	Kooperation	Papier und Stift	Wettkampf	Einzelspieler	Spiel in Gruppen	ohne Material	Kapitel	Seitenzahl
Alle Vögel fliegen hoch		●		●	●				●		●	51	212
Alte Geschichten				●					●		●	48	201
Anschleichen	●	●			●	●		●	●			29	123
Apotheker			●		●				●			24	105
Armdrücken	●							●	●		●	12	56
Atomspiel	●					●		●	●			40	168
Aufeinander hören						●			●		●	19	82
Aufmerksame Zuhörer	●	●		●					●			48	201
Aufräumen	●	●						●		●		9	44
Aus eins mach viele					●	●	●	●		●		34	144
Autorennen		●				●		●		●		15	69
Babys anziehen	●	●						●		●		36	152
Babys füttern		●			●	●		●		●		36	151
Ball in die Luft	●				●			●	●			42	176
Ball weitergeben	●	●				●		●		●		44	185
Ballgefühl		●						●	●			28	120
Balltransport	●	●				●		●		●		11	50
Balltransport auf halber Strecke	●							●		●		11	53
Barfußlauf	●					●				●		7	37
Baum abschlagen	●	●				●		●	●			42	176
Bausteine					●	●		●		●		36	152
Begriffe auf den Rücken malen					●	●		●	●	●	●	14	65
Begriffe raten			●	●			●	●		●		45	187
Besser schmecken				●				●	●			35	148

Spiel	Bewegung	Geschicklichkeit	Glück	Wissen/Gedächtnis	Spaß	Kooperation	Papier und Stift	Wettkampf	Einzelspieler	Spiel in Gruppen	ohne Material	Kapitel	Seitenzahl
Bewegungs-Memory				x	x	x		x	x		x	30	126
Bibel schützen	x					x		x		x		52	216
Bibelgeschichten erraten				x	x				x			55	227
Bibeln transportieren	x	x				x		x		x		53	220
Bibelquiz				x			x	x		x		22	96
Biblische Geschichten malen und erraten							x	x		x		1	11
Bildausfall					x	x	x			x		34	145
Bis 20			x		x			x	x			30	127
Blatt blasen	x	x						x	x			6	33
Blindenführer	x					x				x		7	35
Blindenführer erraten	x					x			x			7	36
Blindenführung	x	x				x		x		x		15	68
Blindenparcours	x	x				x		x		x		15	67
Blinder Mensch	x					x				x		7	34
Blindes Schuh-Memory		x				x		x		x		8	40
Boccia		x				x		x		x		39	164
Bohnen raten			x	x	x	x		x		x		23	100
Bonbon befreien			x		x				x			30	129
Bonbon-Transport	x	x						x		x		25	108
Bonbon-Weitwurf		x			x			x	x			25	108
Bonbons einpacken		x				x		x		x		25	107
Bonbons finden		x	x					x		x		25	106
Bonbons im Wollknäuel		x	x		x			x	x			25	108
Botschaften ausführen	x	x				x		x		x		4	24
Boxen	x							x	x			12	56
Buchstaben darstellen					x	x				x	x	34	145
Buchstaben erraten				x		x				x	x	34	145
Buchstabensalat				x	x		x		x			34	144

Spiel	Bewegung	Geschicklichkeit	Glück	Wissen/Gedächtnis	Spaß	Kooperation	Papier und Stift	Wettkampf	Einzelspieler	Spiel in Gruppen	ohne Material	Kapitel	Seitenzahl
Burgfangen	x					x		x		x	x	42	176
Chef – Vize				x	x				x		x	10	49
Dalli Klick				x	x			x		x		55	228
Das Licht finden	x			x	x			x	x			50	208
Daumendrücken		x						x	x		x	12	56
Davonlaufen	x		x					x	x			24	103
Den Schatten finden	x			x	x			x	x 145			50	208
Den Stall finden	x				x	x		x	x			29	122
Den Weg finden	x	x						x		x		4	24
Der Hauptmann sagt	x			x				x	x		x	10	47
Der Kopf fehlt				x	x			x		x		13	59
Der Mond ist rund				x	x				x		x	4	22
Design					x					x		32	135
Diktat				x	x	x	x	x		x		10	48
Dirigentenspiel				x	x				x		x	10	49
Diskussionsrunde				x	x	x				x		48	198
Drachenschwanz abjagen	x	x				x		x		x		51	212
Dreibein-Lauf	x	x			x	x		x		x		44	184
Drudel				x				x	x	x		55	229
Eierfangen		x				x		x		x		43	180
Eierlaufen mit Hindernissen	x	x			x			x		x		43	180
Eierpaletten treffen		x						x	x			37	156
Eiersalat	x				x				x		x	43	180
Eiersuche	x	x	x			x		x		x		43	179
Eierwerfen		x	x					x	x			43	181
Eilende Hirten	x	x						x		x		2	17
Einkaufen				x	x				x		x	4	23

Spiel	Bewegung	Geschicklichkeit	Glück	Wissen/Gedächtnis	Spaß	Kooperation	Papier und Stift	Wettkampf	Einzelspieler	Spiel in Gruppen	ohne Material	Kapitel	Seitenzahl
Eisenbahn	●					●				●		7	36
Erbe verteilen		●				●		●		●		27	115
Eseltransport	●					●		●		●	●	24	104
Fallen lassen	●					●			●			7	36
Feingefühl		●						●	●			28	120
Feinschmecker				●	●			●	●			38	160
Fläschchen trinken		●			●			●	●			36	151
Flaschen drehen					●				●			9	43
Flaschen leeren	●	●						●	●			5	28
Flaschen steigen	●	●			●				●			41	172
Flaschen-Parcours	●	●						●		●		5	28
Flaschen-Volleyball	●	●				●		●		●		5	29
Flaschenkegeln	●	●						●		●		5	27
Flaschenlieder					●	●				●		54	225
Flaschenöffnung-Balance		●						●	●			5	28
Flaschentanz	●	●				●		●		●		40	169
Fliegender Teppich	●	●				●		●		●		45	186
Fotograf				●				●		●		32	136
Frage und Antwort					●		●			●		34	143
Friseur		●			●	●		●		●		32	136
Frohe Botschaft					●					●		2	16
Für dich			●		●			●	●			41	172
Fuß ab	●	●						●	●		●	42	177
Füße verknoten	●	●						●		●		49	204
Galgenmännchen			●	●			●	●		●		1	12
Gefangen	●	●				●		●	●		●	54	222
Gefängnisausbruch	●					●		●		●		52	217
Geld ausgeben			●		●			●	●			27	116

Spiel	Bewegung	Geschicklichkeit	Glück	Wissen/Gedächtnis	Spaß	Kooperation	Papier und Stift	Wettkampf	Einzelspieler	Spiel in Gruppen	ohne Material	Kapitel	Seitenzahl
Geld ertasten		●		●					●			35	146
Geld werfen		●						●	●			37	155
Geld zählen		●		●		●		●		●		37	156
Geldwörter				●			●	●		●		22	97
Geräusche erraten				●	●				●	●		14	64
Gerüche erraten				●				●	●			35	147
Geschenke ertasten				●	●			●	●			38	160
Geschenketisch				●				●		●		27	117
Geschichte erzählen				●	●		●		●	●		44	183
Geschicklichkeit		●					●	●	●			28	121
Geschickte Hände		●	●					●	●			49	204
Geschmack beschreiben				●	●				●			35	148
Getränke schmecken				●	●			●	●			38	159
Gewichte schätzen			●	●		●		●		●		21	91
Goldsucher		●				●		●	●			20	89
Gruppenpantomime				●	●				●		●	14	62
Gummibärchen schmecken				●				●		●		22	96
Gute Augen			●	●				●	●			49	205
Gute Vorsätze				●	●		●		●			28	118
Hänschen, piep einmal				●	●				●			13	60
Hasenkönig	●	●				●		●		●		12	55
Hausnummern kegeln	●	●				●		●		●		5	28
Hausnummern würfeln			●	●			●	●	●			30	129
Hausspiel	●	●	●	●		●	●	●		●		53	220
Heiß und kalt	●		●			●			●			4	25
Helfende Pantomime	●					●				●		8	38
Hilfe ist nötig	●					●			●			7	36
Himmlische Chöre				●				●	●			2	17

Spiel	Bewegung	Geschicklichkeit	Glück	Wissen/Gedächtnis	Spaß	Kooperation	Papier und Stift	Wettkampf	Einzelspieler	Spiel in Gruppen	ohne Material	Kapitel	Seitenzahl
Hinter der Fassade				●	●			●		●		28	119
Hirtenstock-Weitwurf	●	●						●	●			29	124
Hochzeitsbegriffe erklären	●			●	●			●		●		38	160
Hochzeitsgeschenke auspacken	●	●		●	●	●	●	●	●	●		38	160
Hörende Ohren				●				●	●			49	205
Huttanz	●		●					●	●			40	168
Ich kann dich gut riechen				●	●	●			●			35	149
Ich packe meine Schatzkiste				●	●				●		●	20	86
Ich packe meinen Koffer				●	●				●		●	4	24
Im Dunkeln orientieren				●	●	●				●	●	3	19
Im Dunkeln unterwegs	●		●						●			3	19
Immer zu zweit-Memory			●	●				●	●		●	52	214
In den Kreis	●					●			●		●	37	154
In Windeln gewickelt		●						●		●		2	16
Intelligenz				●			●	●	●			28	121
Invalidenfangen	●							●	●		●	16	72
Ja-Nein-Stuhl	●			●				●		●		41	172
Jenga-Turm		●				●		●		●		22	97
Käfer würfeln			●					●	●			51	213
Kapital vermehren			●	●		●		●		●		22	95
Karotten ziehen	●							●	●		●	12	57
Kartenhaus bauen		●				●		●		●		22	97
Katz und Maus	●					●		●	●		●	16	70
Katz und Maus für Blinde	●	●				●		●	●			15	68
Katz und Maus mit Gassen	●					●		●	●		●	16	72
Keks auf dem Fließband		●				●		●		●		31	133
Keks-Check				●	●				●			31	132

Spiel	Bewegung	Geschicklichkeit	Glück	Wissen/Gedächtnis	Spaß	Kooperation	Papier und Stift	Wettkampf	Einzelspieler	Spiel in Gruppen	ohne Material	Kapitel	Seitenzahl
Keksbrösel		●			●	●		●		●		31	132
Kekse essen					●	●		●		●		31	131
Kekshaus		●			●	●				●		31	133
Keksregal	●	●				●		●		●		31	131
Kekstransport		●				●		●		●		31	133
Kellnerstaffel	●	●						●		●		38	158
Kerze ausklatschen		●						●	●			6	32
Kerze finden		●				●			●			50	206
Kerzen anzünden		●						●	●			50	208
Kerzen auspusten		●						●	●			50	208
Kerzen blind anzünden		●				●			●			50	209
Kerzenschnelllauf	●	●						●	●			6	32
Kettenfangen	●					●		●	●	●	●	16	73
Kettenpantomime				●	●	●				●		14	63
Kindergeschrei				●	●	●			●			36	150
Kinderlieder erraten				●		●		●	●			36	152
Kinderwagen-Rennen	●				●	●		●		●		36	152
Klatsch und Tratsch					●		●		●			1	12
Kleiderstaffel	●	●						●		●		11	52
Kleines Börsenspiel			●	●		●		●		●		46	190
Klopapieraufgaben	●			●		●	●	●		●		18	80
Klopapierbotschaft	●			●		●		●		●		18	79
Klopapierpaarlauf	●	●				●		●		●		18	80
Klopapiertransport	●	●				●		●		●		18	81
Klorollenturm balancieren		●			●	●		●		●		18	80
Knicklicht-Boule		●						●		●		3	20
Knicklichtfangen	●					●			●			3	20
Kochrezepte					●	●	●	●		●		43	180

Spiel	Bewegung	Geschicklichkeit	Glück	Wissen/Gedächtnis	Spaß	Kooperation	Papier und Stift	Wettkampf	Einzelspieler	Spiel in Gruppen	ohne Material	Kapitel	Seitenzahl
Koffer packen und abreisen	●							●		●		27	116
Komische Gebote					●		●		●			34	143
Komm mit, lauf weg	●							●	●		●	16	72
Kommando ausführen	●							●	●			10	48
Kommando rechts und links	●					●				●		10	46
König und Soldaten	●				●	●			●		●	42	175
Kontinente	●			●				●	●			3	21
Kopfbalance	●	●						●		●		49	204
Kopfball	●	●			●			●	●			49	204
Körner sortieren		●						●	●			23	101
Körner suchen		●						●	●			23	101
Körner würfeln			●		●			●	●			23	100
Krabbenkampf	●	●						●	●		●	9	44
Kraft		●						●	●			28	121
Kreuz bewachen	●					●		●		●		42	174
Küchenvolleyball	●	●				●		●		●		26	112
Landkarten lesen	●			●				●		●		2	16
Langsam unterwegs	●	●						●	●			49	204
Last ablegen	●								●			44	182
Licht im Dunkeln				●					●			3	18
Lied gurgeln					●					●		54	224
Lieder erfinden					●	●	●			●		54	225
Lieder in der Zeitung				●		●		●		●		34	144
Lieder malen				●			●	●		●		54	224
Lieder raten				●				●		●		54	224
Liedworte finden				●	●				●		●	54	224
Linsentransport		●				●		●		●		23	100
Luftballon wegnehmen	●	●						●		●		26	110

Spiel	Bewegung	Geschicklichkeit	Glück	Wissen/Gedächtnis	Spaß	Kooperation	Papier und Stift	Wettkampf	Einzelspieler	Spiel in Gruppen	ohne Material	Kapitel	Seitenzahl
Luftballon zertreten	●	●						●	●			26	112
Luftballon-Lieder raten				●				●		●		26	112
Luftballonlauscher					●	●	●	●		●		34	144
Luftballonliege	●	●				●		●		●		26	113
Luftballons fliegen lassen		●	●		●			●	●			26	112
Luftballontanz	●	●						●	●			40	169
Luftballontransport	●	●				●		●		●		26	112
Luftschwertkampf	●	●						●	●			26	113
Makrobilder erraten				●	●		●	●		●		55	228
Märchen dolmetschen				●	●	●			●			45	188
Marshmallow-Wanderung		●			●	●		●		●		25	107
Maske					●	●				●		32	136
Mäxle			●		●	●		●	●			30	128
Meerüberquerung	●	●				●		●		●		53	218
Mehl schaufeln		●			●			●	●			36	153
Memory				●		●		●		●		22	97
Mengen schätzen			●	●		●		●		●		21	92
Menschen ertasten				●	●				●			13	60
Mikado		●				●		●	●			29	123
Mit dem ganzen Körper umdrehen	●	●			●	●		●		●		49	205
Miteinander verbunden	●	●				●		●		●		12	56
Modenschau	●	●			●	●		●		●		32	136
Moderation					●		●		●			32	137
Mogeln			●		●			●	●			41	170
Möglich oder unmöglich			●	●				●	●			43	178
Montagsmaler							●	●		●		1	10
Montagsmaler für blinde Erzähler						●	●	●	●	●		15	68

Spiel	Bewegung	Geschicklichkeit	Glück	Wissen/Gedächtnis	Spaß	Kooperation	Papier und Stift	Wettkampf	Einzelspieler	Spiel in Gruppen	ohne Material	Kapitel	Seitenzahl
Montagsmaler für blinde Maler						●	●	●	●			15	68
Mumie		●			●	●		●		●		18	78
Münze einklemmen		●						●		●		22	97
Münze fallen lassen		●						●	●			20	88
Münzen an die Kante		●						●	●			20	87
Münzen an die Wand schnipsen		●						●	●			20	87
Münzen andrehen		●			●			●	●			46	193
Münzen fangen		●				●		●		●		22	94
Münzen hören		●							●			15	69
Münzen schätzen			●	●				●	●	●		20	87
Münzen schnipsen		●						●	●			20	88
Münzen-Boccia		●						●	●			20	88
Münzenakrobatik		●			●				●			46	193
Münzenlauf	●	●						●	●			20	89
Münzstapel		●						●	●			20	89
Münztransport	●	●						●		●		22	96
Münzwurf		●						●		●		22	96
Musikquiz				●			●	●		●		22	96
Mutter und Tochter	●	●				●		●		●		39	164
Nacht in Palermo			●		●	●			●	●		48	200
Nachtanzen	●				●	●			●			40	169
Näherei		●			●			●		●		32	135
Namensgebung				●					●			2	16
Nicht getroffen	●	●						●	●			5	26
Ninja Ultimate	●	●						●	●		●	42	177
Nussbild				●				●	●	●		33	141
Nüsse beißen			●					●		●		33	140
Nüsse fangen	●	●				●		●		●		33	140

Spiel	Bewegung	Geschicklichkeit	Glück	Wissen/Gedächtnis	Spaß	Kooperation	Papier und Stift	Wettkampf	Einzelspieler	Spiel in Gruppen	ohne Material	Kapitel	Seitenzahl
Nüsse knacken		●						●		●		33	138
Nüsse raten			●		●	●		●		●		33	141
Nüsse schätzen			●	●				●	●	●		33	140
Nüsse-Dalli-Dalli				●			●	●		●		33	139
Nussgeschichte					●	●	●	●		●		33	140
Öl bewachen		●				●		●	●			35	149
Oma, Wolf und Jäger	●							●		●	●	9	45
Paarfangen	●				●			●	●		●	16	72
Pantomimisch Begriffe zeigen				●	●				●			14	63
Party feiern	●				●				●			27	117
Perlenschatz finden			●	●					●			46	192
Personen und Ereignisse schätzen			●	●		●		●		●		21	92
Prominentenraten				●	●				●			55	226
Punkt um Punkt					●		●		●			1	13
Puzzle zusammensetzen				●		●		●		●		27	114
Quiz- und Scherzfragen-Schlange				●			●	●		●		55	228
Räuber fangen	●				●			●	●			24	104
Regierungsbank				●		●		●		●		47	196
Reifen weitergeben	●	●				●				●		44	184
Reise in ein fernes Land	●					●		●		●		27	116
Reise nach Jerusalem	●				●			●	●			40	166
Reise nach Jerusalem für alle	●	●				●				●		40	167
Richtschnur geben						●		●		●		21	93
Richtschnur schätzen			●	●				●	●			21	90
Riech-Memory				●				●	●			35	148
Ringlein, Ringlein			●	●	●	●			●			41	173
Rückendeckung	●	●				●		●		●		52	216

Spiel	Bewegung	Geschicklichkeit	Glück	Wissen/Gedächtnis	Spaß	Kooperation	Papier und Stift	Wettkampf	Einzelspieler	Spiel in Gruppen	ohne Material	Kapitel	Seitenzahl
Rückkehr	●					●		●		●		27	117
Rückwärts lesen				●					●			34	142
Rückwärts sprechen				●	●			●	●			34	143
Salzbrezeln schnappen	●	●			●			●		●		25	109
Samen säen		●						●	●			23	98
Sardinendosen verstecken	●		●						●		●	3	20
Sätze bilden				●					●		●	45	188
Schachteln schieben		●				●		●		●		39	165
Schaf und Wolf	●							●	●			29	124
Schäferhund trainieren	●	●				●		●	●			29	123
Schatten erraten				●				●		●		50	207
Schatten schneiden				●			●		●			50	208
Schattenraten				●	●			●		●		13	58
Schatzsuche in Gedanken	●			●				●	●			46	192
Schatzsuche mit Bilderrätsel	●			●		●	●	●		●		46	192
Schatzsuche mit Pfeilen	●				●				●	●		46	191
Schlag den Stab	●	●		●	●		●	●		●		28	120
Schnelle Diener	●							●	●		●	10	48
Schokolade auspacken		●			●				●			36	152
Schokoschaumkuss-Wettessen		●			●			●	●			25	109
Schuh-Dart		●						●	●			8	41
Schweine hüten	●					●		●	●			27	116
Segel einholen		●						●	●			6	32
Signal weitergeben		●			●				●		●	44	184
So bin ich				●	●				●			34	144
Socken aufhängen	●	●						●		●		8	40
Socken-Boule		●			●			●	●			37	157
Socken-Wassertransport	●				●			●		●		8	40

Spiel	Bewegung	Geschicklichkeit	Glück	Wissen/Gedächtnis	Spaß	Kooperation	Papier und Stift	Wettkampf	Einzelspieler	Spiel in Gruppen	ohne Material	Kapitel	Seitenzahl
Sockenkampf	●	●						●	●		●	8	39
Sockenweitwurf	●	●						●	●			8	40
Sockenwerbung					●					●		8	40
Sortieren						●		●		●	●	13	60
Speichenfangen	●							●	●		●	16	73
Sprache erfinden				●	●		●			●		45	188
Springseil hüpfen	●					●		●		●		36	153
Stand halten	●	●						●	●		●	9	44
Starker Rücken	●							●	●	●		12	57
Stein ertasten				●	●				●			39	163
Stein finden			●		●				●			39	164
Stein-Dart		●						●	●			39	165
Steine erfühlen				●					●			39	162
Steinschlag		●			●				●			39	164
Stille Post					●	●		●	●	●	●	14	64
Stimmt – Stimmt nicht			●	●	●				●		●	41	171
Stöckchen weitergeben	●	●						●	●			47	196
Stopptanz	●							●	●			40	168
Streichholzschachtel-Transport		●				●		●		●		35	148
Stumme Tiere	●				●				●		●	51	212
Sturm mit Jesus	●	●							●			6	31
Sturm ohne Jesus	●	●							●			6	30
Süße Schnur		●				●			●			31	130
Süßigkeiten-Memory				●	●				●			25	108
Tabletten klauen	●	●			●			●	●			24	105
Tag der offenen Tür im Zirkus	●				●				●		●	51	211
Tanz der Tiere	●			●	●			●	●			40	168
Tanzpartner finden	●					●		●	●			27	116

Spiel	Bewegung	Geschicklichkeit	Glück	Wissen/Gedächtnis	Spaß	Kooperation	Papier und Stift	Wettkampf	Einzelspieler	Spiel in Gruppen	ohne Material	Kapitel	Seitenzahl
Tanzpartnersuche	●					●			●			40	168
Tastspiel aus der Schachtel		●		●	●				●			15	66
Teekesselchen				●	●			●	●			55	229
Tiere erraten				●					●		●	51	210
Tiergeflüster im Zoo					●				●		●	51	212
Tischtennisball schnellblasen		●						●	●			6	32
Tischtennisball weitblasen		●						●	●			6	31
Tischtennisball-Parcours	●	●						●	●			6	32
Tod und Detektiv			●		●				●		●	12	54
Topfschlagen	●		●			●			●			25	109
Ü-Ei-Figur		●				●		●		●		22	97
Über die Grenze	●					●		●		●		12	56
Über die Linie	●							●	●			12	56
Überfall	●					●		●		●		24	103
Uhren merken				●			●	●		●		17	76
Umfang schätzen			●	●		●		●		●		21	92
Unterschriftentest			●		●		●		●			2	16
Unterwegs treffen		●						●	●			37	156
Vaterunser-Parcours Station 1							●		●			19	83
Vaterunser-Parcours Station 2							●		●			19	84
Vaterunser-Parcours Station 3							●		●			19	84
Vaterunser-Parcours Station 4							●		●			19	84
Vaterunser-Parcours Station 5	●							●	●			19	84
Veränderte Schatten erraten				●	●			●		●		13	59
Verbinden mit Hindernissen		●	●			●		●		●		24	104

Spiel	Bewegung	Geschicklichkeit	Glück	Wissen/Gedächtnis	Spaß	Kooperation	Papier und Stift	Wettkampf	Einzelspieler	Spiel in Gruppen	ohne Material	Kapitel	Seitenzahl
Verkleidungen erraten				●	●			●		●		32	134
Verletzter Keksbäcker		●			●		●		●			31	132
Vierfaches Ackerfeld		●						●	●			23	99
Virus	●					●		●	●			24	102
Vögel verjagen		●			●			●		●		51	212
Volkszählung			●	●			●		●			2	14
Von oben treffen		●						●	●			37	156
Wache halten	●	●						●	●			2	16
Wahlrede					●			●	●	●		28	119
Wahr oder gelogen				●	●			●	●			13	60
Wanderung durchs Schilfmeer	●					●			●		●	7	36
Warum und Weil					●		●		●			1	12
Was bin ich?				●				●		●	●	13	60
Wäscheklammerspiel	●	●						●	●			9	44
Wassertransport	●				●			●		●		29	124
Wattebausch-Football		●				●		●		●		6	32
Wattebausch-Lauf	●	●						●		●		6	33
Weg nach Bethlehem	●		●	●		●		●		●		2	15
Weg vom Teppich	●							●	●			12	57
Wege schätzen			●	●		●		●		●		21	92
Weitersagen				●	●	●			●		●	49	202
Weitsicht		●		●				●	●			28	121
Wer bin ich?				●	●			●	●			13	61
Wer wird König?	●							●	●			47	194
Wetten, ich kann ...?	●	●		●			●	●	●			28	120
Wickingerbaseball	●	●				●		●		●		11	52
Wie weit, wie viel ...?			●	●				●	●			21	93
Willensstärke				●					●			48	200

Spiel	Bewegung	Geschicklichkeit	Glück	Wissen/Gedächtnis	Spaß	Kooperation	Papier und Stift	Wettkampf	Einzelspieler	Spiel in Gruppen	ohne Material	Kapitel	Seitenzahl
Wirf den Heller in den Teller		●						●	●			20	88
Wissen				●				●	●			28	121
Wolf abschießen		●	●					●	●			29	125
Wörter aufzählen				●		●		●		●		45	188
Wörter erklären				●	●				●			14	63
Wörter erraten				●	●	●		●		●		45	189
Wunden verbinden		●			●	●		●		●		24	104
Würfel-Pyramide			●		●		●	●	●	●		30	128
Würfel-Wanderung	●		●		●			●	●			30	128
Würfel-Wettlauf			●		●				●			30	128
Würfeln			●					●		●		22	96
Zahlen werfen		●						●	●			20	88
Zeit abschätzen			●	●				●	●			17	74
Zeit einteilen	●	●		●		●	●	●		●		17	76
Zeit in der Zeitung					●			●		●		17	76
Zeitbegriffe merken				●			●	●		●		17	76
Zeitspanne schätzen			●	●		●		●		●		21	92
Zeitungsschlange reißen		●		●				●	●			21	91
Zeitungssingen					●	●				●		54	225
Zeitungstanz	●					●		●	●	●		40	167
Zeitwörter finden				●			●	●		●		17	75
Zipp-Zapp				●	●				●		●	10	48
Zombieball	●	●						●	●			9	42
Zublinzeln	●	●			●	●		●	●		●	14	65
Zurück nach Jerusalem	●	●						●		●		44	185
Zusammenhalten	●	●				●		●		●		47	196
Zwieback-Esser					●				●			31	132

Spiele zu einzelnen Themen

Spiel	Kapitel	Seite
Angst		
Das Licht finden	50	208
Den Schatten finden	50	208
Im Dunkeln unterwegs	3	19
Sardinendosenverstecken	3	20
Ehrlichkeit		
Bohnen raten	23	100
Der Kopf fehlt	13	59
Klatsch und Tratsch	1	12
Menschen ertasten	13	60
Warum und Weil	1	12
Einander helfen		
Burgfangen	42	176
Fliegender Teppich	45	186
Gefängnisausbruch	52	217
Hausnummern kegeln	5	28
Heiß und kalt	4	25
Helfende Pantomime	8	38
Hilfe ist nötig	7	36
Im Dunkeln orientieren	3	19
Kerze finden	50	206
Meerüberquerung	53	218
Wer bin ich?	13	61
Freiheit		
Gefangen	54	222
Gefängnisausbruch	52	217
Knicklichtfangen	3	20
Freundschaft		
Bewegungs-Memory	30	126
Ich kann dich gut riechen	35	149

Spiel	Kapitel	Seite
Münzen fangen	22	94
Verbinden mit Hindernissen	24	104
Wunden verbinden	24	104
Lügen		
Der Hauptmann sagt	10	47
Für dich	41	172
Goldsucher	20	89
Klatsch und Tratsch	1	12
Mäxle	30	128
Mogeln	41	170
Stimmt – Stimmt nicht	41	171
Unterschriftentest	2	16
Wahr oder gelogen	13	60
Warum und Weil	1	12
Mut		
Fallen lassen	7	36
Hasenkönig	12	55
Wanderung durchs Schilfmeer	7	36
Neid		
Wache halten	2	16
Niederlage		
Hausnummern kegeln	5	28
Kommando ausführen	10	48
Mäxle	30	128
Oma, Wolf und Jäger	9	45
Sturm ohne Jesus	6	30
Not		
Den Weg finden	4	24
Rache		
Aufräumen	9	44
Flaschen leeren	5	28
In den Kreis	37	154

Spiel	Kapitel	Seite
Küchenvolleyball	26	112
Schuld		
Kellnerstaffel	38	158
Licht im Dunkeln	3	18
Wäscheklammerspiel	9	44
Selbstvertrauen		
Davonlaufen	24	103
Namensgebung	2	16
Wahlrede	28	119
Wer wird König?	47	194
Wetten, ich kann ...?	28	120
Streit und Versöhnung		
Tod und Detektiv	12	54
Zombieball	9	42
Streit		
Katz und Maus	16	70
Katz und Maus mit Gassen	16	72
Luftballon zertreten	26	112
Luftschwertkampf	26	113
Prominentenraten	55	226
Über die Linie	12	56
Wahr oder gelogen	13	60
Wer bin ich?	13	61
Talente		
Kapital vermehren	22	95
Knicklicht-Boule	3	20
Zeit einteilen	17	76
Veränderung		
Kontinente (Variante)	3	21
Maske	32	136
Paarfangen	16	72

Spiel	Kapitel	Seite
Vertrauen		
Barfußlauf	7	37
Blindenführer	7	35
Blindenführer erraten	7	36
Blindenführung	15	68
Blindenparcours	15	67
Blinder Mensch	7	34
Den Stall finden	29	122
Eisenbahn	7	36
Fallen lassen	7	36
Hilfe ist nötig	7	36
Keksregal	31	131
Kerze finden	50	206
Kerzen blind anzünden	50	209
Kommando rechts und links	10	46
Tastspiel aus der Schachtel	15	66
Wanderung durchs Schilfmeer	7	36
Vorurteile		
Design	32	135
Gewichte schätzen	21	91
Mengen schätzen	21	92
Nacht in Palermo	48	200
Personen und Ereignisse schätzen	21	92
Punkt um Punkt	1	13
Richtschnur schätzen	21	90
So bin ich	34	144
Umfang schätzen	21	92
Verkleidungen erraten	32	134
Wege schätzen	21	92
Wie weit, wie viel ...?	21	93
Zeitspanne schätzen	21	92
Zeitungsschlange reißen	21	91
Wunder		
Möglich oder unmöglich	43	178

Spiel	Kapitel	Seite
Wünsche		
Hausnummern kegeln	5	28
Komische Gebote	34	143
Zusammenhalt		
Babys anziehen	36	152
Balltransport	11	50
Blindenführung	15	68
Bonbons einpacken	25	107
Diktat	10	48
Drachenschwanz abjagen	51	212
Dreibein-Lauf	44	184
Einkaufen	4	23
Eisenbahn	7	36
Eseltransport	24	104
Hausnummern kegeln	5	28
Im Dunkeln orientieren	3	19
Immer zu zweit-Memory	52	214
Klopapiertransport	18	81
Kreuz bewachen	42	174
Luftballonliege	26	113
Luftballontransport	26	112
Mit dem ganzen Körper umdrehen	49	205
Mumie	18	78
Puzzle zusammensetzen	27	114
Regierungsbank	47	196
Reise in ein fernes Land	27	116
Reise nach Jerusalem für alle	40	167
Richtschnur geben	21	93
Süße Schnur	31	130
Volkszählung	2	14
Weg nach Bethlehem	2	15
Zipp-Zapp	10	48
Zusammenhalten	47	196

Die Autorin

Birgit Götz, Jahrgang 1973, ist ein kreatives und wortgewandtes Multitalent. Ausgebildet an der Evangelistenschule Johanneum arbeitet sie nach Stationen als Jugendreferentin im CVJM, Schriftleiterin der Zeitschrift KON und Lektorin im Born-Verlag sowie bei buch+musik als freiberufliche Lektorin, Autorin und Referentin in der Frauenarbeit, als Predigerin und Kirchenmusikerin. Die Mutter zweier erwachsener Kinder engagiert sich ehrenamtlich im CVJM Michelbach und entspannt bei der Arbeit im Garten, beim Wandern und Musizieren.

Praxisverlag buch+musik bm gGmbH
bestellung@praxisverlag-bm.de | +49 711 83000-0
www.praxisverlag-bm.de

Sara Schmidt

Die Methodenbibel

begegnen + auseinandersetzen + übertragen

Je 111 Methoden laden Kinder von 6 bis 12 Jahren ganzheitlich ein, 37 biblischen Geschichten zu begegnen (Inhalt wahrnehmen), sich mit ihnen auseinanderzusetzen (Bedeutung erschließen) und sie in ihr Leben zu übertragen (im Alltag umsetzen)

jeweils 184/192 Seiten, 16,5 x 23 cm, gebunden, durchgehend farbig und illustriert, mit Downloads

Aus dieser Reihe erhältlich:
AT – VON SCHÖPFUNG BIS JOSUA
NT – GEBURT UND LEBEN JESU
AT – VON RICHTER BIS JONA
NT – VON OSTERN BIS OFFENBARUNG

Rebekka Neumann

anknoten

10 Andachten, die an Knoten der Seefahrt anknüpfen – für alle ab 8

10 Andachten greifen nicht nur für Kinder verschiedene Lebensthemen auf. Zu jeder Andacht wird ein Knoten geknüpft, der deutlich macht, wie wertvoll es ist, bei Gott sicher festzumachen. Mit illustrierter Schritt-für-Schritt-Anleitung und Bonusmaterial zum Übertrag in den Alltag.

64 Seiten, 16,5 x 23 cm, kartoniert, durchgehend illustriert, mit Downloads

noch mehr Spiele

Birgit Götz

Ab geht die Post! AT

500 Spiele zu 50 biblischen Geschichten als fix und fertige Gruppenstunden mit Kindern von 8 bis 12 Jahren

Biblische Geschichten aus dem Alten Testament werden in Spieleprogramme eingebunden, die das, was in der Bibel steht, erklären und vertiefen. Die Entwürfe enthalten Fragen für Einstieg und Vertiefung, Spiele und einen Erzählvorschlag. Auch eine praktische Spielesammlung!

272 Seiten, 16,5 x 23 cm, kartoniert